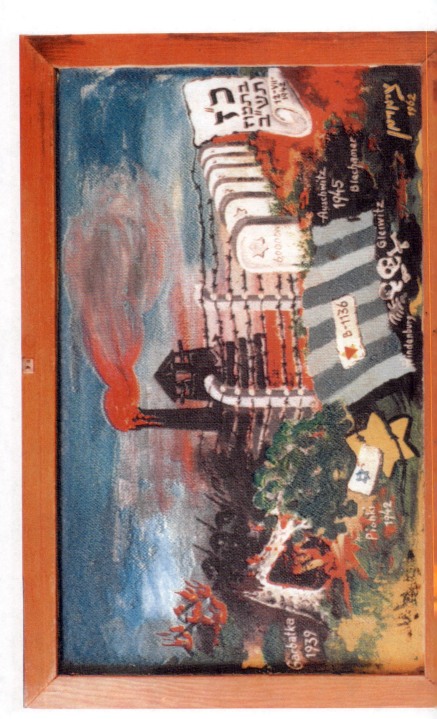

Memórias de Vida, Memórias de Guerra

Coleção Estudos
Dirigida por J. Guinsburg

Equipe de realização – Edição de Texto: Marcio Honorio de Godoy; Revisão: Soluá Simões de Almeida; Sobrecapa: Sergio Kon; Produção: Ricardo W. Neves e Raquel Fernandes Abranches.

Fernando Frochtengarten

MEMÓRIAS DE VIDA, MEMÓRIAS DE GUERRA
UM ESTUDO PSICOSSOCIAL SOBRE O DESENRAIZAMENTO

Copyright © 2005 by Fernando Frochtengarten

Dados Internacionais de Catalogação na Publicação (CIP)
(Câmara Brasileira do Livro, SP, Brasil)

Frochtengarten, Fernando
   Memórias da vida, memórias da guerra : um
estudo psicossocial sobre o desenraizamento /
Fernando Frochtengarten. — São Paulo :
Perspectiva : Fapesp-SP, 2005. — (Estudos ;
222 / dirigida por J. Guinsburg)

   Bibliografia.
   ISBN 85-273-0743-X

   1. Guerra Mundial, 1939-1945 - Polônia -
História 2. Judeus - Perseguições 3. Judeus -
Polônia 4. Nazismo 5. Sobreviventes do Holocausto
I. Título. II. Série.

05-9050   CDD-302

         Índices para catálogo sistemático:
         1. Dezenraizamento : Psicologia social 302
         2. Ruptura biográfica : Psicologia social 302

Direitos reservados à
EDITORA PERSPECTIVA S.A.
Av. Brigadeiro Luís Antônio, 3025
01401-000 – São Paulo – SP – Brasil
Telefax: (0--11) 3885-8388
www.editoraperspectiva.com.br
2005

Sumário

Agradecimentos IX

Introdução XIII

PARTE I. VIAGENS

  1. Ao Lugar de Origem................................ 3

    Mapeamentos 3

    Memória e Desenraizamento 12

    Vetores do Desenraizamento 17

    Ameaças de Desenraizamento no Mundo Contemporâneo .. 19

    Rupturas Biográficas 21

  2. Ao Encontro dos Narradores 23

    Memória e Trauma 25

    A Colheita de Lembranças 30

PARTE II. HISTÓRIAS DE VIDA

  3. Cesia... 37

  4. D. Elka 71

  5. Mendel 97

  6. D. Rosa.. 119

  7. D. Sara 149

VIII MEMÓRIAS DE VIDA, MEMÓRIAS DE GUERRA

PARTE III. DIÁLOGO ENTRE AMIGOS

8. Matrizes da Memória 169
  Divisões do Tempo 170
  Memória Espacial 171
  Lembranças do Trabalho 173
  Lembranças da Religião........................... 176
  Lembranças da Escola 177
  Ecos da Guerra sobre a Memória da Infância 179
  Lembranças do Princípio da Guerra 182
  Dialética do Enraizamento........................ 187

9. Memória e Resistência............................ 197
  Inconsistências do Mundo 197
  Acolhimentos do Mundo 201
  Peregrinações................................... 206
  (Re)construção Familiar 208
  O Direito à Narrativa 210

Retorno 215

Anexo – Roteiro das Entrevistas....................... 217

Referências Bibliográficas 221

Glossário... 225

Agradecimentos

Este livro não existiria sem o acolhimento dos narradores em suas memórias. Àqueles que permanecem entre nós e àqueles que se foram antes desta publicação minha eterna gratidão.

Entre os que contribuíram diretamente com as reflexões teóricas e com o horizonte metodológico trilhado por este estudo, não poderia deixar de citar Ecléa Bosi, querida amiga e orientadora, pela abertura e interesse pelas histórias aqui presentes. José Moura Gonçalves Filho, pelo incentivo e cuidado dedicados ao meu ingresso na psicologia social. E Lilia Moritz Schwarcz, a quem devo muito de minha afinidade pela pesquisa em ciências humanas. Agradeço ainda ao Prof. Arthur Nestrovski por suas recomendações, especialmente aquelas relativas à literatura sobre a *Schoá*.

À Fapesp, pelo auxílio à publicação.

Ao Orlando Jóia e à Luciana Ferraz, por suas afetivas e atenciosas revisões.

Ao amigo Rodrigo Nunes, tão participante, cuja escuta muito me ajudou a melhor compreender minhas idéias.

Aos também amigos de toda uma vida, Rodrigo Plotek, Eduardo Carvalho, Abel Conceição, Marcelo Delduque; Alexandre Paranhos e Silvia Ludmer. Aos sempre presentes casais Bruna Pasquini e Rui de Souza Jr., Marcos Prado e Mônica Ivamoto.

Algumas convivências quase diárias tornaram mais fluidos os tempos de gestão deste livro: Luciana Pires, Agda Sardenberg, Cybelle Al-Assal, Carolina Fujihira, Lia Ades, João Rodrigo Oliveira e Silva e Célia Pimenta.

Ao Roberto Vilardo, que tanto enriqueceu minha compreensão sobre as experiências herdadas de meus antepassados. Nossas conversas estão muito presentes nestas páginas.

A Norton, Helena, Juliana, Daniela e Graziela Storto e Arnaldo Ribeiro, família que me proporciona a felicidade de uma "nova história". À minha tia Marlene Rozenberg, por sua cumplicidade em todos os passos de minha vida, desde os primeiros. Ao meu tio Berek Rozenberg, pela amizade com que compartilhamos nossa filiação a algumas grandes coletividades. Às primas Flavia e Júlia, sempre tão próximas e carinhosas. Finalmente, aos queridos tios Mario Luiz e Janete e aos primos Fábio e Ricardo Frochtengarten.

Dedico este livro aos ramos mais próximos e verticais de minha árvore.

À memória de meus avós Szulim e Syma Frochtengarten: a vida não me brindou com a escuta de suas biografias. E à memória de meu avô Mendel Waserman: saudades do Maneco, seu companheirismo e sua bondade.

À minha avó, Cesia, minha desmedida admiração. Com ela aprendo que o amor pode mesmo doer.

Aos meus pais, Julio e Tônia, pela maneira como me fizeram pessoa e me ensinam a ser gente. À minha irmã Mariana, que tanto me ensina a ultrapassar fronteiras.

À Camila, amada companheira de todos os momentos, pelo olhar com que me brinda sobre o mundo dos homens e das coisas. E à Clara, filha nascida na reta final desse trabalho. Talvez, um dia, a ela eu possa narrar minha história de vida.

Eu procuro tudo isso com o dedo certamente muito impreciso, porque inquieto, que desliza numa carta geográfica de uma criança, como eu logo devo confessar. Nenhum desses lugares pode ser encontrado, eles não existem, mas eu sei agora onde eles, ao menos agora, deveriam existir e... acho algo.

PAUL CELAN

Introdução

Quando chegava o verão, muita gente de fora vinha pra Garbatka, onde eu nasci. Era o melhor ar da Polônia, com pinheiros, eucaliptos e flores.

Três vezes por semana tinha uma feira. Vinha gente do interior trazendo a manteiga mais pura, o melhor queijo. Tinha frutas e frangos pra vender. E uns homens vinham de Kozienice e montavam barracas com agulhas. Eles traziam cartinhas do meu primeiro namorado.

Meus pais construíram essa casinha branca com telhado vermelho. Ela não era de madeira. Era de massa com tijolos. Era a melhor casa de todas que aparecem aqui. Por esse portão no final da rua chegavam os veranistas. Vinham por um caminho onde tinha casinhas e árvores. Então meus pais abriram o armazém perto do portão. Tinha tudo: arroz, farinha, bolachas, pão...

A casa verde era uma padaria. A avó de um amigo abriu essa padaria. Esse amigo já esteve na minha casa aqui no Brasil.

E tinha uma venda nessa casa com uma placa em cima da porta. Mas isso era só nos três meses do verão. No inverno, fechava.

Esse quadro foi uma surpresa. Quem fez foi o pintor de Garbatka. No verão, às vezes ele dormia no teto do armazém. Tinha essa lama entre o armazém e a padaria. Por aqui ele punha uma escada e subia pra dormir. Ele gostava.

Ele me deu esse quadro quando fui pra Israel, em 1963.

Esse quadro é igual a como era...

CESIA

Figura 1: Sem título (Icek Cymerman, s.d.).

Em tempos que escapam às atuais lembranças do neto, o retrato da cidade de sua avó possivelmente tenha assumido os ares de um mundo fabuloso, sem nome e sem data, habitado por personagens nele dispostos pelo imaginário infantil. As palavras da avó acabaram por desalojá-los. Tal como as noites de *Rosch Haschaná* impediam o jogo de botão sobre a mesa da casa da avó, o mundo fantástico com que o menino povoara o retrato acabou por doar seus recintos aos antigos vizinhos da mãe de sua mãe, habitantes das lembranças de infância dessa sua mais velha companheira. A casa de rubro telhado deu abrigo ao armazém de sua família. E o portão de madeira abriu para aquecer a vida da cidade.

O menino já sabia que a avó tinha 16 anos quando tropas alemãs invadiram a Polônia e ocuparam Garbatka, povoado pouco distante de Varsóvia; que os judeus da cidade foram confinados a um gueto, deportados para campos de concentração e que os pais, as irmãs e o irmão de sua avó foram todos perdidos. Ela jamais retornaria à cidade natal. Finda a guerra, ainda vagava em um campo de sobreviventes na Alemanha quando conheceu o rapaz que viria a ser o seu avô. Mendel vivera em Kozienice, cidade vizinha à Garbatka. Era, igualmente, o único sobrevivente de sua família. Casados, chegaram ao Brasil quando os anos de 1940 estavam prestes a terminar.

O retrato de Garbatka ainda repousa na parede como duplo apoio à memória. A paisagem assenta as recordações do mundo despedaçado pela guerra. E o quadro lembra ao neto as longas e preguiçosas tardes que passara, ainda criança, na casa da avó.

Lembrança abraça lembrança.

*

É na companhia dos avós que a criança esboça as mais ricas visitas aos tempos pregressos. Ecléa Bosi esclarece esta dimensão da aculturação: é tarefa dos velhos transmitir o que foi perdido por meio de histórias e tradições e fazer reviver o passado nos dias atuais. Nos conselhos e nas conversas dos avós, permanece gente que já partiu, ecoam as lutas e as esperanças de outrora.

Enquanto os adultos se ocupam com o mundo das idéias que participam dos acontecimentos, para os velhos e para as crianças estes apenas adquirem significados por seus desdobramentos sobre a vida concreta.

A criança recebe do passado não só os dados da história escrita; mergulha suas raízes na história vivida, ou melhor, sobrevivida, das pessoas de idade que tomaram parte na sua socialização. Sem estas haveria apenas uma competência abstrata para lidar com os dados do passado, mas não a memória[1].

1. E. Bosi, *Memória e Sociedade: Lembranças de Velhos*, p. 73.

Um neto de judeus sobreviventes de campos de concentração não conhece uma guerra da mesma maneira que outras crianças. Pelas palavras de seus avós, ele pouco aprende sobre os impasses políticos e as estratégias militares que habitam os livros de história. A guerra não se apresenta à consciência como um acontecimento visto de fora. Ela se revela a partir das indagações sobre a infância dos avós e sobre seus pais; sobre sua vida miúda, concreta, cotidiana. Na busca de uma explicação para o português que não soa como o seu, para a origem de tão deliciosas receitas ou para os números que não soltam da pele, a curiosidade da criança toca a experiência ancestral e pouco a pouco a desvenda.

Quando o menino, em momentos menos penetrados pela imaginação, notar que não há pessoas no retrato da cidade de sua avó e que estão fechadas as portas das casas, então já compreenderá os porquês: a brusca interrupção do cotidiano, a dispersão de um modo de viver, a iminência da morte e o afastamento perpétuo de familiares e amigos.

*

O neto, agora psicólogo social, visita seus avós e alguns de seus amigos, todos judeus poloneses que, de modos diversos, atravessaram e têm sido, em alguma medida, atravessados pela guerra. Por meio de entrevistas de longa duração, recolhe suas memórias de vida. Pretende assim contribuir para uma discussão aprofundada sobre o fenômeno psicossocial do *desenraizamento* e sua dimensão psicológica, a *ruptura biográfica*. Mais precisamente, pretende examinar as matrizes de participação social reconstruídas pelas lembranças dos sobreviventes de guerra e a maneira como são elaboradas suas reminiscências traumáticas.

A convivência do pesquisador com sobreviventes de guerra e, desde então, a condição de ouvinte de suas lembranças, têm lhe exigido recorrente elaboração e informa a organização deste estudo: um desdobramento disciplinado do seu relacionamento com seus avós e alguns de seus amigos.

Parte I

Viagens

1. Ao Lugar de Origem

MAPEAMENTOS

Para a maioria dos judeus poloneses sobreviventes de guerra com quem tenho contato, um retorno à cidade natal é idéia inconcebível. Quando o tema encontra espaço em nossas conversas, remete ao anti-semitismo que os vitimou nas cidades em que viveram, à ocupação nazista e às perdas então geradas. Lugares outrora familiares e gente com quem o mundo foi coabitado possivelmente atualizariam lembranças com as quais têm lutado desde então.

Já desde o século XIX e à época em que essas pessoas viviam na Polônia, a Europa Oriental alojava a mais densa reunião de judeus até hoje existente. Descendiam, em larga escala, de judeus alemães expulsos pelas Cruzadas e pela peste negra e de outras levas de refugiados que estenderam para o leste a área territorial da cultura material e idiomática judaica[1].

Em contraste com a condição assumida na Europa Ocidental, onde a comunidade judaica diluía sua identidade, culturalmente assimilada pela revolução burguesa, "o judeu do leste continuava recluso na noite medieval do gueto, integrado nas suas formas retrógradas de viver e pensar"[2]. Se nas cidades ocidentais a comunidade judaica vivia confinada em bairros fechados, na Europa Oriental se dispersava nas cida-

---

1. M. Kutchinski, "Introdução", em J. Guinsburg (org.), *O Conto Ídiche*, p. 7.
2. J. Guinsburg, "O 'Schtetl': Aspectos e Valores", em *Revista USP*, n. 6, p. 81.

MEMÓRIAS DE VIDA, MEMÓRIAS DE GUERRA

des e aldeias, muitas vezes compondo sua população majoritária e formando um "misto de classe social, minoria nacional e congregação religiosa"[3].

Território intermitente, no século XIX a Polônia teve apagado seu contorno político, todo mordido por invasões dos impérios adjacentes. Seu mapa se redesenharia somente ao final da Primeira Guerra, circunscrevendo áreas onde viviam milhões de judeus.

Parte da população que passava a integrar a comunidade judaica polonesa vivera, até então, sob o domínio alemão. Ainda que registros de anti-semitismo façam crer que a perseguição aos judeus seja tão antiga quanto seu repouso sobre aquelas terras, o Estado alemão lhes assegurara a proteção de leis vigentes para todos os cidadãos. Com a reconstituição da Polônia, a condição dessa gente sofreu um revés: foram relegados à condição de apátridas[4].

Os judeus poloneses tinham permissão para residir e trabalhar. Sua nacionalidade – judaica –, porém, era alheia ao lugar onde nasceram. Desde então, milhões de homens e mulheres deixaram de viver sob jurisdição legal. Ao final da Primeira Guerra, um judeu polonês teria mais direitos como apátrida na França ou na Alemanha do que na Polônia, onde proibições jurídicas e econômicas abatiam-no. A desigualdade dos homens perante o Estado colocava em xeque o princípio que substituíra a ordem feudal. Sem precedentes, traduzia o anti-semitismo para instâncias jurídicas.

A perseguição e o *pogrom* que vitimavam os judeus poloneses comprimiam os grupos políticos e religiosos que compunham sua comunidade. Ofuscavam sua heterogeneidade e cimentavam um bloco único, opositor ao mundo não-judeu[5].

Às vésperas da Segunda Guerra, três milhões de judeus viviam na Polônia[6].

---

3. Idem, ibidem, p. 81.

4. H. Arendt, *Origens do Totalitarismo*, pp. 303-324.

5. Nas cidades, a direção da comunidade judaica ficava a cargo da gente mais abonada. A ela se aliavam os eruditos e intelectuais, tidos em alto grau de consideração em uma sociedade cujos valores assentavam sobre o conhecimento. Essa aliança dirigia uma massa de gente que vivia em profunda carência material, sem qualquer afinidade com os estudos da Lei e muitas vezes analfabeta. A vida era especialmente árdua para aqueles que não contavam com a proteção dos Livros ou do dinheiro.

Nos *schtetls*, pequenos aglomerados urbanos onde era marcante a presença da população judaica, predominavam o trabalho artesanal e o pequeno comércio. Ainda que os judeus mais abastados detivessem os meios de produção, estes eram insuficientes para que a distinção entre ricos e pobres se tornasse proeminente. As desigualdades econômicas entre os judeus existiam, porém eram pouco acentuadas. (J. Guinsburg, op. cit., pp. 81-82.)

6. *Historical Atlas of the Holocaust*, United States Holocaust Memorial Museum, p. 14.

AO LUGAR DE ORIGEM

*

Meu avô materno é exceção entre aqueles que para sempre rejeitaram um retorno ao solo de onde a guerra lhes arrancou. Quando o convidei para que juntos visitássemos sua cidade natal, a ela já retornara em duas longínquas oportunidades.

Estávamos em 1997 quando ele finalmente atendeu ao meu convite: voltar uma vez mais, desta feita junto a um neto e a uma filha – minha tia – ao seu lugar de origem.

*

Na noite em que desembarcamos no aeroporto de Varsóvia, minha atenção esteve ocupada com as resoluções práticas e burocráticas que mobilizam os recém-chegados a terras incógnitas: a busca do local onde recolheríamos as bagagens, a reunião de nossos passaportes e a tentativa de obter informações sobre um meio que nos transportasse ao hotel.

Meu avô, alheio às funcionalidades, tacitamente depositara tais providências em minhas mãos. Enquanto isso, capturava no ar os sons do polonês e focava, esmiuçando detalhes, os desenhos das moedas. Uma delas estampava o rosto de um antigo marechal, referido como "amigo dos judeus". Seus feitos meu avô começara a narrar tendo sido, porém, interrompido pelos trâmites da chegada.

Nos primeiros dias de estada, nossas caminhadas já acentuavam o descompasso entre os ritmos dos adultos e dos mais velhos. Junto a mim e a minha tia, surgiam insistentes vazios, suscitados pela suspensão dos passos de meu avô. Lá atrás, ele se detinha frente a imagens que o remetiam a lembranças do mundo em que vivera. Diante de letreiros, traduzia palavras que revelavam o persistente domínio de um dos idiomas da infância. Frente à vitrine de um armazém, apontava iguarias que um dia fizeram parte de seus hábitos mais triviais. E entre as estatuetas expostas nas barracas de rua, apresentava-nos ao rabino, ao alfaiate e ao sapateiro, tipos que perambulavam em seu cotidiano.

Existe um favorecimento mútuo entre as pernas cansadas e o espírito evocativo dos mais velhos. Os passos lentos deixam que a atenção repouse tranqüila sobre o mundo sensível, sobre o vivido. A tonicidade muscular empenhada em uma caminhada, ensinam os neurologistas, não se verifica nos estágios do sono em que sonhamos.

Henri Bergson distingue dois modos pelos quais os homens reencontram o passado. Um deles consiste em uma memória de mecanismos motores. Como um hábito, ela é adquirida pela repetição de um esforço corporal. À luz de dados que a percepção recolhe no ambiente, a coordenação dos movimentos encena o passado. Outra modalidade de reencontro do pretérito é através de uma memória de lembranças

6 MEMÓRIAS DE VIDA, MEMÓRIAS DE GUERRA

desprovidas de intenção, de utilidade ou de aplicação prática. Enquanto se desenrolam os acontecimentos da vida cotidiana, instâncias inconscientes do psiquismo armazenam as imagens em sua pureza e totalidade. Há uma aderência das representações às percepções imediatas e aos esquemas corporais a elas associados[7].

Na vida de um homem convivem as duas modalidades da memória bergsoniana, não havendo percepção desacompanhada de lembranças. Para o filósofo, porém, a evocação do passado é privilegiada por um momento de abstração dos imperativos funcionais da ação presente.

O retorno à Polônia empenhava uma disposição física com a qual meu avô não mais contava e que nos tomava emprestada para empreender a viagem. O peso das malas, ou uma corrida apressada à estação de trem antes do fechamento dos guichês, não apenas trariam prejuízos ao corpo já fragilizado, como também seriam incompatíveis com uma memória ocupada com imagens do passado. Em troca, as lembranças de meu avô conferiam essência a nossa viagem de reconhecimento[8].

Bergson esclarece o apoio mútuo entre a memória-hábito e o que chama memória-sonho:

a memória do passado apresenta aos mecanismos sensório-motores todas as lembranças capazes de orientá-los em sua tarefa e de dirigir a reação motora no sentido sugerido pelas lições da experiência [...]. Mas, por outro lado, os aparelhos sensório-motores fornecem às lembranças impotentes, ou seja, inconscientes, o meio de se incorporarem, de se materializarem, enfim, de se tornarem presentes[9].

Já em nossa chegada a Varsóvia, a complementaridade entre o hábito e a imagem se deixara entrever. Quando finalmente saíamos do aeroporto, meu avô, desperto e não sem rispidez, interrompeu minha já prolongada busca por um transporte ao hotel. Em fluente polonês, como que apropriando-se da situação, providenciou um táxi. Pediu que eu carregasse sua mala até o carro, acomodou-se no banco da frente e passou a contar ao motorista a história de seu retorno.

*

Nos anos que antecederam a guerra, metade da população de Kozienice, cidade de meu avô, era composta por judeus.

Ele era um rapaz de 15 anos quando a cidade foi ocupada pelos

---

7. Os comentários de Ecléa Bosi sobre teorias da memória muito contribuíram para esta elaboração. Ver E. Bosi, *Memória e Sociedade: Lembrança de Velhos*, pp. 41-70.

8. Os escritos bergsonianos atribuem o caráter de reconhecimento a todo ato concreto que revele a presença do passado no presente.

9. H. Bergson, *Matéria e Memória*, p. 125.

AO LUGAR DE ORIGEM 7

alemães. A exemplo de seus pais e irmãos, a maioria dos judeus foi deportada para Treblinka. Meu avô passou por outros campos de concentração.

As duas viagens que já empreendera a Kozienice após a guerra não realocaram os novos contornos da cidade entre suas lembranças. Quando lá chegamos, a paisagem em que desembarcamos teve efeito inebriante sobre o antigo morador. Aéreo, girava em torno de si mesmo, tateando algum ponto que apoiasse o caminho a seguir.

Nossa primeira caminhada pela cidade mais pareceu guiada pela intuição. E amparados pelo acaso, não tardou que chegássemos à rua Radomska, casa 7, onde meu avô vivera com sua família até 1941.

O reencontro com a antiga morada parece ter, ao menos em parte, apaziguado as angústias geradas pela cidade transfigurada. Desde então, a casa seria o ponto de partida para a exploração do entorno. Dela partiríamos para chegar à praça; voltaríamos à casa para caminhar ao parque; outra vez à casa para seguir em direção ao canal ou ao prédio da prefeitura. Ali o viajante se abastecia com um vigor que lhe permitia refundar a antiga cidade.

Espaço da infância, é na casa materna que a criança esboça suas primeiras expedições pelo mundo. Enquanto cresce, ocupa novos espaços, sobe e desce escadas, brinca no quintal. Cada pedaço vai adquirindo formas simbólicas e adensando afetos. Mais tarde, os limites do mundo infantil incorporam a rua, extrapolam para a vizinhança e para o bairro. A casa materna protege e igualmente apóia a participação de seus moradores no mundo. Ela é o centro geográfico a partir do qual cresce a cidade[10].

As inúmeras vezes em que voltamos e partimos da casa de meu avô lembraram, uma vez mais, que uma casa vale por seus limites e aberturas. Ela é o ponto de onde a cidade se expande e para onde se contrai: gera impulsos centrífugos e centrípetos.

*

Minha avó está entre aqueles judeus poloneses que não quiseram retornar à cidade natal após a guerra. Como nossos planos de viagem incluíam uma passagem por Garbatka, ela nos confiara um desenho de sua cidade (figura 2). É a casa dos Flamenbaum que atribui simetria a suas lembranças e dispõe a vizinhança. O mapa de minha avó era como uma procuração para que habitássemos suas recordações.

Nos tempos em que ela ali vivia, era parca a mobilidade espacial dos habitantes de Garbtaka. Essa aderência representava uma garantia contra a efemeridade da vizinhança. À permanência das pessoas esta-

10. E. Bosi, op. cit., p. 435.

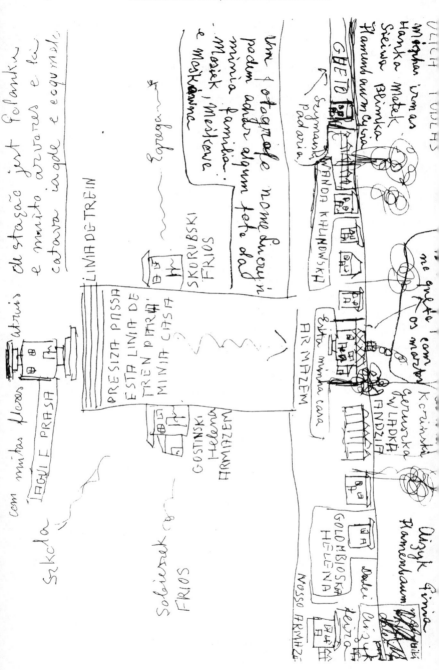

Figura 2: Garbatka desenhada por Cesia (1997).

va associada uma estabilidade espacial. As paisagens não experimentavam súbitas e profundas modificações. O desenho de minha avó revela a inteligibilidade do lugar que cada família ocupava no mundo: o mapa da cidade é o mapa de sua gente.

Entre as memórias de velhos habitantes da cidade de São Paulo, Ecléa Bosi chamou a atenção para o fato de que as lembranças habitam quadros espaciais definidos. O espaço orienta pensamentos e movimentos. Acolhe um ritmo e um modo de vida que dão contornos ao cotidiano[11].

Passeando por sua cidade, meu avô narrava imagens da rua, dos jogos de futebol dos meninos judeus contra os poloneses, da praça onde mascates de cidades vizinhas descansavam seus cavalos nos dias de feira, da casa de um amigo querido ("lá onde moravam os judeus"), da banca de jornais que era o ponto de encontro com os colegas ("nesse lugar a gente fazia cada bagunça!"), dos jardins onde esboçou seu primeiro trabalho e do parque onde foi confinado junto a tantos judeus durante a ocupação alemã.

Memória de ruas, praças e casas, enfim, a memória do espaço, apóia a memória de gente. Os cantos da cidade trazem impressas as marcas de homens e mulheres que os tocaram. Carregam as lembranças de seus feitos. A vida compartilhada por um grupo de pessoas está intimamente associada à geografia da cidade.

*

Em Kozienice, diante da casa que foi de meu avô, sob os olhos de seus pais já se estendia a praça em cujo centro está a pequena igreja da cidade. Da casa à praça, eram tempos em que a travessia da rua de chão batido pouco exigia cautela.

Guiados pelo antigo morador, estávamos prestes a repetir o trajeto, cruzando a rua hoje larga e asfaltada. Com grave semblante, seus gestos e palavras explicavam que àquela praça foram confinados os judeus durante a ocupação nazista. Nossa travessia da casa à praça, ainda incipiente, foi subitamente interrompida pela passagem cortante de um caminhão e de carros que reclamavam nosso cuidado. Meu avô era o anfitrião em um mundo que definitivamente lhe era estranho. A terra, outrora familiar, escapava-lhe por entre os dedos.

A perda do espaço espolia as recordações que nele repousam. Pode ser gerada por uma guerra, por fenômenos naturais ou por obras de engenharia que, sem precedentes, transformam a paisagem; pode decorrer do impedimento da cidade[12] para aqueles que são confinados

---

11. Idem, ibidem, p. 447.

12. Devo a expressão à noção de "impedimento do mundo" construída por José M. Gonçalves Filho, *Passagem para a Vila Joanisa...*, pp. 37-46.

em guetos ou a quem o planejamento funcional e a especulação imobiliária expulsam para os recônditos da paisagem; pode decorrer da migração e ser sublinhada pela distância geográfica.

Na cidade de minha avó, o valor cartográfico que confiáramos ao seu desenho foi prontamente contestado por casas e ruas. Aqui e ali tropeçávamos em construções inexistentes em seu mapa mnemônico e que tornavam custosa a identificação da casa desenhada no centro do papel.

É preciso salientar que a dessemelhança entre as atuais disposições das cidades de meus avós e as imagens que carregam em suas memórias é sobredeterminada.

Cinqüenta anos encerram inúmeras transformações da paisagem de uma cidade. Ainda que elas fossem inertes não o são as lembranças. Em contraponto à memória pura de Bergson, Maurice Halbwachs[13] não reserva à memória a condição de depositária de um passado conservado em sua inteireza. Por mais vivas e nítidas que possam parecer, as lembranças que hoje representam a experiência vivida diferem das imagens com que um dia estas foram evocadas. Uma recordação é o presente de um passado que vem todo atravessado por formas de percepção, idéias e juízos que trazemos em nosso atual acervo de representações e que se vinculam aos grupos dos quais hoje participamos.

Ocupado com as relações entre percepção e memória, Begson pensa uma memória puramente subjetiva. Halbwachs enfoca as lembranças a partir dos quadros sociais e das relações intersubjetivas. O passado é refeito e repensado a partir da participação atual do homem entre outros homens. Para Halbwachs, uma lembrança é uma reconstrução sobre o passado.

Ainda que ruas, praças e casas das cidades dos meus avós tivessem mantido suas identidades ao longo do tempo, como teriam as lembranças permanecido imunes à vivência da guerra?

Nos restaurantes onde comemos durante a viagem, insistimos em provar pratos que habitualmente eram feitos na casa de meu avô. Um após o outro foram sendo por ele deixados de lado: "isso não vale nada... o da minha mãe era melhor!". Nos últimos dias de nossa empreitada, ele superou a hesitação que até então o impedira de provar um embutido de porco que tanto o deliciara na infância. Tão logo experimentou, concluiu estar estragado: "a Polônia já não vale nada!".

Os escritos de Halbwachs iluminam a experiência vivida junto a meu avô. O passado não se conserva em sua pureza. Seu sabor é mutável.

*

13. M. Halbwachs, *A Memória Coletiva.*

AO LUGAR DE ORIGEM   11

As divergências entre a imagem da cidade reconstruída por minha avó e a paisagem com a qual nos deparamos, não impediu que encontrássemos indícios do que suas lembranças traçaram.

> Naquele Império, a Arte da Cartografia atingiu uma tal Perfeição [...] os Colégios de Cartógrafos levantaram um Mapa do Império que tinha o tamanho do Império e coincidia ponto por ponto com ele. Menos Apegadas ao Estudo da Cartografia, as Gerações Seguintes entenderam que esse extenso Mapa era Inútil e não sem Impiedade o entregaram às Inclemências do Sol e dos Invernos. Nos Desertos do Oeste subsistem despedaçadas Ruínas do Mapa...[14]

Como no conto, uma das reminiscências do tempo de minha avó parecia ser uma pequena casa de madeira, pintada de branco. Sua posição coincidia ponto a ponto com aquela que era atribuída pelo desenho à residência de Helena Golombioska, sua amiga de infância.

Em resposta ao nosso chamado apareceu, à porta, uma mulher de meia-idade. As palavras, por meio das quais meu avô a ela se dirigiu, foram sendo traduzidas pelas feições seguidamente estampadas em seu rosto: o olhar interrogativo com que nos recebera transfigurou-se em um semblante de atenção; e este acabou por desaguar em uma fala excitada, cuja voz embargada era dirigida também àqueles que estavam no interior da morada.

Quem nos recebera, logo saberíamos, foi Lídia, filha da amiga polonesa de minha avó, falecida havia vinte anos. Convidou-nos a entrar. Revelou que sua mãe muitas vezes comentara sobre uma vizinha judia com quem convivera durante a infância, que fora levada durante a guerra e de quem nunca mais chegaram notícias a Garbatka.

A comunidade que passávamos a assumir com Lídia não dizia respeito a experiências vividas em primeiro grau, mas a lembranças que nos foram transmitidas. Comenta Ecléa Bosi:

> É preciso reconhecer que muitas de nossas lembranças, ou mesmo de nossas idéias, não são originais: foram inspiradas nas conversas com os outros. Com o correr do tempo, elas passam a ter uma história dentro da gente, acompanham nossa vida e são enriquecidas por experiências e embates. Parecem tão nossas que ficaríamos surpresos se nos dissessem o seu ponto exato de entrada em nossa vida[15].

Nosso alinhamento com aquela polaca dizia respeito a nossa condição de herdeiros das memórias de antigas companheiras, de ouvintes de narrativas sobre a participação em um mundo comum, bruscamente interrompido pela guerra.

Sua companhia enriqueceria a compreensão de algum mal-estar até então experimentado, porém não nomeado, nas cidades de meus avós.

---

14. J. L. Borges, "Do Rigor na Ciência", em *História Universal da Infâmia*, p. 71.
15. E. Bosi, op. cit., p. 407.

MEMÓRIA E DESENRAIZAMENTO

Quando o mundo pouco apóia a comunicação com o passado, o viajante que intenta guiar-se pela memória de seus ancestrais experimenta um desaparecimento. As paisagens física e humana infirmam as amarras que o vinculam ao lugar. Mais do que a participação de meus avós, suas cidades reproduziam a ameaça ao enraizamento dos homens ao mundo social. Foi Simone Weil quem nos legou o conceito:

> O enraizamento é talvez a necessidade mais importante e mais desconhecida da alma humana. É uma das mais difíceis de definir. O ser humano tem uma raiz por sua participação real, ativa e natural na existência de uma coletividade que conserva vivos certos tesouros do passado e certos pressentimentos do futuro[16].

O homem enraizado participa de grupos que conservam heranças do passado. Podem ser recebidas pelas palavras dos mais velhos: um ensinamento moral, uma sugestão prática, uma norma, uma narrativa; podem ser recebidas como bens materiais: a paisagem da cidade, a terra revolvida pelos ancestrais e objetos que revivem antigas gerações e acompanham os herdeiros em suas vidas.

A participação social do homem enraizado pode vir do nascimento ou ser fundada na casa, na profissão, na religião, na cidade. Onde há enraizamento, a participação social está assentada em meios em que os homens recebem os princípios de vida moral, intelectual e espiritual que irão nutrir sua existência social.

Esta comunicação com o passado não consiste em uma atitude meramente contemplativa. Tampouco assume uma orientação reacionária. Onde os homens espraiam raízes, as lutas e construções dos antepassados, suas idéias e tradições, alicerçam realizações que, por sua vez, irão revesti-las de novos significados. Não se trata de uma importação passiva do mundo pregresso.

Simone Weil esclarece esse relacionamento com o passado:

> Seria vão voltar as costas ao passado para só pensar no futuro. É uma ilusão perigosa acreditar que haja aí uma possibilidade. A oposição entre o futuro e o passado é absurda. O futuro não nos traz nada, não nos dá nada; nós é que, para construí-lo, devemos dar-lhe tudo, dar-lhe nossa própria vida. Mas para dar é preciso ter, e não temos outra vida, outra seiva a não ser os tesouros herdados do passado e digeridos, assimilados, recriados por nós. De todas as necessidades da alma humana não há outra mais vital que o passado[17].

---

16. S. Weil, *A Condição Operária e Outros Estudos sobre a Opressão*, p. 411.
17. Idem, ibidem, p. 418.

AO LUGAR DE ORIGEM 13

O passado sobre o qual escreve Simone Weil é refletido e elaborado. Não corresponde à idolatria de algo a ser doado a um futuro utópico[18]. É suporte e inspiração para iniciativas. Etimologicamente, "iniciar" e "começar" remetem a *archein*, termo grego equivalente ao latino *agere*, "imprimir movimento a alguma coisa". Uma ação corresponde a algo inédito e singular. É a efetivação da natalidade. Através dela, um homem aparece aos demais, não sob a mediação de coisas ou da matéria, mas por meio de seus atos e do discurso que os acompanha. Pelas palavras, o agente nomeia o que fez e o que faz: revela quem é[19].

Em grupos que promovem o enraizamento, estão preservadas as condições de igualdade que garantem aos homens o livre exercício da palavra e de novas fundações: sua aparição diante de outros homens revela sua identidade pessoal e singular.

O enraizamento de um grupo social não pressupõe o isolamento de seu espaço geográfico ou de sua produção cultural. A multiplicação de contatos[20] e a troca de influências[21] são complementares ao enraizamento, sempre que esse intercâmbio propicie a revelação de parte à parte e estimule a originalidade dos envolvidos. É por meio de sua aparição diante do outro que os homens desenham suas identidades. A pluralidade é condição para a ação e o discurso: funda e alimenta o corpo político.

Em síntese, diríamos que, onde há enraizamento, os homens participam de campos intersubjetivos que preservam vínculos com o passado, o campo das iniciativas e da palavra[22].

*

Chegamos às cidades de meus avós em um dia rotineiro.

A banalidade de seus cotidianos se contrapunha ao caráter excepcional da experiência dos viajantes. Assim como nossa presença não alterava o ir e vir dos moradores, a vida da cidade parecia transcorrer

---

18. "Durante a Revolução Russa, o sonho milenar dos espoliados foi inserido por Lenin no presente: 'a terra para os camponeses' [...] essa palavra de ordem nova enraizou os camponeses no processo revolucionário, apelando para um passado verdadeiro e um anseio constante do homem do campo: o de plantar em sua terra".

Já Hitler tentou enxertar o futuro do povo alemão num passado fictício, o pretenso arianismo [...] o mito do arianismo não foi enraizador porque não se alimentou de suas lutas passadas nem projetou o ideal concreto de paz para a sociedade alemã". Ver E. Bosi, "Cultura e Desenraizamento", em A. Bosi (org.), *Cultura Brasileira: Temas e Situações*, pp. 23-24.

19. H. Arendt, *A Condição Humana*, pp. 188-193.

20. S. Weil, "O Desenraizamento Operário", em *A Condição Operária e Outros Estudos sobre a Opressão*, p. 419.

21. S. Weil, "O Enraizamento", em op. cit., p. 411.

22. J. M. Gonçalves Filho, "Humilhação Social: um Problema Político em Psicologia", em *Psicologia USP*, vol. 9, n. 2, pp. 11-67.

14 MEMÓRIAS DE VIDA, MEMÓRIAS DE GUERRA

alheia ao passado: diante de nossos olhos, não restava qualquer traço material ou idiomático que indicasse a presença recente da comunidade judaica ou seu extermínio.

Meu avô não pôde encontrar gente que dele se lembrasse. E na prefeitura de Kozienice não restava qualquer documento que atestasse sua história familiar. Em Garbatka, os personagens do mapa de minha avó eram quase todos desconhecidos dos atuais moradores. E estes revelavam algum desconforto ao falarem sobre o passado recente. Lídia chegou a nos apresentar a uma senhora contemporânea de minha avó que, no entanto, logo retomou as pedaladas que a conduziam ao mercado.

A estranheza experimentada em cada uma daquelas cidades estava fundada na impossibilidade de abraçar o presente – *este* presente – como contíguo aos quadros espaço-temporais em que viveram meus avós e que tenho conhecido por meio de suas lembranças. Somente a interposição de uma catástrofe faz convergirem as cidades de ontem e de hoje.

As imagens da destruição da comunidade judaica que meus avós têm evocado se tornavam latentes na figura de cada morador e mesmo na natureza. As pessoas e o solo pareciam esconder, como algozes ou testemunhas, alguma participação na biografia de meus ancestrais. Tinham todos o que dizer sobre sua destruição. Faziam pensar nos pinheiros que hoje cobrem o antigo campo de Sobibor: plantados pelos nazistas para sombrear seus crimes, circulam em sua seiva resquícios da gente exterminada.

O sofrimento experimentado naquelas cidades assumia algum parentesco com a dor que acomete os homens desenraizados.

*

O desenraizamento é uma doença da cultura. É disseminado quando são prejudicadas a comunicação com o passado e as iniciativas para novas fundações. José Moura Gonçalves Filho[23] sugere que o homem desenraizado experimenta a humilhação gerada pelo desaparecimento das condições intersubjetivas que até então haviam garantido a liberdade, a pluralidade e a igualdade. Seu sofrimento é de natureza política.

Os diários de Victor Klemperer (1999), professor de literatura da Universidade de Dresden, são relatos desse desaparecimento. Judeu assimilado, casado com uma alemã, Klemperer permaneceu na Alemanha até o final da guerra. Escritas entre 1933 e 1946, suas notas revelam a paulatina corrosão do cotidiano, a penetração da ideologia nazista em todos os recônditos da vida pessoal e a interdição da habitação do mundo social. Klemperer perdeu sua cadeira na universidade, foi impedido de freqüentar bibliotecas e de escrever. "Trabalho para a

---

23. J. M. Gonçalves Filho, "Humilhação Social: um Problema Político em Psicologia", em *Psicologia USP*.

AO LUGAR DE ORIGEM 15

escrivaninha e para os vermes"[24], apontava, em 1937, após serem proibidas algumas de suas publicações. O emérito professor assistiu à dispersão de antigos amigos pelo mundo e outros, tomados pelo medo ou alinhados ao nazismo, riscaram os nomes judaicos de seus círculos de amizades. O testemunho clandestino foi sua resistência.

Regimes de governos totalitários são marcadamente desenraizantes. O terror, a censura e a perseguição são meios pelos quais pretendem restringir o pensamento ao desdobramento de uma premissa obrigatória (supostamente, a divisão dos homens em raças e a superioridade de uma delas). Onde penetra, a ideologia rouba a espontaneidade e a imprevisibilidade inerentes ao relacionamento humano. Resta às consciências um percurso necessário, alheio ao campo da experiência intersubjetiva.

*

Lídia, filha da antiga vizinha de minha avó, nos conduziu por estâncias da cidade que conservam as marcas da destruição da comunidade judaica: o local onde um dia esteve o gueto, as terras onde minha avó ajudou a enterrar os corpos da gente morta durante a ocupação nazista e o campo de trigos que, em sua infância, serviu como esconderijo em brincadeiras e na guerra. Nossa anfitriã revelou o sucedido a outros personagens do mapa que levávamos em mãos. E juntos vasculhamos fotografias que pudessem estampar a convivência de nossas ancestrais.

Helena, sua mãe, teria se comprazido diante da revelação do destino da antiga companheira, cuja sobrevivência agora confiávamos à filha.

Finalmente, as cidades de meus avós ofereciam o repouso em um campo mutuamente compartilhado. Nele se tocavam as lembranças de um mundo coabitado. Que emoção ouvir o nome de minha avó pronunciado por uma moradora de sua cidade! Nossas idéias e indagações a respeito de sua infância encontravam morada entre os interesses e preocupações de Lídia[25]. Desde então, transformavam-se em idéias e indagações sobre a convivência e a brusca separação de nossas ancestrais: ganhavam a vitalidade de uma realidade social[26].

*

24. V. Klemperer, *Os Diários de Victor Klemperer: Testemunho de um Judeu Clandestino na Alemanha Nazista*, p. 207.

25. A interpenetração das representações de uma pessoa no regime de inteligibilidade de outrem é o que Solomon Asch define como interação psicológica (*Psicologia Social*, pp. 139-142). O campo interpessoal pensado por Asch não se reduz à inteligibilidade física do encontro, mas envolve a participação e a comunicação de experiências diversas em um campo do qual os participantes saem transformados.

26. E. Bosi, op. cit., pp. 413-414.

Uma judia e uma polonesa reconstroem as imagens da ocupação da cidade pelos alemães, do cerceamento imposto aos judeus com a construção do gueto e de sua deportação para Auschwitz desde topografias distintas.

A comunicação entre suas perspectivas possivelmente envolve a limitação, a conformação e a interpenetração de lembrança por lembrança; pode reforçar imagens que insistem em se repetir ou oferecer respostas a enigmas que desde então feriam a subjetividade. Cubista, a percepção se desdobra sobre o passado por meio de perspectivas diversas.

A memória de um indivíduo, para lembrar Halbwachs uma vez mais, está atada aos grupos dos quais participa e que toma como referência. A memória pessoal é um ponto de vista na memória social. Nas palavras de Marilena Chauí:

> o grupo transmite, retém e reforça as lembranças, mas o recordador, ao trabalhá-las, vai paulatinamente individualizando a memória comunitária e, no que lembra e no como lembra, faz com que fique o que signifique[27].

O grupo vale como apoio à memória pessoal quando o passado do homem é o passado do grupo, quando os indivíduos carregam um sentimento de pertença à coletividade[28]. Esse apoio pode ser ainda mais revigorante quando envolve a presença sensível de antigos companheiros, como quando, anualmente, reúnem-se judeus poloneses sobreviventes da guerra. A materialidade incrementa a presença do grupo em pensamento.

Entre os prejuízos gerados pela vivência do desenraizamento está a ameaça à participação da experiência de cada homem sobre o passado no regime de inteligibilidade de outros homens. Quando perde a comunicabilidade que o apóia, o lembrar mais se aproxima de atos visionários. O desenraizamento é condição desagregadora da memória social.

Quando, porém, uma cultura material, simbólica e idiomática se perpetua por inúmeras gerações em um mesmo solo, temos motivos para supor a existência de núcleos de resistência ao esfacelamento. Sabemos que, em sua gênese, a palavra "homem" deriva de *humus*[29]. Ao longo dos séculos, em que judeus poloneses ocuparam tão pedregoso solo, de onde terão extraído os nutrientes que lhes permitiram resistir ao completo desenraizamento? A que foi possível agarrar-se diante da constante ameaça de um destino esmagador?

---

27. M. de S. Chauí, "Os Trabalhos da Memória", em E. Bosi, op. cit., p. 31.
28. M. Halbwachs, *A Memória Coletiva*, pp. 25-52.
29. E. Bosi, "Cultura e Desenraizamento", em A. Bosi (org.), op. cit., p. 18.

AO LUGAR DE ORIGEM   17

VETORES DO DESENRAIZAMENTO

A doença do desenraizamento incide sobre os homens por matrizes diversas.

A perda do lugar de origem arrasta os homens para longe da casa da infância e da paisagem natal. Geralmente, dispersa seus grupos de convivência. Seus modos de falar e de vestir são perdidos. As reuniões, as festas e os rituais religiosos são banidos de seus recantos. Os sons dos homens e da natureza emudecem e seus aromas relembram a volatilidade que lhes é própria[30].

Marcel Proust relembra a carta em que a antiga companheira da pequena Combray relatava os desdobramentos da ocupação militar da cidade:

> Quantas vezes, quando imensos combates se travavam pela posse de um caminho, de uma colina de sua predileção, pensei em você e nos passeios, por sua causa deliciosos, que juntos demos nestes sítios hoje tão maltratados. Como eu, provavelmente nunca supôs que o obscuro Roussainville ou o desinteressante Méséglise, de onde nos levavam a correspondência, e onde foram buscar o médico quando você esteve doente, se tornassem jamais lugares célebres. [...]. O caminho estreito de que tanto gostava, que chamávamos de atalho dos espinheiros, e onde pretende se ter na infância se apaixonado por mim, embora eu possa garantir com toda razão que fui eu quem me apaixonei por você, não calcula a importância que assumiu. O imenso trigal ao qual conduz é o famoso marco 307, cujo nome há de ter lido muitas vezes nos comunicados. Os franceses dinamitaram a ponte sobre o Vivonne, aquela que, segundo dizia, não lhe lembrava a infância tanto quanto desejaria, e os alemães construíram outras; durante ano e meio, dominaram uma metade de Combray e os franceses a outra[31].

Uma guerra geralmente rouba dos habitantes da cidade seu espaço vital. Por meio da ocupação e da destruição da paisagem, da fuga forçada, do confinamento a um gueto ou da deportação, a guerra corrompe os significados que a vida atribuiu.

O desenraizamento interrompe um jeito de viver: mina por dentro o cotidiano.

*

Homens e mulheres deportados para os campos de concentração nazistas possivelmente tenham experimentado o mais alto grau do desenraizamento.

Em suas histórias foram interpostas trajetórias de progressiva invisibilidade: o confinamento aos guetos, a deportação em trens cujas laterais ocultavam a visão de seu interior, a reclusão aos campos e o

---

30. Idem, ibidem, p. 17.
31. M. Proust, *O Tempo Redescoberto*, pp. 41-42.

18 MEMÓRIAS DE VIDA, MEMÓRIAS DE GUERRA

extermínio. Os métodos nazistas tencionaram ainda reduzir a materialidade dos corpos de suas vítimas à opacidade das cinzas, apagando seus vestígios.

Um judeu sobrevivente de Auschwitz, cujo depoimento foi recolhido por Claude Lanzmann[32], indicou o correlato lingüístico desse desaparecimento. Àqueles que trabalhavam em fornos crematórios era proibida a utilização das palavras "corpos" ou "vítimas". Os alemães os obrigavam a referirem-se aos mortos como *figuren*, termo que equivale a um ser inanimado, um boneco desprovido de substância e singularidade[33].

Os relatos de homens e mulheres que sobreviveram aos campos de concentração envolvem as chagas e as sucessivas privações que converteram seus corpos em matéria estranha aos próprios olhos. A tonicidade restante, usurpada pelo fim único da sobrevivência, não lhes garantia seu caráter revelador. Foram todos tornados *Muselmann*[34] quando a morte se aproximava.

A violência corporal é a mais grave matriz do desenraizamento. Os montes de óculos, sapatos e malas que hoje incomodam a vista daqueles que visitam Auschwitz querem lembrar suas vítimas. Insistem, porém, em apresentar-se como alegorias do desconhecido. Um memorial em um campo de concentração desafia a irrepresentabilidade de quem foram suas vítimas e da experiência que lhes foi imputada. Suas vidas e suas mortes estão para sempre imersas no anonimato. Sua memória arrisca reforçar seu apagamento.

Nos limites de um campo de concentração, possivelmente não terá havido pensamento que não tenha atravessado a idéia da morte, onipresente ameaça:

para aqueles cuja alma está submetida ao jugo da guerra, a relação entre a morte e o futuro não é a mesma que para os outros homens. Para os outros a morte é um limite imposto previamente ao futuro; para eles, ela é o próprio futuro, o futuro que sua profissão lhes assinala[35].

A desagregação psíquica então gerada fez restar aos homens o recurso da apatia e de alienações que ameaçam obscurecer possíveis entendimentos da miséria política, econômica e moral que os acometeu.

Até quando? Os velhos habitantes do Campo riem desta pergunta: uma pergunta pela qual se conhecem os recém-chegados. Riem e não respondem: para eles, desde

32. C. Lanzmann, *Shoah*, 1985.
33. S. Felman, "The Return of the Voice: Claude Lanzmann's Shoah", em S. Felman e D. Laub (orgs.), *Testemony: Crises of Witnessing in Literature, Psychoanalysis and History*, pp. 209-210.
34. Assim eram chamados, nos campos de concentração, aqueles que se arrastavam à beira da morte. Ver P. Levi, *É Isto um Homem?*, p. 89.
35. S. Weil, *A Condição Operária e Outros Estudos sobre a Opressão*, p. 395.

AO LUGAR DE ORIGEM 19

meses e anos o problema do futuro longínquo foi se apagando, perdeu toda intensidade, perante os problemas do futuro imediato, bem mais urgentes e concretos: como a gente comerá hoje, se vai nevar, se vamos ter que descarregar carvão[36].

Viktor Frankl (1994), em relatos e reflexões sobre sua passagem por Auschwitz e Dachau, aponta a constrição da vida psíquica que acometeu os prisioneiros. Sua sensibilidade baixou a um nível primitivo, toda voltada ao fim último da sobrevivência. Restou aos sonhos dos prisioneiros o traço infantil da pura satisfação de necessidades primárias. Quando todos os apegos são substituídos pelo da sobrevivência, a morte não mais baliza a distinção entre o aqui e o além, entre o real e o irreal. A morte da morte confere aos campos de concentração o atributo de experiência-limite[37].

Alguém começou a entoar o *Kadish*, a oração dos mortos. Não sei se já aconteceu, na longa história do povo judeu, que os homens tenham recitado a oração dos mortos para si mesmos[38].

AMEAÇAS DE DESENRAIZAMENTO NO MUNDO CONTEMPORÂNEO

As noções antagonistas de enraizamento e desenraizamento são frutos da elaboração de Simone Weil, sobre sua experiência em linhas de montagem de indústrias francesas, na década de 1930. Ao indicar formas pelas quais a opressão sujeitava o operariado no cotidiano fabril, seus escritos concretizaram o isolamento que a produção industrial imputa aos homens e que já ocupara o pensamento de Marx. Nesses relatos, a fábrica aparece como o choque da matéria contra o organismo: a cadência das máquinas ditando o ritmo dos movimentos do operário, ameaçando o pensamento, impedindo a criação e calando a palavra. Nas linhas de montagem, a produção em série quebrava a possibilidade de estar junto a outros operários, isolando cada qual em um fragmento da produção e agravando a ignorância relativa àquilo que fabricavam. O local de trabalho, o maquinário e os outros trabalhadores eram experimentados como estranhos, desvinculados das promessas que o mundo outrora lhes dirigira, sem vínculos com a vida fora da fábrica.

O tema do desenraizamento tem mobilizado a atenção de psicólogos sociais ocupados com o problema da participação social. A invisibilidade política, a atomização dos indivíduos e a comunicação obliterada com o passado são temas relevantes no mundo contemporâneo.

36. P. Levi, *É Isto um Homem?*, p. 34.
37. M. Seligmann-Silva, "A História como Trauma", em A. Nestrovski e M. Seligmann-Silva (orgs.), *Catástrofe e Representação*, p. 93.
38. E. Wiesel, *A Noite*, p. 53.

20 MEMÓRIAS DE VIDA, MEMÓRIAS DE GUERRA

Na sociedade capitalista e industrial, a regência dos imperativos econômicos gera abalos sobre tradições que não encontram meios de se transpor para a atualidade. A cultura popular, veio da oralidade, tem sido calada pelas exigências do mundo letrado, do mercado globalizado e da indústria cultural.

As relações igualitárias e cordiais igualmente sofrem prejuízos quando os homens passam a ocupar os pólos da submissão ou do domínio. O problema deita já sobre a infância, especialmente no que diz respeito ao trabalho infantil. Nas regiões brasileiras produtoras de carvão, sisal e babaçu, o impacto do súbito ingresso no mundo do trabalho deixa marcas que arriscam apagar o prazer que um dia possivelmente envolveria a participação nesse universo. Meninos têm sido recrutados como catadores de laranja em plantações do nordeste brasileiro. Seus corpos, ágeis e franzinos, poupam até mesmo os galhos mais frágeis das árvores. Pouco a pouco, o ácido da fruta lhes rouba a identidade infantil, apagando-lhes as impressões digitais.

Outro aspecto relevante no mundo contemporâneo é a urbanização tradicional, que transforma as paisagens rurais e priva os lavradores de terras onde possam semear seus modos de vida. A expansão das monoculturas e das pastagens e a mecanização da lavoura freqüentemente soterram as heranças e os esforços dos agricultores, fazendo restar a migração como alternativa.

O desemprego se soma à ordem de problemas que afeta aqueles que, em sua trajetória rumo à cidade, deixam para trás um modo de vida. A crise desmoraliza a pessoa que não encontra um meio onde projetar aquilo que um dia foi capaz de realizar. Sobre a condição do migrante, comenta Ecléa Bosi:

> Suas múltiplas raízes se partem. Na cidade, a sua fala é chamada "código restrito" pelos lingüistas; seu jeito de viver, "carência cultural"; sua religião, crendice ou folclore. Seria mais justo pensar a cultura de um povo migrante em termos de desenraizamento. Não buscar o que se perdeu: as raízes já foram arrancadas, mas procurar o que pode renascer nessa terra de erosão[39].

A transitoriedade das paisagens urbanas tampouco respeita as raízes de seus habitantes. Na cidade de São Paulo, os princípios da funcionalidade há anos expulsam as pessoas de espaços familiares e dispersam gente que pouco dispõe de espaços de encontro.

José Moura Gonçalves Filho sugere que a humilhação é um fenômeno urbano. Ela é a modalidade de angústia que acompanha o homem desenraizado. Está relacionada à expulsão dos homens do campo de reconhecimento por outros homens e à desigualdade entre as classes sociais.

---

39. E. Bosi, "Cultura e Desenraizamento", em A. Bosi (org.), op. cit., p. 17.

RUPTURAS BIOGRÁFICAS

Quando se esgarçam os tecidos sociais que vascularizam a existência de um homem, uma interrupção parece cindir a linha de sua história de vida.

Os esforços e as promessas da família, da escola, do trabalho e da religião, os conselhos dos pais e as orientações de um mestre podem ser bruscamente convertidos em imposturas: não mais informam os projetos e os pressentimentos do porvir. O que se produz é o mal-estar de uma existência fraturada e desperdiçada.

Nessas condições, o passado deixa de ser o que era. Suas heranças agora mais informam um tempo que só aceita ser relido como indício dos desdobramentos que viriam. "Um homem que morre aos trinta e cinco anos aparecerá sempre, na rememoração, em cada momento de sua vida, como um homem que morre aos trinta e cinco anos"[40]. A significação da vida parece precipitada no ponto onde ela cindiu.

Nos anos que antecederam a guerra, meus avós viviam junto a seus pais e irmãos. Nos anos que a sucederam, casaram, tiveram filhos e netos. Onde a guerra toca torna excludentes o passado e o futuro.

Uma ruptura biográfica participa do desenraizamento social, como que correspondendo a sua dimensão psicológica: é a modalidade traumática que o acompanha.

Acontecimentos geradores de rupturas biográficas prejudicam a comunicação com o passado e reclamam um trabalho psíquico que pode durar toda uma vida. São eventos que não podem ser compreendidos no intervalo de sua duração: suas rachaduras se espalham em retrospectiva e perspectiva sobre a biografia de quem os atravessa. O passado deixa de ser o que era. E o futuro, pautado a partir do que foi perdido, torna-se inconcebível.

Dificilmente poderíamos contribuir para uma discussão sobre esta dimensão psicológica do desenraizamento social caso limitássemos uma experiência de guerra aos anos do conflito político-militar. Memórias de infância, da adolescência, da juventude, da maturidade e da velhice de sobreviventes de guerra são reconstruídas à luz de sua irreversível condição. Memórias de guerra reclamam memórias de vida.

40. W. Benjamin, "O Narrador: Considerações sobre a Obra de Nikolai Leskov", em *Obras Escolhidas*, vol. 1, p. 213.

2. Ao Encontro dos Narradores

Alguma compreensão sobre o desenraizamento gerado por uma guerra seria prejudicada caso este estudo considerasse os acontecimentos em suas coordenadas gerais, localizados fora daqueles que os atravessaram. Nesse caso, a guerra seria tomada como um fato social desprovido de sujeitos. Inversamente, este estudo não se propõe a focalizar a guerra apenas pelo lado do indivíduo, reduzindo o evento histórico-social a uma representação, a uma imagem mental. Esta abordagem psicossocial pretende incidir sobre um fenômeno intermediário, interrogando o fenômeno na fronteira entre a pessoa e a situação. O que a guerra tem feito de suas vítimas? O que essas vítimas têm feito da guerra? Este não é um estudo sobre a guerra ou sobre a memória. Seguindo um alvo intermediário de investigação semelhante ao que foi desenvolvido por Ecléa Bosi, devemos afirmar que esta pesquisa está interessada em memórias de guerra.

Uma lembrança propicia, ao memorialista, a experiência de pertencimento a um mundo outrora vivido. Esse alargamento da subjetividade proposto por José Moura Gonçalves Filho[1] inverte o entendimento da memória como um transporte do pregresso para dentro do memorialista. Naquilo que lembra, a subjetividade transcende a si mesma e transporta o memorialista para uma situação que ele então

---

1. *Elementos para a Descrição Fenomenológica de um Molho de Chaves* (texto não publicado).

24 MEMÓRIAS DE VIDA, MEMÓRIAS DE GUERRA

experimenta novamente habitar. Uma lembrança revela a alteridade do vivido.

A relação contemporânea entre o memorialista e o seu passado não obedece ao regime assumido em outros tempos de sua vida. A guerra lembrada por homens e mulheres recém-libertos, não é a guerra lembrada cinco décadas adiante. A subjetividade transcendental constitui o fenômeno diacronicamente. Os acontecimentos permanecem se apresentando à consciência sob perspectivas diversas, enquanto houver condições para sua constituição. A guerra, na abordagem proposta por este estudo, é uma experiência da guerra que se perfaz nesse percurso total de apresentações.

*

O passado reconstruído por uma narrativa pessoal difere do passado dos documentos ou dos arquivos. Histórias de vida não substituem um conceito ou uma teoria da História; não explicam um processo social, um movimento político ou uma transformação econômica[2].

Os acontecimentos propriamente ditos, os fatos em si, se desenrolam limitados por uma dimensão espaço-temporal cuja finitude é própria à esfera do vivido. As recordações desses acontecimentos porém não se moldam nos mesmos limites: abrem as portas para o que veio antes e depois[3]. Lembrança chama lembrança, compondo um tecido não linear de rememorações, mais ou menos singular, cuja textura se alinhava na forma como cada memorialista se lança na reconstrução das imagens do passado e na busca de seu significado.

Para aqueles que dão seu testemunho, o tecido bordado pelas lembranças é tão importante quanto o vivido. A memória suscita pensamentos, retoma imagens e afetos; desafia a percepção, dá vez à fantasia; revela enigmas e contradições; reclama julgamentos e discussões. Mobiliza todas as dimensões do psiquismo de quem se lança à tarefa de contar o pregresso. O passado narrado por isso abrange lacunas, distorções, contradições, hesitações, recalques, silêncios, enigmas, reparações e angústias que participam de sua verossimilhança.

Benjamin (1936) nos dá a pensar sobre a narrativa:

> Ela não está interessada no "puro em si" da coisa narrada como uma informação ou um relatório. Ela mergulha a coisa na vida do narrador para em seguida retirá-la dele. Assim se imprime na narrativa a marca do narrador[4].

A narrativa carrega a personalidade do memorialista.

---

2. E. Bosi, *Tempo Vivo da Memória*, p. 49.

3. W. Benjamin, "A Imagem de Proust", em *Obras Escolhidas*, vol. 1, p. 37.

4. Idem, "O Narrador: Considerações sobre a Obra de Nikolai Leskov", em *Obras Escolhidas*, vol. 1, p. 205.

AO ENCONTRO DOS NARRADORES 25

MEMÓRIA E TRAUMA

Para aqueles que são libertos de uma guerra e se encontram novamente no mundo – em algum mundo – a reconstrução material e a re-
inserção social não se fazem desacompanhadas de um trabalho psíquico.

Na maior parte dos casos, a hora da libertação não foi nem alegre nem despreocu-
pada: soava em geral num contexto trágico de destruição, massacre e sofrimento. Naquele momento, quando voltávamos a nos sentir homens, ou seja, responsáveis,
retornavam as angústias dos homens: a angústia da família dispersa ou perdida; da dor
universal ao redor; do próprio cansaço, que parecia definitivo, não mais remediável; da
vida a ser recomeçada em meio às ruínas, muitas vezes só. Não "prazer, filho da aflição": aflição, filha da aflição. Sair do tormento foi um prazer somente para uns poucos
afortunados, ou somente por poucos instantes, ou para almas simples; quase sempre
coincidiu com uma fase de angústia[5].

Os tempos que sucedem à guerra implicam a elaboração de respostas mentais para a experiência de ruptura biográfica.

O termo hebraico *Schoá* pode ser traduzido como "desabamento"
ou "desastre", termos também aplicados à tradução do grego
katastrophé que, literalmente, tem como sentido uma "virada pra baixo"[6]. Uma catástrofe é um evento traumático e vertiginoso. Faltam
aparatos imagéticos e lingüísticos que apóiem sua representação, o
conhecimento a seu respeito e sua transmissão. O testemunho do sobrevivente, por isso, carrega uma dimensão solitária: a experiência adere
à subjetividade sem que possa ser alcançada pelo pensamento e pelo
discurso. Se a universalização do que foi vivido em primeira pessoa é
um pressuposto da representação, a singularidade da experiência-limite desfaz seu potencial figurativo. Esta impossibilidade de captura encontra tradução nos escritos de Primo Levi:

os SS se divertiam avisando cinicamente os prisioneiros: "seja qual for o fim desta
guerra, a guerra contra vocês nós ganhamos; ninguém restará para dar testemunhos,
mas, mesmo que alguém escape, o mundo não lhe dará crédito. Talvez haja suspeitas,
discussões, investigações de historiadores, mas não haverá certezas, porque destruire-
mos as provas junto com vocês. E ainda que fiquem algumas provas e sobreviva alguém, as pessoas dirão que os fatos narrados são tão monstruosos que não merecem
confiança: dirão que são exageros da propaganda aliada e acreditarão em nós, que
negaremos tudo, e não em vocês. Nós é que ditaremos a história dos *Lager*"[7].

Dori Laub faz referência a *Schoá* como um evento sem testemunhas, levando a pensar que, em última instância, a impossibilidade de
dar forma ao acontecimento torna a experiência traumática imemo-

---

5. P. Levi, *Os Afogados e os Sobreviventes*, p. 39.
6. A. Nestrovski e M. Seligmann-Silva (orgs.), "Apresentação", em *Catástrofe e Representação*, p. 8.
7. P. Levi, op. cit., p. 1.

26 MEMÓRIAS DE VIDA, MEMÓRIAS DE GUERRA

rável[8]. Sua experiência é como um lastro que precipita o sobrevivente em uma permanência naquele presente. O trauma o persegue, conferindo à narrativa um caráter compulsivo: contar é como reviver o ocorrido. Há momentos em que o trabalho de elaboração não dispõe de sujeitos em condições de realizá-lo. A subjetividade permanece atada à situação traumática, sem que ela possa ser doada ao trabalho do pensamento. O vivido permanece desprovido de ligações com a atualidade. Persiste como um fragmento capturado no infinito do acidente e que não deixa entrever um antes e um depois. A vivência traumática, por isso, escapa ao rol de experiências que se prestam à livre associação. Suas imagens persistem desintegradas de outras representações e associadas a emoções cuja vivacidade não pode ser atenuada. Nessas condições, a visitação às lembranças mais assume um caráter compulsivo: recordar é como reviver os acontecimentos. São circunstâncias em que narrar uma experiência de guerra pode aproximar-se de um segundo holocausto:

> Sonháramos nas noites ferozes
> Sonhos densos e violentos
> Sonhados de corpo e alma:
> Voltar; comer; contar.
> Então soava breve e submissa
> A ordem do amanhecer:
> "Wstavach";
> E se partia no peito o coração.
>
> Agora reencontramos a casa,
> Nosso ventre está saciado,
> Acabamos de contar.
> É tempo. Logo ouviremos ainda
> o comando estrangeiro:
> "Wstavach".

11 de Janeiro de 1946[9]

Em conversas informais e depoimentos de sobreviventes de guerra, são freqüentes as repetições exaustivas de algumas de suas vivências. Muitas vezes, tais reproduções não se limitam aos conteúdos narrados, mas se derramam sobre as formas que os comunicam: as disposições das palavras nas frases e das frases nas narrativas são recorrentes.

Certa feita, fui apresentado a uma senhora, judia polonesa sobrevivente de Auschwitz. Não houve tempo para que eu esclarecesse a natureza de meu interesse por experiências de guerra. Com uma narrativa fluente, nada hesitante, preencheu nosso encontro com um grave

---

8. Cf. "Truth and Testimony: the Process and the Struggle", em C. Caruth (org.), Trauma: Explorations in Memory, pp. 61-75.

9. P. Levi, *A Trégua*, p. 5.

AO ENCONTRO DOS NARRADORES 27

monólogo. Ofereceu-me a narrativa de episódios profundamente terríveis testemunhados durante a guerra. Suas frases iam sendo dispostas de modo articulado e coerente. As indagações que pudessem gerar eram logo esclarecidas pela seqüência da narrativa. Em determinado momento, fez uma pausa e penetrou firme minha embriaguez: "era isso que você queria saber?". Já no momento de nossa despedida, fui informado de que acabara de escrever sua autobiografia e freqüentemente tem relatado sua experiência em eventos dedicados ao tema.

Entre os judeus sobreviventes de guerra, muitos têm tido oportunidades de participar, por meio de suas lembranças, do debate sobre o extermínio dos judeus da Europa. Outras vezes, têm evocado lembranças mais informalmente, entre parentes e amigos. Quando contados inúmeras vezes, os acontecimentos arriscam enrijecerem-se em uma forma consolidada, prontamente disponível à consciência. Narrativas de episódios geradores de profundo sofrimento psíquico freqüentemente recorrem aos estereótipos. Apoiadas sobre leituras assim fundadas, as lembranças se distanciam da experiência do pensamento. Aderem ao vício das convenções e das noções simplificadas, operando por meio de maniqueísmos e categorias gerais, afastando as contradições e encobrindo as exceções. Os estereótipos falseiam a percepção que, desde então, aderem a quadros rígidos, inexoráveis à narrativa e impermeáveis a novas significações. Promovem a facilitação do pensamento e bloqueiam o trabalho da memória[10]. Os estereótipos impedem que a percepção se assente sobre a experiência do sujeito no mundo[11]. Prejudicam a comunicação com as vivências do passado e fazem com que assumam formas refratárias a um trabalho da memória. Os fatos assim considerados mais se prestam à opinião do que ao conhecimento[12].

---

10. E. Bosi, *Tempo Vivo da Memória*, pp. 113-126.

11. S. Asch, em *Psicologia Social*, analisa como a participação em condições coletivas pode gerar deformações nos processos perceptivos. A pressão social impõe crenças e comportamentos que muitas vezes são contrários aos valores do sujeito que, desde então, adere à dinâmica do consenso (pp. 379-421). O psicólogo social porém ressalta que as impressões globais podem constituir uma primeira e necessária etapa do conhecimento. Seriam impressões iniciais que a luz da experiência viria a corrigir (p. 202).

12. A oposição entre opinião e conhecimento é herança platônica. Entre os atenienses, seguindo a tradição socrática, a arte da persuasão era a forma especificamente política de falar. Com o julgamento e a condenação de Sócrates, que foi incapaz de persuadir seus juízes, Platão desencantou-se com a validade da persuasão. Sua dúvida é uma condenação da *doxa*, da opinião. Os escritos platônicos tomam a verdade como a busca de padrões absolutos e, nesta medida, é justamente o oposto da opinião. Como na *polis* a verdade do filósofo era uma opinião entre opiniões, a dúvida platônica abriu o abismo entre a filosofia e a política.

Adiante, neste trabalho, a opinião será discutida à luz da tradição socrática, como conceito político-filosófico.

28   MEMÓRIAS DE VIDA, MEMÓRIAS DE GUERRA

Vale salientar, entretanto, que foram justamente eventos traumáticos como as guerras, a *Schoá* e a bomba nuclear, que transformaram a narrativa e o testemunho em modalidades decisivas de relacionamento dos homens com os acontecimentos[13]. É o que Seligmann-Silva sugere ser o impasse entre a impossibilidade e a necessidade de contar.

*

A elaboração psicológica de uma experiência traumática envolve sua inscrição e re-inscrição na subjetividade. É por sua reprodução e recriação que o sujeito pode organizar as idéias, nomear as experiências e integrá-las a outras representações.

Aquela viagem à Polônia, em companhia de meu avô e uma tia, se estendeu para a Hungria. Uma noite, sentamos para jantar em um restaurante de Budapeste. O garçom nos recebera fazendo pousar, no centro da mesa, imensa cesta de pães. Sensível à curiosidade do neto, meu avô antecipou-se ao pedido de tradução da frase com que, em húngaro, pusera a rir o rapaz: "este pão é pouco!". Rimos todos. A sentença, mais tarde meu avô revelaria, era a única que conhecia em meio à aridez do estranho idioma. Fora aprendida com judeus húngaros, com quem passara pelo campo de concentração de Neuengamme, ao final da guerra.

A súplica desesperada de quem a morte ameaçava desde então perdurava impressa como memória acústica. Seu engajamento, em um momento de fartura da realidade atual, integrada a imagens compartilhadas com a filha e o neto, acabava por deslocar a emoção que outrora acompanhava a expressão; doavam-lhe um tom de ironia.

A elaboração envolve um trabalho da memória. É pela reconstrução do ponto de fricção de sua experiência no mundo que o sujeito poderá caminhar, mais ou menos bem sucedido, para a atribuição de novas significações a vivências angustiantes.

Caso o levasse apenas a reviver uma vez mais as imagens do que foi perdido na guerra e a reproduzir o sofrimento que a acompanhou, a terra natal possivelmente teria repelido meu avô. Em alguma medida, o retorno, acompanhado pela família construída após a guerra, vinculava a cidade às representações da vida atual. A Kozienice das lembranças do anti-semitismo tornou-se nosso projeto comum: uma viagem geradora de convivência, intimidade e cumplicidade. O lugar marcado pelo desaparecimento igualmente abrigava nossa amizade. Desde essa viagem, poucas vezes meu avô deixou de brindar nosso encontro, em tom jocoso: "*Le chein*[14]... Fernando, vamos de novo pra Polônia?!".

---

13. E. Wiesel, "Dimensions of the Holocaust", apud S. Felman, "Educação e Crise ou as Vicissitudes do Ensinar", em A. Nestrovski e M. Seligmann-Silva (orgs.), *Catástrofe e Representação*, p. 18.
14. "À vida", em ídiche.

AO ENCONTRO DOS NARRADORES

*

Sob condições bastante determinadas, a narração de uma autobiografia pode favorecer o trabalho de elaboração da experiência de guerra. Como ensina José Moura Gonçalves Filho[15], as repetições refratárias ao pensamento e a operação de estereótipos não podem ser canceladas, mas podem ser ultrapassadas por questões significativas, que ajudem o memorialista a relacionar-se com a alteridade da experiência pregressa e a enlaçar lembrança e pensamento em uma mesma tarefa. As narrativas que participam deste estudo foram recolhidas por meio de entrevistas pautadas sobre um roteiro composto por questões nascidas já de um contato precedente entre o pesquisador e os memorialistas [16].

Para Benjamin, a vida miúda, o mundo que cada ser humano compartilha entre outros seres humanos é a sede da experiência, o olho d'água da narrativa cuja musa é a memória. Alinhado com o pensamento do historiador alemão, o roteiro que orientou as entrevistas reunidas por este estudo pressupõe que a discussão sobre o desenraizamento solicita lembranças dos meios onde ele se faz sentir. Mais do que raciocínios abstratos, as questões oferecidas aos entrevistados buscaram instaurar condições para a narrativa de episódios, espaços, fatos, pessoas e objetos, enfim, de vivências concretas.

O roteiro não é um questionário fechado, que impusesse aos narradores os interesses do pesquisador, obliterasse a narrativa e interrompesse o ritmo de suas elaborações. A intenção do roteiro é impedir a instauração de uma abertura tal que ameaçasse precipitar as narrativas em associações pouco exigentes à memória e ao enfrentamento de seus enigmas. Uma entrevista com roteiro pretende estimular a comunicação dos depoentes com o vivido, sem que abram mão de suas narrativas pessoais[17]. Pretende oferecer a presença ativa de um ouvinte que, desde então, se deixe levar pelo narrador aonde for em sua jornada.

Escreve Primo Levi: "todos sonháramos nas noites de Auschwitz: falar e não sermos ouvidos, reencontrar a liberdade e permanecer solitários"[18].

O trabalho da memória é favorecido quando o narrador sabe que está endereçando sua história de vida a uma comunidade de escuta. O

---

15. "Problemas de Método em Psicologia Social: Algumas Notas sobre a Humilhação Política e o Pesquisador Participante", em A. M. B. Bock Cargs, *Psicologia e Compromisso Social*, São Paulo, Cortez, 2003.

16. Cf. Anexo: Roteiro das Entrevistas, pp. 219-221.

17. A adequação das questões que compõem o roteiro utilizado no recolhimento dos depoimentos adiante apresentados foi julgada por uma primeira entrevista, realizada em caráter piloto. Foram consideradas inadequadas, ao roteiro definitivo, as questões que não suscitaram a narrativa ou que bloquearam a expressão informada pela memória.

18. P. Levi, *A Trégua*, p. 82.

30 MEMÓRIAS DE VIDA, MEMÓRIAS DE GUERRA

ouvinte passa a ser participante e co-proprietário das experiências do narrador.

A presença do ouvinte incrementa a percepção e o pensamento do depoente sobre sua experiência no mundo. Quando sabe que está sendo ouvido, o narrador pode ouvir a si próprio. A oportunidade de narrar toda uma vida reclama ao memorialista a atribuição de tempo e lugar, seqüência e causalidade ao vivido. A narrativa favorece a historicização[19]: articula os acontecimentos que conformam a biografia, doando aos eventos um início e um final, um antes, um durante e um depois. A narrativa é um trabalho da memória[20]. Pode processar a libertação de uma angústia e a liberação de novas significações para o vivido. Desde então, a comunicação de memórias de vida pode vir a assumir um caráter psicoterapêutico.

Quando ouvimos um memorialista, ele não tem a oferecer um discurso completo sobre a vida transcorrida. Sua fala não é a conclusão de uma trajetória. É uma prática da linguagem em processo e que se renova a cada experiência de pensar e contar para alguém. A narrativa não encerra o passado em uma interpretação definitiva, mas reafirma seu caráter inacabado[21].

A COLHEITA DE LEMBRANÇAS

Em meio ao processo de crescimento desordenado de grandes metrópoles brasileiras, é preciso reconhecer o abalo de algumas condições promotoras de convivência entre seus moradores.

No caso dos idosos, o ritmo frenético da vida citadina e os obstáculos ao deslocamento são empecilhos ao encontro com outras pessoas. Os passos não mais superam as irregularidades do calçamento. E os olhos e ouvidos são pouco sensíveis ao entorno. Colocado fora do âmbito da vida ativa pela sociedade capitalista industrial e desvinculado das preocupações com o presente, resta ao idoso tempo para lembrar. A memória é sua função social[22].

Absorvida pela vida atual, a cidade faz restar poucos recantos à velhice e à contemplação. A vizinhança e o bairro estendem sua amplidão no cotidiano dos idosos. Passam a concentrar a essência da vida social.

19. D. Laub, "Bearing Witness or the Vicissitudes of Listening", em S. Felman e D. Laub, *Testemony...*, p. 69.
20. E. Bosi, *Memória e Sociedade: Lembranças de Velhos*, pp. 53-59.
21. S. Felman, "Educação e Crise ou as Vicissitudes do Ensinar", em A. Nestrovski e M. Seligmann-Silva (orgs.), *Catástrofe e Representação*, pp. 13-21.
22. E. Bosi, *Memória e Sociedade: Lembranças de Velhos*, pp. 81-84.

AO ENCONTRO DOS NARRADORES

31

Meus avós há anos vivem no Bom Retiro[23]. Esporadicamente os acompanho em caminhadas pelas redondezas. Nesses passeios, são infindáveis os vizinhos, conhecidos e amigos cujas palavras freiam nossa caminhada. Geralmente, são coetâneos de meus avós em sua chegada ao bairro; muitas vezes são conterrâneos. O ídiche em que conversam oculta, ao neto visitante, o teor da aparente familiaridade. Cada encontro soa como a retomada de uma conversa deixada aberta, apenas temporariamente interrompida. A vida no bairro parece oferecer algum resguardo à história dos mais velhos.

*

Todos os judeus poloneses que assumiram o lugar de narradores neste estudo viveram na cidade de São Paulo ao menos uma parte de suas vidas. Muitos nela atravessaram da idade adulta à velhice.

Para recolher suas memórias, retornei inúmeras vezes ao Bom Retiro, onde, além de meus avós, Cesia e Mendel, vivem D. Elka e D. Sara, duas de suas amigas que há tempos conhecia. Outros encontros tiveram lugar em Curitiba, onde vive D. Rosa, amiga de minha avó com quem mais recentemente tive contato.

Os convites para que esses sobreviventes de guerra narrassem suas lembranças, não foram aceitos sem alguma retribuição: transformaram-se todos em visitas às suas casas. Há lugar mais propício para o trabalho de lembrar?

A coleta de memórias de vida me reconduziu à casa de meus avós, onde minha presença informal é parte do cotidiano. E a atmosfera das casas de suas amigas, apesar de menos familiares, não eram de todo estranhas. Fui acolhido junto a compridas e promissoras mesas das salas de jantar, sob pesados lustres de duvidosa eficiência; diante de paisagens épicas estampadas em bordados emoldurados e pendurados na parede; próximo a estantes onde repousavam tesouros da história judaica, cujas letras douradas, com brilho já ofuscado, diluíam-se nos tons pesados da encadernação; em quartos onde netos e filhos me foram apresentados por fotografias avizinhadas a escassos retratos de pais e irmãos perdidos na guerra. Sobre um ou outro móvel acabei encontrando, em algum canto da casa, o indispensável pote de balas. No ar capturei o cheiro de um biscoito cuja receita circula entre os depoentes, a fumaça dos chás e o som do ídiche alternado a um português todo manquitola, que não media esforços e apreço pelo visitante. A casa de meus avós derramava sua atmosfera sensível, conferindo

---

23. O Bom Retiro acolheu a maior parte dos judeus imigrantes que chegaram a São Paulo antes e depois da Segunda Guerra. Bairro marcadamente comercial, vem assistindo à dispersão da população judaica para outros cantos da cidade e recebendo crescente população coreana.

32 MEMÓRIAS DE VIDA, MEMÓRIAS DE GUERRA

familiaridade a outros espaços. Juntos, garantiam como que uma universalidade ao que parecem ser as casas de avós judias.

*

É comum que as pesquisas sociais envolvam o confronto do pesquisador com uma cultura material e simbólica que lhe seja estranha. A ida a campo, nesses casos, coloca-o em contato com fenômenos cuja compreensão reclama o abandono de formas de vida familiares e a entrega a um mundo perturbador, regido por hábitos e esquemas desconhecidos[24].

Em contrapartida, não se faz sem contradições a participação de um psicólogo social em meio à gente com quem existe uma familiaridade fundada em um contato precedente à pesquisa. São casos em que o pesquisador é privilegiado por algum conforto. A aproximação dos depoentes é favorecida pela intimidade e pela confiança daqueles que irão lançar-se na tarefa de narrar suas autobiografias. Nessas circunstâncias, os encontros acabam por valer como um desdobramento de relações cordiais e afetivas que possam existir entre o pesquisador e os depoentes. Algum grau de cumplicidade os aquece, já que se conhecem e, mais ou menos diretamente, compartilham vivências e idéias.

Essa familiaridade, no entanto, pode não ser de todo favorável. O estabelecimento de uma relação disciplinada arrisca ser bastante custoso. Pode revelar-se árdua, por exemplo, a tarefa de convencer uma avó judia de que, apenas nos dias em que nos encontraríamos para recolher suas memórias de vida – "juro que apenas nesses dias!" –, a poltrona mais confortável seria a ela reservada.

Deve ainda ser considerado que, não raramente, histórias escutadas desde tempos imemoriais conduzem a interpretações que sedimentam em complexos de significação cristalizados, definitivos[25]. Acomodado sobre leituras previamente disponíveis, o ouvinte não se deixa interpelar pelo fenômeno. Onde o pesquisador é um íntimo, a elaboração de novas formas de compreensão requer um trabalho que o antropólogo Gilberto Velho[26] nomeia estranhamento do familiar. Estranhar é revolver os significados de uma experiência freqüentemente compartilhada. De modo a transcender as limitações impostas pela familiaridade, o antropólogo recomenda instaurar condições para que as idéias e os afetos, as versões e as interpretações sobre um acontecimento participem de um campo intersubjetivo onde se relacionem com perspectivas diversas.

24. J. M. Gonçalves Filho, *Passagem para a Vila Joanisa...*, p. 7.
25. E. Bosi, *Tempo Vivo da Memória*, pp. 113-126.
26. G. Velho, "Observando o Familiar", em *Individualismo e Cultura*.

AO ENCONTRO DOS NARRADORES 33

*

É preciso insistir que os campos de concentração representaram um acontecimento de choque único na história. A perseguição e a guerra, porém, reservaram aos judeus destinos diversos. Quase simultaneamente ao avanço alemão sobre o território polonês, era assinado o pacto que dividia a Polônia em uma porção ocidental, sujeita ao domínio alemão e outra, oriental, sob o jugo soviético[27]. A ocupação alemã confinou milhões de judeus poloneses aos guetos de suas cidades e acabou por deportá-los aos campos de concentração. Houve aqueles que se anteciparam e fugiram para o território soviético; parte destas pessoas acabou presa e deportada para campos de concentração e de trabalhos forçados na Sibéria. Outros, ainda, viveram na clandestinidade, sob o iminente perigo da revelação de sua identidade. Entre as histórias de vida que nos foram confiadas há participantes de todas essas trajetórias.

Antes de narrar sua biografia, D. Elka achou por bem esclarecer que não atravessara a guerra em campos de concentração. Contou que esteve entre os muitos judeus fugidos para o território soviético e que acabaram deportados para a Sibéria. Suas palavras deixaram entrever alguma admiração por ser reconhecida como sobrevivente de guerra.

Sobre nossos memorialistas, portanto, a violência da guerra incidiu sob formas e dimensões variadas. A comunidade de destino entre eles existente é sua condição de judeus poloneses e sua experiência da brutal interrupção do cotidiano: a perda dos parentes mais próximos, o afastamento do lugar de origem, a ameaça às tradições de seus grupos de convivência e de referência e alguma iminência de morte. São todos sobreviventes de guerra. No seio desta comunidade, estão autorizados, cada qual de sua perspectiva, à interrogação e à significação do desenraizamento.

*

As memórias de vida confiadas a esta pesquisa não foram reunidas com a intenção de conduzir, como que por uma lógica indutiva, à extrapolação de teorias ou leis sobre o funcionamento psíquico de homens e mulheres vítimas de guerra. Nossos memorialistas não compõem um grupo exemplar, o que precipitaria suas histórias em um todo sincrético e cancelaria as singularidades de suas experiências. A reunião dessas lembranças tampouco pretende consistir em um agrupamento eclético, um encaminhamento meramente aditivo. Essa justaposição

---

27. O pacto nazi-soviético duraria até 1942, quando a porção oriental do que fora o território polonês foi invadida por tropas de Hitler. Desde então, a União Soviética se colocou contra a Alemanha.

34 MEMÓRIAS DE VIDA, MEMÓRIAS DE GUERRA

dos diferentes pontos de vista mais se prestaria a leituras elementares, não-relacionadas umas às outras. Finalmente, a aproximação dessas memórias não irá cingir o privilégio de uma perspectiva contra outras que por ela seriam corrigidas.

Este estudo pretende alcançar um entendimento sobre o desenraizamento que assume afinidades com a concepção política da verdade tal como concebida pelos antigos gregos e esclarecida por Hannah Arendt[28]. Para Sócrates, uma opinião (*doxa*) era a formulação, em fala, da maneira como o mundo aparece para cada homem. Seu pressuposto é de que o mundo se revela para cada homem de acordo com a posição por ele ocupada. Se todos compartilhamos a vivência de um mundo "comum", este fato não reside na equivalência de nossas opiniões, mas no fato de que o mundo se abre a tantas perspectivas quanto somos os homens. No sentido socrático, a verdade sobre o mundo não reclama a superação da diversidade de opiniões. Ela resulta da prática intersubjetiva do debate.

Nessa concepção política da verdade, um ponto de vista é mais verdadeiro quanto mais alcança, reúne, atravessa e supera os pontos de vista particulares. O diálogo, seu pressuposto, é infinito, feito de passagens por campos estruturados em ordem crescente de complexidade.

A articulação entre as opiniões de alguns judeus sobreviventes de guerra e delas com o ponto de vista desse psicólogo social criaram uma perspectiva outra sobre o desenraizamento. Ela abrange encontros e desencontros, acordos e conflitos, entre pontos de vista particulares, depositários todos da mesma dignidade política.

---

28. H. Arendt, "Filosofia e Política", em *A Dignidade da Política*. Os ensinamentos de José Moura Gonçalves Filho, em "Problemas de Método em Psicologia Social: Algumas Notas sobre a Humilhação Política e Pesquisador Participante", sobre a noção de política na obra de Hannah Arendt muito apóiam este estudo.

Parte II

Histórias de Vida

3. Cesia

Nasci em 1923, e em 1939 começou a guerra. A minha infância e a minha adolescência foram com meus pais. Só. Foram mais ou menos 16 ou 17 anos que passei com meus pais queridos. Tinha uma infância muito boa. Tinha pais que gostavam demais da gente e nossa casa era muito respeitada. Fome nunca passei. Mas a gente também não era muito rico. A minha mãe era maravilhosa, dava educação pra nós, cinco filhos. Cada um de nós fez sete anos de escola. Era o primário. E ela fez questão pra nós estudarmos. Não é todo mundo lá – no meu lugar onde eu nasci – que estudou. Muito pouca gente estudava. Verdade.

Eu tinha só um irmão. Ele era muito inteligente, estudava ídiche. Meu pai fez questão pra ele saber toda a história israelita, toda essa história religiosa. Mas depois meu irmão não quis mais. Ele virou socialista e não quis estudar mais. Com 19 anos foi pra capital. Lá ele era um orador do socialismo. E nós na escola.

Eu adorava costura. Saía da escola e costurava. Aprendi alta costura. Fui até outra cidade, porque lá minha mãe tinha uma irmã. Eu fiquei um ano lá, logo quando saí da escola. Estava aprendendo costura. Mas quando meu irmão estava em Varsóvia, ele fez questão, quis me tirar do lugar pequeno onde eu nasci e me levou pra Varsóvia, também. Fiquei três meses e não agüentei mais. Estava com muita saudade da minha família, das minhas irmãs e voltei. E ele me arrumou lá um trabalho. Mas eu era muito caipira. Ele até perguntava por que quando a gente ia com a turma eu não falava nada. Ele queria também que eu fosse mais social, mais interessada nos grupos, nas organizações. Mas não agüentei e voltei pra casa.

38 MEMÓRIAS DE VIDA, MEMÓRIAS DE GUERRA

Eu era a única da família que gostava de costura. Quando era pequenininha, eu já estava com agulha na mão. E até hoje mesmo. E essa foi a infância. Foi maravilhosa, com amiguinhas, brincamos nas ruas. Estava muito gostoso mesmo. Nós éramos três irmãs só de um ano de diferença. E tinha uma outra irmã, mais velha, casada, com dois filhos. E meu irmão também era mais velho que eu. E foi isso até a guerra. Desse jeito. Era muito gostoso.

*

Eu nasci em Garbatka e sempre morei lá. Nós tínhamos um armazém grande e a cidade era um lugar de veraneio. Como Poços de Caldas, mas um pouco menor. Tinha bosques onde foram feitas as ruas. E todo verão chegava gente de todos os lados pra alugar casas. Tinha gente que já tinha casas todo ano pra alugar pra essa gente que vinha das outras cidades. Porque o ar de lá foi considerado o melhor ar da Polônia. Eram bosques de eucaliptos e pinheiros. Íamos de manhã nesses bosques colher cogumelos. Tinha lá frutinhas e tinha aquilo que caía dos pinheiros. Eu, minhas irmãs e todas as nossas amiguinhas fomos no verão colher isso pra queimar no fogão de lenha. E os bosques eram maravilhosos. Quando chegava o verão, algumas pessoas iam pra estação pra esperar quem chegava. E meu pai levava essas pessoas pra alugar uma casa, como corretor. E ganhava dinheiro. Porque no verão se fazia de tudo o que se podia pra ganhar dinheiro. Porque no inverno não tinha nada o que fazer.

Nessa época tinha danças, tinha bailes, tinha de tudo. Porque vinham jovens também de todos os lados. Tinha um lugar especial que se chamava Polanka, feito especialmente pra dançar e pra orquestras. E os verões lá eram maravilhosos. Tinha pensões e os que vinham pro verão também ficavam nesses hoteizinhos.

Estou com muitas saudades de tudo isso.

*

Eu morei sempre na mesma casa. Acontece que, mais ou menos em 1936, minha irmã casou. E meu cunhado era rico. Quando ela estava no sétimo ano da escola, ele já ia atrás dela. Ela queria casar com alguém dez anos mais velho. E passou um tempo e casaram. E ele comprou a nossa casa. Tinha muito dinheiro. Ele trabalhava com vagões de farinhas de uma cidade pra outra. Então, naquela época nós fomos pra outra casa. Isso foi um pouco antes da guerra.

No verão tinha sempre o armazém na casa. Onde nós mudamos, também. E também meus pais abriram mais dois armazéns onde tinha veranistas vivendo. A minha irmã também ficava num armazém; meu pai ficava no outro e nós, em casa. Quando chegou o Natal eu estava ajudando, também cuidando de *hering*[1], de *nafta*[2]. E foi assim a vida.

Minha mãe e meu pai sempre tinham jornais americanos, viam o que estava acontecendo no mundo, duas vezes por semana. Nem me lembro de onde meu pai pegava esses jornais. Alguém trazia sempre. E liam romances e os jornais ídiches. E liam novelas, mas sempre pelo jornal.

Era uma casa muito respeitada. Os Flamenbaum foram uma família bem tradicional. Na educação, também. Minha mãe sempre deu uma boa educação. Deus o livre se eu abrisse as pernas quando ficava sentada. Sempre minha mãe batia: "fecha". E outras coisas: quando não andava direito, com postura, também. Eu estava muito feliz. É isso.

*

Eu morava com minha mãe, com meu pai, com uma irmã que nasceu em 1916, com meu irmão que nasceu em 1918. Só que justamente ele foi pra Varsóvia. E eu e mais duas irmãs. Eram cinco irmãos e meus pais. A gente se adorava.

Estou com saudades. Eu ando torturada com tudo isso, com essas lembranças. Eu estou vendo que mais a idade chega, mais perto chega a saudade do passado. Lembro mais do passado agora, quando chega uma idade. Porque antes a gente trabalhava muito, queria ver os filhos estudarem, trabalharem. Eu fiz todo sacrifício pra meus filhos não passarem isso que eu passei. Então eu não tinha nem tempo, às vezes, de pensar no passado. Porque quando a Bela e Marlene[3] nasceram, elas deram motivação pra minha vida. Senão...

Eu andava muito vazia, muito tonta, mas quando a primeira filhinha nasceu eu vi que a minha vida tinha que mudar. Como a gente fala, sai da barriga e vai pro coração. E isso foi comigo e com minhas filhas. Na minha vida não ficou ninguém. E lá em Garbatka estava maravilhoso. Eu não posso me queixar da minha vida. A única coisa é que eu estou sofrendo muito com a tragédia grande que eu tive. Agora me judia mais. Sinto saudades demais. Não tem volta pra nada. As feridas não fecharam e nunca vão fechar.

*

Em Garbatka, eu tinha amigas judias, mas tinha também muitas amigas polonesas. Eu tinha muito boas amigas. Eu me sentia bem com

1. Arenque, em ídiche.
2. Querosene, em polonês.
3. Filhas da depoente.

Figura 3: Família Flamenbaum (Garbatka, 1933). Cesia está agachada entre as duas irmãs.

elas e elas comigo. Eu era judia e o anti-semitismo era muito grande lá. Mas eu especialmente não sentia muito. Porque eu me adaptava a cada um. Como hoje.

Eu me lembro das minhas vizinhas muito bem, minhas amigas. Tenho na frente as caras delas. Eu tinha uma agenda da escola, que eu dava não sei quanto hoje pra eu achar. Com poesias! Eu me lembro bastante de algumas poesias. De cor, até hoje eu me lembro. Porque as poesias polonesas eram lindas, lindas, lindas, muito profundas, românticas. O que tinha lá mesmo era muito romantismo.

Muitas lembranças eu tenho da minha rua. Eu adorava brincar com bola. A gente emprestava. Pra Páscoa, cozinhava ovos e fazia desenhos com casca de cebola, pra ficarem vermelhos. Eu fazia desenhos nesses ovos pra trocar por lápis. Juro. Eu era sempre cheia de energia, corajosa pra tudo.

Eu ia com minhas amigas aonde eles levavam as vacas e os porcos pra comer grama. E lá crescia muito trigo pra pão. Muito trigo! Alto, flores no meio. A gente passeava. Tinha uma florzinha azul, *konkole* se chamava. E saía pra ir buscar leite, às vezes um quilômetro. E cantava. E tinha muito milho que crescia lá, também. Eu não sei porque o milho lá não se cozinhava; se comia cru. Era muito ruim. Nunca se cozinhava o milho, nunca se cozinhava o tomate. Tão diferentes as coisas! Às vezes eu me pergunto mesmo: por que será que lá não tinha essas coisas?

E lá em casa também me lembro que quando minha mãe descascava batatas... porque tinha um quintal grande, que tinha também vacas, porcos e nossa casa com o armazém era de frente pra rua. E lá dentro tinha um quintal bem fundo. E as cascas iam pra vizinhança, pra adubo. E nós recebíamos leite. Lá não se jogava nada fora. A água precisava trazer de poços, com baldes, porque não tinha torneira. Não tinha chuveiro. Uma vez por semana a gente se lavava. E a gente não morria por nada disso. Estava até gostoso. A vida, assim, foi muito simples, mas a gente não conhecia melhor. Era muito bom. Eu não sei, eu por mim, Fezinho, acho que se iam dar pra eu escolher, eu ia voltar pra lá. Com toda essa humildade, com todas essas coisas simples. Eu acho que era sadio. A gente era feliz e não sabia mesmo. Tudo era uma graça.

Minha mãe fazia duas vezes por ano vestidinhos, sapatinhos e calcinhas pra Páscoa e pro Ano Novo. E a gente reconhecia que tem uma coisa nova, que tem uma coisa boa. E quando estava na rua, a gente andava, eu falava pras minhas amigas: "Vocês levantam minha saia pra todo mundo ver minha calcinha nova!". É verdade. Tudo era graça. Lá não se jogava uma calcinha fora porque não tinha elástico. E nem meias. Porque eu arrumava as meias pro meu pai, pro meu irmão. A gente fazia como se fosse um bordado e não aparecia nada na meia. E até hoje eu estou acostumada a guardar tudo. Verdade.

*

Na Páscoa era gostoso. Tinha uma louça especial pra nós três, eu e minhas duas irmãzinhas. Nós tínhamos uma mesinha especial com três cadeirinhas. E a gente comia lá nessa mesinha, sempre. E isso mesmo eu fiz pras minhas filhas quando eram pequenas. Eu copiava muito da minha casa. Porque fui muito arraigada com isso. Então eu ainda fico feliz quando eu consigo fazer alguma coisa igual.

*

Meus pais trabalharam até a guerra. Como falei, meu pai no verão fazia de tudo. Ele comprava as peles das vacas e dos bois, salgava tudo isso e guardava pra vender no inverno. Meu pai sempre abatia carne com alguém. Assim: um bezerro, metade pro vizinho. A gente não podia comer o pernil de vitela. Era proibido pros judeus. Então a gente vendia. Meu pai me mandava em uma vizinha polonesa e ela comprava. Mas nunca faltava carne pra nós. Meu pai comprava gansos e punha nhoques na boca pra dar gordura. Eu me lembro de uma galinha que tinha um quilo e cem gramas de gordura que meu pai criava pra Páscoa. Porque a gordura estava em primeiro lugar. E dessa gordura faziam torresmos. Estava muito gostoso. A especialidade dos poloneses era criar gansos.

*

Meus pais trabalhavam com comércio. Porque naquela época, quando meus pais eram novos, não tinha escola. Eu também podia fazer mais escola, mas lá onde eu morava também não tinha mais.

Eu ajudava no trabalho. Em primeiro lugar eu costurava e dava dinheiro pra casa. Eu ganhava toda semana. E comprava pra mim algumas roupas, alguma coisa. Eu ajudava e meu irmão não ajudava muito, porque ele precisava se sustentar em Varsóvia. Só que sempre mandava coisas que a gente nunca podia comprar: uvas, laranjas. Lá eram caríssimas, porque não nasciam. Então sempre mandava um pacote pro Ano Novo, quando não vinha, ou pra Páscoa. Eu ajudava pouco, porque eu costurava e quando ia fazer 13 anos eu estava na escola. Nós fizemos muito turismo com a escola. Pra ver aviões, íamos pra outra cidade. A gente não conhecia os aeroportos.

E eu ajudava minha mãe às vezes na cozinha, porque minha mãe não tinha tempo.

Minha irmã casou depois. Ela também já tinha duas crianças quando a guerra começou. De seis anos e quatro anos. Tinha uma família, estava tudo gostoso. Não sei, ninguém se queixava. A maioria dos judeus era pobre. Quem pudesse aprender alta costura, era como, hoje, um médico cirurgião. E meu irmão aprendeu mesmo. Estava costurando em alta costura. Depois, quando bombardearam Varsóvia, meu irmão voltou pra casa. Trouxe tifo. Mas isso veio depois... já era o tempo da guerra.

Um judeu não podia estudar muito. Era proibido fazer uma universidade. Por isso, muitos eram profissionais. Assim, como sapateiros, como alfaiates e comerciantes. O comércio começou justamente por que os judeus não podiam fazer universidade. O anti-semitismo era grande. Então os judeus começaram a vender coisas, a especular e assim se formou que o judeu era comerciante. E a mesma coisa era com essa geração que sobreviveu, aqui no Brasil. Não tinha estudo, não tinha estrutura, não tinha nada. Abriram lojas. E tinham cabeças boas. A cultura era muito difícil pros judeus na Polônia, especialmente porque o maior anti-semitismo do mundo era na Polônia. Eu não vou dizer que era todo mundo, porque teve gente boa também, que até protegeu e escondeu os judeus.

*

Onde eu nasci não tinha sinagogas grandes. A minha casa era bem tradicional, mas não tinha fanatismo. Minha mãe não usava essas perucas, essas coisas todas. Minha mãe usava salto alto, usava batom. O que tinha dentro de casa eram tradições. Assim: a carne não podia se misturar com o leite, pra Páscoa tinha outra louça. Agora, fanatismo, não. Meu pai era muito estudioso da história religiosa, *Torá* e outras coisas. Meu pai rezava de noite em casa. Fazia reza antes de comer, depois de comer. A gente aprendia, falava junto, rezava junto com meu pai. Era uma educação bem tradicional. Eu adorava isso. Adorava. Sei que estou com saudades grandes de tudo isso.

Em Garbatka, eram mais os homens que iam nas sinagogas. As mulheres não iam muito. A gente esperava meu pai chegar pra comer. E toda sexta-feira minha mãe acendia velas e fazia comidas tradicionais. E eu não ia muito na sinagoga, não. Ia só no Ano Novo, no *Iom Kipur*. Até os 13 anos eu também fazia jejum. Sempre.

Mas em 39 apareceu a guerra e eu não tive juventude. Eu acho que estou mais jovem agora do que naquele tempo. Eu acho que perdi toda a juventude e chegou agora tarde, na terceira idade. Porque eu não me sinto velha. Eu não sei, às vezes penso "eu preciso ir no psiquiatra perguntar o que é isso". Mas é verdade, não tive juventude nenhuma. Tive o quê? Estava no campo de concentração com minha juventude. Juntando piolhos. Tive só um pouco de infância, de adolescência e acabou. Só isso que eu tive. Eu tenho mais pra contar da minha vida trágica da guerra que da minha infância e juventude.

*

44 MEMÓRIAS DE VIDA, MEMÓRIAS DE GUERRA

Em Garbatka sempre tinha festas, porque lá tinha muito feriados. Tinha por exemplo uns dias de verão, *siwyies* se chamavam. Era a festa do verde, quando começou a nascer o verde. Então meu irmão ainda era pequeno e foi arrancar flores. Tinha *Purim*, que a gente respeitava muito, também. Abriam a porta e todo mundo se vestia diferente, de palhaços. E a gente tinha uma tradição que a gente mandava coisas pros vizinhos, um prato de doces. Cada um queria ser melhor que o outro com doces pra vizinhança. Uma troca. E até no gueto tinha *Purim*. Uma vez, meu irmão tinha chegado de Varsóvia nesse *Purim*. E se fazia bailes muito fantasiados. É um mês antes da Páscoa. Crianças usavam também roupinhas diferentes, vermelhinhas, com flores na cabeça. E eu me lembro no gueto, quando a gente estava dançando, meu irmão falou pra parar um minuto: parar porque já passaram trens pra Auschwitz. A gente viu que acenderam velas dentro dos trens. E como nós morávamos no gueto, na frente da estação, a gente viu. E meu irmão falou pra fazer um minuto de silêncio para dar o respeito a essa gente. Ele não sabia que também estaria lá. O meu irmão era desse jeito. Era chefe do hospital. Só ele podia sair do gueto.

Em Garbatka, não existia um dia de feriado judaico sem ter uma festa. Enquanto eu puder, também vou continuar fazendo festas cheias de gente. Eu não quero deixar isso. Acostumei assim meus filhos, meus netos. Depois, fazem o que vão querer. Mas por enquanto eu estou fazendo isso porque era muito comum, muito tradicional. E comecei a fazer isso em nome dos meus pais. Por exemplo: *Iom Kipur*, Fezinho, minha mãe acendia velas. Ela chorava muito. E todas as crianças, todos nós, era uma fila do maior pro pequeno. E minha mãe, quando acendia velas, dava uma benção pra cada um.

*

Eu fui uma criança religiosa. Não desses religiosos fanáticos. Mas que eu nasci uma judia, meus pais eram judeus, as raízes eram judaicas de anos, anos, anos, anos atrás. Então eu me sentia, também. Depois enfraqueci com isso bastante, quando eu vi o que aconteceu na guerra. Tudo isso é muito misterioso. Só que eu enfraqueci porque meu pai estava rezando de manhã, antes de tomar café e pegaram ele pra Auschwitz. Então eu não sei o que posso te falar. Quando acabou a guerra, eu estava pensando que não ia ter filhos. Não queria ter porque estava tão revoltada contra tudo! Um soldado pegou uma perninha, outro na outra perninha, rasgaram crianças. Sentaram uma criança em cima da mãe deitada no chão; deram balas pra criança e depois verdadeira bala na cabecinha dela. Vi os rabinos, os religiosos com barbas queimarem vivos. Até no meu tio fizeram isso, também. Então, eu fiquei muito revoltada e não sei o que te dizer. Por que meu pai? Por que crianças? Por que minha mãe? Por que minhas irmãs? Uma família tão boa, não fizeram nada de mal pra ninguém. E não é só minha família: muitas famílias, muita gente. E nos cintos dos soldados tinha "Got ist mit us": "Deus está conosco". E nosso Got? Onde estava? Acho que era parente de Hitler... Francamente, não sei o que te dizer. Fui criada assim e de repente fiquei revoltada ao contrário. E assim mesmo, quando acontece alguma coisa, estou pedindo a Deus pra me ajudar. Você compreendeu? Então é uma coisa misteriosa, confusa, não sei o que te dizer.

*

Na minha casa só se falava ídiche. Você pode ver que eu falo muito bem polonês. Modéstia à parte. Escrevo e falo muito bem. E sete anos de escola não é tão pouquinho, também. Agora, falava ídiche com meus pais em casa. E entre minhas irmãs, nós, às vezes, falávamos polonês. Agora, a minha mãe e meu pai falavam ídiche. Falavam polonês, claro. Nasceram na Polônia. Mas não é um polonês com gramática, compreendeu? Um polonês assim simples.

*

Minha mãe pôs na escola sempre com seis anos. E com 13 anos acabava a escola. Era uma escola que a gente tinha medo dos professores. Era muito respeitada.

Em primeiro lugar, quando a gente entrava na classe, cantava o hino polonês: *Jeszcze Polska*. Na religião, quando tinha uma hora de aula de religião católica, as judias saíam da escola. Não podiam assistir junto. Era muito triste, muito vergonhoso. A gente se sentia um lixo. E o estudo era muito rigoroso. Tinha polonês, tinha desenhos, tinha história, tinha geografia, tinha física, tinha francês. Todos esses livros, a gente às vezes não podia comprar. A gente trocava entre os alunos. Você ia ao banheiro, não podia atrasar um minuto, senão você ia no canto pra ficar ajoelhado uma meia hora. Ou senão, com tabuinhas batiam na palma da mão. Mas com tudo isso era gostoso. A gente tomava leite, davam merenda. A gente ia pra escola às oito horas e voltava mais ou menos pelo meio-dia. E não podia usar qualquer roupa, sempre tinha um aventalzinho. Às vezes só preto, abotoadinho, com bolsinhos, bonitinho. Sempre devia estar limpinho. E tinha algumas professoras que eu gostava. Tinha um professor que gostava de um canto. Eu andei ontem, fiz *cooper*, eu cantava essa canção. Eu juro por Deus! Cantava ontem. Eu tinha todos esses professores na minha agenda. Tenho saudades dessa agenda... se eu pudesse... até minha mãe escreveu lá, em ídiche. E me lembro o quê: pra andar sempre direitinho na vida, que isso enriquece a pessoa. Mas rimado. E quando a gente encontrava uma professora na rua, a gente levantava a sainha, se abaixava e fazia... tinha muito respeito pelas professoras. E você precisava saber os versos dos reis, dos poloneses que lutaram pela Polônia. Eu precisava aprender um verso comprido, lembro até hoje. E tinha teatros sobre a constituição do dia 3 de maio. E eu, como judia, minha mãe estava na frente sentada no teatro das crianças. Eu cantava no coro. Me chamaram e eu saí do coro, sozinha com a bandeira: "que viva o 3 de maio!". Eu cantava muito bem, tinha uma voz muito boa. E a minha mãe tinha orgulho naquele tempo. E tinha teatrinhos. Por exemplo: fim do ano, quando a gente recebia os resultados, então tinha festas. Eu cantava todas as canções, dançava as tradicionais. Precisava roupa pra *krakowiak* e *mazurki*. Lá era muito alegre. Eu não conhecia a tristeza. Pode ser que eu não soubesse de outra vida, porque quando passava avião lá em cima eu não acreditava que tinha gente dentro. Quase não via carro. Acho que se não tivesse guerra ia até hoje estar lá. É isso, Fezinho...

Tinha muitas colegas polonesas. Elas me emprestavam sempre a bicicleta pra andar. Tinha uma coleguinha que estudava piano e a mãe dela sempre me pedia pra ir junto com ela. A gente se dava muito bem. Ela, quando eu fiz anos, me comprou essa agenda por vinte *groszy*[4]. Me comprou de presente. A Golombioska. Se você quer saber a verdade, eu tinha inveja que elas eram polonesas. Pode crer. Com essas coisas de religião deles, andavam na rua, tinha o corpo de Cristo. Lá na Golombioska. Eles eram ricos. Ela fez um altar na frente da casa dela. Você foi lá na casa dela! Era um altar com lindos tapetes vermelhos, coloridos e todas as meninas das escolas andaram na rua jogando florzinhas com as duas mãos.

Eu estava sempre alegre. Mas em casa eu estava sempre triste, só ouvindo meus pais terem medo do anti-semitismo. Sempre, desde que nasci, eu tinha isso na cabeça. Não mataram judeus. Só que sempre saía uma outra regra, outras leis pros judeus. Por exemplo, tinha um religioso, um homem que precisava cortar o pescoço da vaca. Mas depois saiu uma lei que precisava matar com um revólver. O judeu não era bem visto. Sempre começaram a falar assim, em polonês, que rimava: "Wasze kaminizce, nasze ulice". Sabe o que é isso? "As ruas são nossas e as casas são de vocês".

*

Carne de porco a gente não comia. Lá, as carnes judaicas eram muito controladas. Se tinha nervos nas carnes, a gente não podia comer. Até hoje, ainda às vezes isso: faço um corte no pescoço e tiro um nervinho branco de lá. Porque minha mãe fazia isso. Coraçãozinho eu abro, aperto pra sair o sangue e corto o biquinho. No judaísmo tinha

---

4. Um centavo de *zloty*, a moeda polonesa.

todas essas coisas, Fezinho. Mas eu não uso mais isso porque eu estou vendo que com isso também a gente morre. Todo mundo morre igual. Então, lá não era igual à comida das casas polonesas. Podia ser, por exemplo, uma sopa de repolho. Que o polonês também fazia.

Tem coisinhas que eu ainda faço como a minha mãe fazia, se é fácil. Se não é difícil, eu faço. Mas assim mesmo, eu acho que cada geração é diferente. Eu acho que meus pais já não eram como os pais deles. E eu já não fui como minha mãe. E minhas filhas já, então... os netos mais ainda. Porque, com esses progressos, com essas coisas todas, o mundo está virando.

Eu aprendi a cozinhar porque lembrava alguma coisa da minha mãe. Gostava sempre de ajudar um pouco. E também aprendi entre amigas mais velhas, que já eram casadas. A minha tia que morava aqui, Fanny, aprendi muito dela. Agora, pra aprender a cozinhar, cada um tem seu paladar. Tem gente que, por exemplo, faz economia na cozinha, que põe uma metade de frango na água e quer fazer uns três litros de caldo. Eu faço com duas galinhas e faço com pouca água. E a gente aprende devagarzinho, também. Erra uma vez, na outra vez está melhor. Os erros ensinam muito: menos sal, mais açúcar, menos gordura. Eu vou gravar receitas judaicas. As minhas filhas querem gravar peixe e essas coisas todas.

*

Essas amigas que eu tenho hoje em dia em Miami, algumas são de Garbatka, algumas dos campos de concentração. A gente se lembra. Você pode ficar na mesa e contar anedotas num jantar de meus amigos. E no fim, a sobremesa é campo de concentração e as mães e os pais. Por isso eu vou pra lá.

*

A guerra começou em 1939. E depois, no fim do ano, já começaram a bombardear. Lá tinha um bombardeio muito forte, eu até me agarrava com minha mãe, tinha medo. E pensamos que ninguém ia sobreviver com essas bombas que estavam caindo. E aí nós saímos, fugimos todos de casa. Fechamos nossas lojas. E nós fugimos pra um lugar onde moravam dois judeus, perto dos alemães. Chamavam *volksdeutsch* esses alemães. Porque nasceram na Polônia, mas eram descendentes de alemães. Então a gente ia lá porque lá não jogavam bombas. Eles tinham vacas e bezerros. E a gente dormia lá no chão quase junto com as vacas. E ficamos lá uns dias até acalmarem as bombas. Quando voltamos, uma das nossas lojas estava vazia. Roubaram tudo. E ficamos vivendo, quase normal. E de repente começou a guerra. De verdade.

A gente tinha um quintal bem grande. No nosso quintal chegaram alemães que iam pra fronteira russa com caminhões. Rapazes alemães, soldados. E naquela época a gente não sentia que ia ter uma matança de judeus. E começaram a paquerar a gente... eu, minha irmã. No quintal, perto da nossa casa tinha bancos pra sentar. E sentavam, a gente conversava. Esses alemães traziam chocolate pra gente. Eram assim, gente boa. Nós pensamos que isto era a guerra. Nunca esperamos que seria pior ainda. E então cada vez saíram mais soldados pra fronteira e alguns nem voltaram mais. Foram mortos lá nas fronteiras da Rússia.

Depois dos bombardeios, meu irmão chegou de Varsóvia. Ele fugiu de lá. Não tinha o que comer, correu pra casa. E os nazistas ainda traziam os uniformes deles pro meu irmão costurar. E traziam pão, até ajudavam a gente.

Mas de repente veio um que estava bêbado, tirou meu irmão de casa e levou. Meu pai foi atrás procurar. Quando esse soldado foi na nossa casa, eu e minha irmã ficamos na cama. Nos cobrimos com cobertor pra ele não ver a gente. Meu pai foi atrás e viu que eles entraram numa outra casa. O filho dessa família está em Rochester, Estados Unidos. Quando eu vou pra lá, ele sempre chama pra jantar. Porque meu irmão aprendia alta costura lá no pai dele. E soldados entraram lá e tiraram a mãe dele e estupraram. E meu irmão veio pra casa correndo com meu pai.

Depois de algum tempo, em 1940, no fim, já fizeram os guetos. A gente foi obrigado a deixar tudo. Minha irmã foi com as duas crianças. Nós pegamos uma casa junto com outros. Só a cozinha ficava no meio. Moramos com um homem que estava cuidando da comunidade judaica. Eu encontrei com ele em Israel, ainda. Mas ele já morreu.

*

Mas no gueto se vivia bem. Quer dizer, faltava comida, tinha fome, mas organizações judaicas começaram a ajudar e mandar coisas. Quando a gente vivia lá, sempre pensava que não ia acontecer nada pior. Que é isso mesmo: o gueto, vai acabar a guerra e a gente sai do gueto.

Infelizmente não foi assim, não. Porque mais ou menos em 1942, no comecinho do ano, entraram com munições, com carabinas, com coisas e cercaram todo o gueto. Mandaram todo mundo sair das casas, as mulheres no chão com os braços atrás, deitadas. Os homens que eram mais velhos, que eram aleijados, mataram. Mataram 75 pessoas. Homens, mulheres, crianças. Um *pogrom*. A irmã do meu cunhado disse "é meu pai". Recebeu uma bala na boca, caiu. Morreu. Morreram tios, morreram... escolheram também cinco pessoas, os mais ricos judeus. Foram dois tios meus. Meu cunhado estava também na lista, mas não sei, se enganaram. Pegaram as duas mulheres mais gordas judias que estavam lá. Uma morava na frente da nossa casa no gueto. Levaram pra escola. Torturaram bastante. Dos meus tios mandaram todos os dias camisas com sangue, pra mandar camisas novas. Olha que cínicos! Uma barbaridade. As duas mulheres mandaram ficar nuas e dançar pros padres. Porque um dos polacos sobreviveu e contou. Depois ficaram lá cinco dias, trouxeram os cinco pro gueto e mataram todos, cada um na sua casa. Depois disso, entramos na casa de meus tios e os dois estavam mortos, óculos do lado e toda roupa do guarda-roupa em cima deles. Isso foi no dia dessa tragédia. Quando se levantava cedo sempre tinha um morto nas escadinhas da porta da entrada. E as mulheres, moças que ficaram, trabalhamos com soldados em cima de nós com munições pra em duas horas fazer um buraco e jogar todos os mortos. O gueto era pequeno. Tiramos todos os mortos e um em cima do outro, foi todo mundo junto nesse buraco. E depois acalmou um pouco.

Uma semana depois falaram que os soldados já vão de Garbatka. Nós estávamos morando na frente e atrás, pela parede, tinha mais uma família. Uma judia com filhas e com porta virada pra onde nascia o trigo alto. A minha mãe disse: "Se baterem na nossa porta, vocês fogem pro meio desse trigo". Lá crescia muito alto. A minha irmã estava deitada na nossa casa. Porque os homens que sobraram desse *pogrom* levaram todos pra Auschwitz. Meu irmão, meu pai e meu cunhado foram levados pra uma fábrica de madeira que tinha em Garbatka. Mandaram todos deitarem no chão. Eles com as mãos amarradas e os nazistas pisaram em cima deles. Depois foram levados de trem pra Auschwitz. E passaram dias e nós ficamos ainda no gueto. Lá no gueto nós não sabíamos aonde eles foram levados. E chegaram pra minha mãe pra dizer que levaram pra uma fazenda. Minha mãe, de alegria, de felicidade, Fezinho, você não acredita... de felicidade grande ela perdeu a voz. Por três dias não saía a voz da garganta dela. Nós chacoalhamos e tudo. Mas era tudo mentira. Depois mandaram um telegrama dizendo que eles morreram.

*

Quando meu irmão veio de Varsóvia trouxe tifo pra casa. Eu também tive tifo. Meu pai me levou no médico em Radom, nas costas. Eu ainda peguei bronquite junto com tifo. Foi ainda em Garbatka. Isso foi no começo da guerra.

No gueto, minha mãe então falou pra eu ir atrás da vizinha se batessem na porta. E um dia bateram na porta, mesmo. Bateram na porta da minha mãe e ela não abriu logo. E minha irmã estava deitada na cama. Ela tinha dinheiro. Jogou atrás da cama. Bateram na minha mãe, no rosto, que eu ouvi pela parede. Bateram logo no rosto dela porque não abriu. E eles entraram, mandaram minha irmã sair da cama. E eles estavam bêbados, também. E com uma lanterna, eles olharam

50 MEMÓRIAS DE VIDA, MEMÓRIAS DE GUERRA

nela. Mas a sorte foi que tinha dois policiais judeus no gueto. E um deles bateu na janela e chamou esses soldados.

*

Os alemães sabiam quem era judeu porque, em primeiro lugar, precisava por a estrela de Davi. E, se não sabiam, os poloneses denunciavam. Os poloneses faziam tudo. Os poloneses eram assim, como nazistas. Por um quilo de açúcar eles podiam matar um judeu.

*

Depois de Garbatka fomos pra outro gueto, em Pionki. Lá, começamos a trabalhar. Tinha uma grande fábrica em Pionki. E tiraram tudo da gente. Minha mãe me deu botas, um saco de roupas e me deu um pouquinho de ouro. Nós três, irmãzinhas, tínhamos brinquinhos de ouro bonitinhos. Mas me tiraram e levaram pra trabalhar.

Quando a gente estava em Garbatka, no gueto, os alemães falaram: "podem trabalhar as judias e vai ser pago; e quem quer ficar com a mãe pode ficar com a mãe, quem quer trabalhar, trabalha". Eu fui pra Pionki e trabalhei com minha irmã mais nova.

A minha irmã tinha uma doença numa perna, muito vermelha. Eu falei "venha, vamos lá juntas, você sara". Aí ela disse: "não, eu vou ficar com minha mãe". Minha mãe falou pra mim. "Você vai, pode ser que alguém vai sobreviver entre nós". E ainda falou: "se vai sobreviver, a gente dá um alô no Canadá, em Toronto". Pra minha tia, pra saber um do outro, quem sobreviveu. Minha mãe ainda me deu uma benção. Fui com a Gucia, minha amiga que está em Miami. Nós fomos juntas. E minha mãe pediu pra Gucia... ela era mais velha que eu, amiga de minha irmã... mas agora é como se fosse minha irmã... e ela pediu pra ela não me abandonar nunca, pra ficarmos sempre juntas e me deu uma benção pra eu poder cativar simpatia de todo mundo.

Ficamos em Pionki, nessa *wytwurnia*[5]. Ficamos fazendo pó pra bombas. Eu ajudei a fazer bombas pros meus pais. E eu tive tifo lá em Pionki, também. Tinha lá um hospitalzinho onde eles trataram a gente. Olha, antes que eu chegasse, tiraram 24 pessoas, levaram eles em um bosque e mataram todos eles. E nesse hospital eu estava sofrendo. Eu tinha coceira no corpo. Fiquei duas semanas de cama. E depois eu saí pra trabalhar.

Eu tinha privilégios lá em Pionki porque todo mundo me conhecia dos meus pais. Então, se alguém queria um almoço bom, eu conseguia. Eu morava num quarto de oito pessoas. E eu trazia comida da fila das

---

5. Em polonês: indústria bélica.

comidas. Mas pra mim davam sempre mais grosso, melhor. E a gente trabalhava e tinha uma turma de cinco pessoas, homens e mulheres. Um trazia carne. E a gente bebia muito lá. Não era vodca. Mais: o espírito de 95 por cento. Lavava até cabeça com isso. Um rapaz trouxe uma vez na barriga um contrabando pra onde nós morávamos. Mas encontraram esse álcool e ele foi enforcado. E todo mundo precisava sair das camas e das casas pra ver que estão enforcando esse rapaz. Eu não fui. Eu tinha chegado do trabalho, trabalhei às vezes 16 horas por dia. E eu me cobri com cobertores na cama. Estavam olhando lá dentro e eu estava coberta. Falei pra Gucia "me cobre bem porque não vou sair".

*

O primeiro dia no gueto de Garbatka foi muito triste. Foi triste porque a gente se viu um lixo, viu que não somos gente. "Por quê?", você se perguntava, "por que isso? Por que nós? O que fizemos de mal? Por que aconteceu tudo isso?". Eu, naquela época, detestava ser judia.

Eu saía do gueto, Fezinho, saía. Eu costurava, tinha máquina. Eu levei pro gueto. E tinha alguns poloneses que foram muito bacanas, muito bons pra gente. Eles tinham moinhos de trigo. Então eu ia lá. Punha um pano na cabeça, xadrez como os poloneses usavam e passava perto dos alemães. Eles ficavam na escola. Nós íamos toda sexta-feira limpar a escola pra eles, lavar o chão, tudo como faxineiras. E eu saía do gueto com esse pano, pegava um pouco de costura e eu ganhava farinha, pão e voltava. Ia também numa farmácia que antes era nossa vizinha. Eu costurava tudo pra eles e trazia um remédio. Eu tinha muita coragem. O meu irmão não estava mais lá porque já tinha sido levado pra Auschwitz. Então eu dava um jeito no gueto. Não tinha medo. Não sei, não tinha medo de nada. Eu, na guerra, no campo de concentração, também não tinha medo de nada. O que vai ser vai ser. A gente só esperava a vez.

No gueto a gente falava ídiche. Os homens já não estavam. A minha irmã, por exemplo, levou um casaco de meu cunhado, todo de pele, numa polonesa. Pra quando saísse do gueto pegar de volta. E meu tio, aquele que foi levado pra escola, que mataram, era muito rico. Tinha uma empregada que se chamava Janka, eu me lembro. E ele levou tudo pra casa dela, antes de ir pro gueto. Coisas de valor pra pegar quando voltasse... ninguém sabia o que ia acontecer. Veja, tinha mães que levaram crianças. Tem crianças criadas lá e que são judias. Muitas mães encontraram depois da guerra. Muitas mães procuraram e encontraram crianças brincando nas escolas. Uma mãe chamava: "Bacia, Bacia, Bacia". A filha parece que conheceu e ela levou essa filha de volta.

Eu levei a máquina de costura pro gueto, mas não levamos muita coisa. Lembro que tinha um retrato da minha mãe quando era moça, com um vestido comprido, com chapéu, perto da cama. E a gente levou mas largou tudo. Tinha coisas de prata nossas, que meu pai pôs embaixo da terra, perto de uma casinha que parece um banheirinho. E minha mãe tinha açucareiro pra por na mesa, com o nome dela, com quatro pezinhos de prata, pesado. Está lá. Eu, se fosse pra Garbatka, ia ver o lugar. Porque eu estava quando meu pai pôs isso lá.

No gueto cada um rezava por si. Não tinha um lugar de rezas. Cada um, claro, estava acostumado das raízes a rezar. Meu pai, por exemplo, rezava de manhã, com *tefilin*. Foi quando entraram, justamente, e tiraram ele pra Auschwitz. Nem tinha tomado café, ainda.

Cada um comia o que davam, uns mantimentos como uma cesta básica.

Meu irmão saía do gueto porque ele era chefe do hospital. Então, podia sair. Mas também não podia trazer muita coisa. Ele só podia trazer o médico pro gueto, uma pessoa maravilhosa. Mas não lembro quantos meses nós ficamos nesse gueto. Uns meses.

Nos feriados judaicos no gueto, a gente só acendia velas. Fazia um pouquinho de comida, o que podia. Mas não tinha festas, não tinha nada. Não se podia fazer, porque a gente não podia fazer as comidas tradicionais no gueto. E tinha muita miséria. Tinha só um poço. E precisava de água pra se lavar e cozinhar. Nada podia ser alegria, festejo. Foi tudo a maior tristeza. Um tinha dó do outro. E foi uma tristeza, uma melancolia a vida. Não tinha nada.

Olha, do nosso gueto ninguém fugiu. Fugiram pro nosso gueto. Todo mundo achava que o nosso gueto era o melhor. E vieram pessoas de outras cidadezinhas pro nosso gueto. Alguns, mataram. Como te falei, na porta sempre achava um morto. E a gente vivia com medo, também...

*

Depois do gueto, Pionki já era um campo de concentração. Só que não tinha câmara de gás. A gente trabalhava muito. Às vezes, 16 horas por dia. E fome a gente não passava. Tinha uma cozinha que a gente ia buscar comidas, sopas e café. E a gente trabalhava fora, junto com os poloneses. Então, se a gente tinha um dinheirinho, comprava uma comida e trazia. As pessoas encomendavam.

A gente trabalhava com pó que usavam pra bombas, pra munições. Teve uma moça que ganhou nenê, lá. Ela estava com o marido. Ganhou nenê e pôs na neve esse nenê. Ela está em Denver, no Colorado. Uma linda, linda mulher. Já imaginou ganhar nenê e pôr na neve? Porque não podia ficar com o nenê em Pionki, no campo de concentração.

*

CESIA 53

Com Pionki, fiquei quase cinco anos em campos de concentração. Estive em Auschwitz, Bergen-Belsen, Hindenburg Arbeitslager. Trabalhava em todos, nessas fábricas de munições. Quando fui pra Pionki, deixei minha mãe. Em Pionki, morava com outras moças no mesmo quarto. E muitas tinham relações com os ucranianos que trabalhavam com os alemães. Mas a gente queria fugir. E muitas moças deram reloginhos pra eles, ouro e tudo. Pra eles abrirem a porta dos vagões. Porque eles estavam cuidando dos nossos vagões pra ir pra Auschwitz. Nós ficamos no trem em uma estação. E do trem nós ouvimos matanças, ouvimos balas dos revólveres e das metralhadoras. Abriram nossa porta do vagão. Mas os soldados entraram e estupraram uma mulher que está no Canadá. Eu vejo essa mulher todo ano, também em Miami. Estupraram ela.

E eu tinha um rapaz que me fez um casaco. Ele gostava muito de mim. E ele me deitou no vagão e sentou em cima de mim. E sentaram muitos assim e esconderam algumas moças. Mesmo assim os soldados acertaram uma mulher que agora está no Chile. Nos encontramos em Paris no mesmo hotel. E furaram a perna dela, escuta bem. E também um rapaz que estava com o irmão, furaram os pulmões dele. Você precisava ver, ele sabia que ia morrer. Ele falou pra esse irmão pra ele se vingar pela família, pra ele se vingar da morte dele, que ele estava morrendo. Não posso nem me lembrar. E a mulher, a gente se dava tão bem em Pionki... ela já era casada. Estava com a perna furada e nós precisávamos descer em Auschwitz. E ela era muito rica. Ela tinha uma marmita pra comer. E a marmita tinha um fundo assim grosso, cheio de brilhantes e ouro.

*

Quando nós estávamos em Auschwitz pra entrar pra tomar banho... a gente pensou que já... Eles cortaram o cabelo, desinfetaram todo corpo, pelado. A gente ficou pelada pros soldados escolherem: se tinha alguma coisa no corpo já foi pro outro lado, pra câmara de gás; quem estava bonita, rosada, boa pro trabalho, ia pro outro lado. E essa moça que tinha essa marmita com brilhantes falou: "eu vou engolir o brilhante, você quer engolir pra mim?". Eu disse "eu não, não vou engolir, eu tenho medo de engolir essas coisas". Ela engoliu. Ela tem isso até hoje. É pura verdade. Já imaginou, depois de tudo isso nos encontramos em Paris, no mesmo hotel, depois da guerra. Ela já tinha nenê e dava banho em uma pia pequena. Ela foi pro Chile. No começo a gente se escrevia. Se eu fosse pro Chile, encontrava com ela.

Quando entramos em Auschwitz, a orquestra nos levou pra dentro. Uma orquestra que ficava no portão. E fizeram a gente ficar junto pra contar. A gente já viu os crematórios. Eram quatro crematórios. Deram pra nós esses barracões que vocês viram lá pra dormir. Pegaram a gente pra dar os números de Auschwitz, das tatuagens e ficamos lá uns três ou quatro meses. Às quatro da manhã precisava levantar, no frio, na neve, pra eles contarem. Tinha lá umas mulheres nazistas da Tchecoslováquia. E elas surravam com chicotes. Eu não apanhei. Eu, pessoalmente, não sofri tanto porque não apanhei. Pra todos tiraram o cabelo. E quando entramos no banho, lá em Auschwitz, nós saímos e deram roupas e sapatos. Olha, eu nunca esqueço essa palhaçada, nunca. Nós dávamos risada. Pra uma deram um vestidinho estreito, pra outra deram um vestido largo. Deram sapatos: pra um grande, pra um pequeno. A gente se olhava. Em Miami a gente lembra tudo isso. Era uma verdadeira palhaçada, uma palhaçada triste. Mas a gente dava um jeito: trocamos entre nós. Mas quando nós entramos lá pra tomar banho, quando chegamos, nós pensamos que estamos entrando já na câmara de gás. Estava muito triste.

Deram pra dormir um lugar cheio de piolhos, cheio de miséria. E esses foram os dias. E a gente não sabia o que ia acontecer amanhã. Ninguém sabia nada. A gente só cheirava fumaça dos mortos. Carne queimada de todos os lados. E a gente esperava. Depois, passaram meses e tivemos sorte que nós fomos mandados pra Hindenburg, numa grande fábrica de munições.

*

Em Hindenburg Arbeitslager, a gente trabalhava junto com os alemães. Eram alemães muito bons, porque eram *wehrmacht*[6]. E quando chegamos era um campo muito limpo. Quartos maravilhosos, tinha cozinha, uma cozinheira e esses soldados *wehrmacht*. Eles paqueravam só com os olhos. Eu tinha um sapato e levei esse sapato pra um desses moços alemães. E só com os olhos mostrei onde está. E ele me trouxe todo dia sanduichinhos de pão preto alemão com manteiga. E pôs numa prateleirinha bem atrás de onde a gente ia no banheiro. E ele, com os olhos, só com os olhos, falou que está lá. Não se podia falar. E às vezes ele trabalhava pertinho. Ele era um *wehrmacht*, um soldado de mais idade. Ele uma vez rimou uma coisa no meu ouvido: que já não vai demorar muito e que a liberdade e a primavera vão chegar. Ele me trouxe uma vez duas maçãs, me trouxe um pedaço de bolo de ricota, também num lugar que eu já sabia onde ficava. Eu peguei tudo isso, vendi pra cozinheira e ela me deu cinco pratos de sopa por isso.

E lá no quarto, de noite, tinha moças inteligentes, que escreviam só com a lua na janela. Escreviam poesias e a vida delas. E uma artista de Viena andava no quarto, no escuro e contava pra nós o teatro sobre o fim do ano silvestre. Na Europa a gente fazia todo fim do ano um

---

6. *Wehrmacht*: denominação genérica atribuída às Forças Armadas alemãs. Participou da Segunda Guerra lutando pela Alemanha, não estritamente pelo nazismo.

baile mascarado. Eram bailes das altas sociedades. E ela contava esse teatro, a coisa mais linda. Ela era uma mulher lindíssima, super inteligente, com cultura. E um *wehrmacht* deu pra ela, da marmita dele, pra comer uma sopa. Chegou um nazista e encontrou. Nós precisamos ir mais cedo pra casa, todo mundo. Mandaram fazer uma roda, pegaram um banquinho, puseram ela no banquinho, deram cinqüenta chicotes na bunda dela. Jogaram água em cima pra ela agüentar mais chicotes ainda. E ela morreu. A isso tudo eu sobrevivi. Tem coisas piores ainda. Mas não estava ruim.

Tinha uma que cantava Ave-Maria, uma judia que também era uma artista. E um nazista, quando nós saíamos da fábrica pra almoçar, ele vinha sempre lá, no almoço, pra ela cantar pra ele Ave-Maria. São umas histórias que a gente não pode imaginar. Quem não participou junto não sabe. Não pode saber, não pode nem imaginar que era pra ver tantos mortos na vida. Montes, um em cima do outro. Com os olhos desse tamanho, se chamavam *Muselmann*. Não estavam mortos ainda, mas estavam pra morrer nesses carrinhos. E ficamos um tempão lá. Meses.

*

Eu trabalhei por toda a vida. Só em Bergen-Belsen, não. Mas quando trabalhei era um trabalho muito pesado, muito difícil. Nós trabalhávamos dia e noite. E com pó, com muito pó. Até o médico me falou em Miami, nessa clínica que eu fui, que eu peguei uma infecção de trabalho no campo de concentração.

*

Minha sorte foi que eu e a Gucia estivemos sempre juntas. Minha mãe desejou isso pra nós. E também passei os campos com gente de Garbatka. Nós sempre tivemos uma turma, sempre juntos. Nos segurávamos. E o resto eram moças da Polônia inteira. Amizade a gente fazia, porque trabalhamos juntos, dormimos juntos, tudo junto.

Lembro como a gente conversava de comida que as mães faziam: macarrão com caldo, com feijão, com *krupnik*, com *latkes*. Falavam muito de comida. A gente estava com saudades. Pensando em nossos pais, em nossas mães, onde estão, como é que foi com eles, onde foram parar. Só essas coisas que a gente pensava, falava, conversava, lembrava. Lembranças de infância, lembranças de vizinhos, lembranças de coisas e comida. "Se lembra isso?". "Se lembra que sua mãe fazia?". "Se lembra o que minha mãe fazia?". E de feriados. As maiores tragédias eram sempre nos feriados judaicos. Sobreviventes de Treblinka me contaram como foi. Meu Deus, não dá pra acreditar. Em Treblinka ouviam gritos. Lá tinha câmara de gás que as janelinhas eram abertas e puseram gás lá dentro. E antes que foram, os soldados brin-

56 MEMÓRIAS DE VIDA, MEMÓRIAS DE GUERRA

cavam, quando estavam na fila, homens e mulheres pelados. E eles brincavam de longe com espadas, se acerta cortar um nariz ou um seio de mulher. Dá pra acreditar nisso? Não dá pra acreditar. Aí entraram na câmara de gás e depois abriam umas madeiras e caíam dentro.

*

A guerra terminou em 1945. Em maio. Eu ainda fui trabalhar em um hospital. Eu e a Gucia. Porque nós fomos de Auschwitz pra Bergen-Belsen. Foi o pior campo de concentração que existiu. Lá, fiquei três meses. Eram montes de mortos, precisava olhar pra cima. Um abria a barriga pra comer o fígado do outro. E nos puseram onde tem cavalos, um curral. E umas mil pessoas lá dentro. E lá a gente esperava morrer. Lá não trabalhava. E tinha doenças. Davam sopa uma vez por dia, pãozinho uma vez por semana. E nosso grupo de Garbatka estava sempre junto. Cada dia uma cortava o pão pra todas aproveitarem essas migalhas um pouquinho. Tinha uma disenteria que quando a gente ia de um canto até a porta, a gente fazia em cima do outro. Tinha grupos que estavam tão apertados que quando eu queria estender as minhas pernas, precisava ficar com as pernas no ar, porque senão sentia um beliscão. E, piolhos, Fezinho, não era um, dois, mas a gente pegava montes embaixo do braço. E sujeira. Aqui temos medo de não tomar banho um dia. Lá não tinha água, não se tomava banho, não se escovava os dentes. E cheio de doentes de tifo. Eu já tinha passado por tifo duas vezes. Eu acho que por isso não peguei mais. E uma moça de Garbatka, que está em Miami, dava sopa pra nós. Ela ficou uma vez doente e me escolheram pra dar sopa. Era água suja com um pouco de trigo. Então, pros de Garbatka eu dei com mais trigo. E precisava levantar de manhã, quatro horas pra *zählappell*[7], pra contar se não faltava ninguém. Nesse frio e depois entrar, não tinha com o que se cobrir. E de lá fomos libertados.

Um dia eu saí na porta, aí eu ouvi falar assim pelo microfone, alto, que a liberdade chegou. Sabe, em alemão. "Chegou a liberdade!". Entrei lá pra falar com a Gucia. Eu disse: "Gucia, você não sabe... não sei o que estão falando lá em cima... porque não sei... alguma coisa do ar". Eu nunca soube de microfones, nunca vi. Eu disse: "Gucia, falaram do ar que acabou a guerra". Ela disse: "você ficou louca?". Eu disse: "não, no ar falaram, mesmo... que estamos libertados". Ela disse: "eu estou vendo que você é louca mesmo". Nós estamos lembrando sempre isso lá em Miami. "Você enlouqueceu", ela disse. Eu disse: "não, alguma coisa eu ouvi". Ela saiu e começou todo mundo a sair fora e os gritos e os beijos e abraços e... olha, todo mundo chorava. E assim acabou. E

---

7. Termo alemão que designa uma forma de contagem em colunas, utilizada nos campos de concentração.

eu agüentei tudo isso, Fezinho. E eu ia saber hoje que um neto vai me entrevistar e gravar essa história? Eu sonhava com isso? Nunca! Meu destino foi uma coisa... o que eu alcancei na minha vida, construí uma família maravilhosa que me motivou o resto da minha vida. Senão eu não ia viver. Só que as feridas da minha família ficaram. E não querem se fechar. Não vão cicatrizar nunca. E nessas entrevistas eu também não queria deixar tanta tristeza, tanta angústia. A vida continua. Teve uma Inquisição espanhola e a gente sobreviveu. E agora essa história. Mas desejo uma coisa na minha vida: pra minha família nunca mais passar isso. Nunca. Se eu estivesse viva e soubesse que minha família vai passar por isso, eu ia por veneno em cada sopa, pra cada um. Você acredita? Se tivessem morrido logo no gueto eu ia ficar mais contente. Mas torturar tanto e depois morrer desse jeito. Então, eu sobrevivi a uma coisa, não sei se merecida ou não. Às vezes eu penso porque não fui com a minha família junto. Assim foi minha vida, minha história...

*

Quando eu saí de Bergen-Belsen, fui trabalhar no hospital com muitos doentes. Os ingleses convidaram a gente, quem pudesse ir pra ser voluntário. Eu e a Gucia pensamos assim: lá nós vamos comer bem, nós vamos nos vestir bem, tudo branco. E ficamos lá trabalhando. E de graça.

*

Nós ficamos ainda em Bergen-Belsen depois, quando acabou a guerra. Lá onde eu fui libertada. E os ingleses deram prédios pra gente, apartamentos pra cada um viver com mais quatro meninas, em grupos, num apartamento com camas. Os americanos mandaram comidas, os ingleses também. E depois, logo depois da guerra, muita gente morreu, também. Porque foi um erro desses países que deram comidas gordurosas, de porco, leite condensado. Eu mesma cobri uma amiga minha que morreu no dia de libertação.

*

Eu ainda esqueci de te dizer uma coisa. A gente esquece... é que nós andamos. Quando a guerra estava pra acabar, levaram a gente em trens abertos. Era neve. Foram 14 dias, 14 noites, em pé. E a gente se alimentava dessa neve. Só. E a gente não podia nem se abaixar, como sardinha. Eu, uma vez falei pra minha amiga: "eu vou experimentar me abaixar um pouquinho; eu não agüento mais ficar em pé". Ela disse: "não desce, não se abaixa porque você não vai ter espaço pra levantar outra vez". E foi bem assim. E depois, quando nós descemos numa cidade na Alemanha, nós descemos dos vagões e eu fiquei com pus nos ouvidos.

Esse trem foi assim: os alemães já estavam começando a ficar doidos. Então eles levaram a gente em todos os cantos, pra lá e pra cá. Uma vez nós entramos num túnel. E esse túnel tinha acho que uns vinte quilômetros. Pensamos todos que lá a gente ia morrer. Então, depois nós descemos desse trem e se jogou na neve, pra comer neve. Eu não sei como é que a gente agüentou tudo isso.

*

Em Bergen-Belsen, depois da guerra, deram comidas. Foi a Joint[8] americano que ajudava os sobreviventes. E cada um procurou o seu caminho, o que fazer. Nós fomos pro hospital, ficamos como enfermeiras. Pra melhorar nossa vida, as comidas e avental branco. E lá ficamos. Nós ficamos vivendo em grupos. Eu fiquei com uma moça de Kozienice e a Gucia em um apartamento só. Dormimos lá. Ficamos um tempo.

Um dia, o Mendel[9] veio procurar alguém de Kozienice. Então ele trouxe toucinhos e uma frigideira. A gente tinha fome. Ele com mais três amigos. Então ele falou se não temos um fogãozinho. Eu disse: "aqui não tem, mas sabe o quê? Vou descer, vou pegar dois tijolos, um pouquinho de lenha e eu vou te fazer ovos mexidos". Daí eu desci, fiz e ele gostou. Depois ele estava lá um dia e encontrou essa moça lá de Kozienice e voltou pro campo dele. O campo dele era dos poloneses. Era um campo já de pura liberdade. E tinha alguns judeus, não eram muitos. E de novo o Mendel veio e me fez uma proposta: "lá está tão bom, comidas, tudo tem de monte: patos, leitoas...". Lá eles iam nos alemães arrumar as coisas. Alemães tinham medo e davam tudo, tudo, tudo. Eu falei pra Gucia: "sabe, Gucia, eu não sei se eu vou, porque sozinha com ele...". Aí a Gucia disse assim: "você vai e se fica bom você vem me buscar". Eu fui de bicicleta pro campo do Mendel.

E eu cheguei lá e tinha uma vida, uma coisa! Cozinheiros e comidas. E estava maravilhoso, outro mundo, completamente. Tinha lagoas pra andar de barco. E fomos buscar a Gucia. Passou um tempo e a Gucia arrumou também um namorado. Uma pessoa culta. Ele tirava fotografias que eu tenho aqui. E ele sozinho fez as fotografias no escuro, num quartinho. Esse campo onde estava o Mendel se chamava Böhme.

*

8. American Jewish Joint Distribution Committee. Importante comitê de amparo e reabilitação judaica, de âmbito internacional, criado em 1914 e mantido pela comunidade norte-americana.

9. Marido da depoente.

Figura 4: Cesia, Mendel, Gucia e Mulek (Böhme, 1945).

Casamos em Bremerhaven, uma cidade de porto. Nós encontramos um general americano. E ele começou a falar com a gente, comigo, com o Mendel, de onde nós somos e tudo. E ele tinha família em Kozienice, como o Mendel. Ele me deu enxoval, fizeram o casamento. Lembro bem do casamento. O meu padrinho era o prefeito da cidade. E a Gucia e o Mulek, meus amigos. E foi um casamento religioso, virando a noiva sete vezes em volta do noivo e uma orquestra. Só soldados ingleses fizeram esse casamento. E a gente fez bolos de bolachinhas. O Mendel roubou maçãs pro casamento. E tinha ovos em pó. A gente fazia tortas e tudo. Foi um casamento muito bonito. Ninguém tirou fotografia, ninguém tirou nada, não tenho nada. Foi bonito, mas pra mim foi muito triste. Não tinha nem pai, nem mãe, não tinha ninguém.

Cada um estava procurando se juntar com alguém. Isto aqui era um risco de vida, o destino de cada um. Mas a gente se juntava e saíram muitos casamentos errados e muitos casamentos bons. Muito bons, até hoje.

*

Como estou te falando, o campo do Mendel era um paraíso. E tinha muitos soldados americanos, judeus também, que vieram visitar a gente. Traziam chocolates, traziam tudo. Uma vez os soldados fize-

60 MEMÓRIAS DE VIDA, MEMÓRIAS DE GUERRA

ram um baile. Era só pra cem homens. Homem de fora não podia entrar. E eu já estava namorando o Mendel. E a Gucia também já conhecia esse rapaz que está até hoje com ela. E nós fomos nesse baile.

*

Em Bremerhaven eu casei logo depois de guerra, em 1945, em dezembro. Em maio nós fomos libertados. E depois cada um podia pegar o rumo que queria. Muita gente foi pra Stuttgart. Mas eu tinha primos em Bad Nauheim.

Bad Nauheim era um *kuort*. *Kuort* é uma estação de águas. Lá, carro não podia passar de noite. E tinha hospitais, hotéis. Era maravilhoso. E os americanos não tinham bombardeado porque lá moravam muitos ingleses e americanos no tempo da guerra. E tinha meus primos que trabalhavam numa comunidade judaica; eles eram manda-chuvas. Então eles me receberam e nós ficamos morando em Bad Nauheim até o fim de 46. A gente cozinhava, tinha bailes toda semana. O pessoal queria esquecer da vida. Cozinhava muita carne de coelhos. E a gente vivia lá em turma, a gente fazia Páscoa, fazia *Rosch Haschaná*. E lá conhecemos um médico do coração. E ele tratava a gente depois da guerra. Eu e o Mendel sempre íamos nesse médico. Ele dava receitas de banhos especialmente pro coração, pro corpo, pra fortalecer fisicamente. Era um médico maravilhoso.

*

Chegou uma hora que o Joint americano ajudou e deram passaportes para poder emigrar. Eu estava pensando em ir pro Canadá porque lá tinha uma tia. Mas o Mendel tinha dois tios no Brasil e começaram a escrever pra gente, dizendo que ele nunca vai precisar trabalhar na vida. Tinha dois irmãos da mãe dele, os dois tios. Aí resolvemos vir pra cá e assim foi a nossa vida. Aqui, começou a luta... outra.

*

Depois da guerra não tive contato com ninguém da minha família. Eu sabia que eu não tinha mais família. Porque sabia que meu pai , em 42, foi pra Auschwitz com meu irmão e meu cunhado. Então sabia que essa parte eu não tinha mais. Depois eu soube que, do gueto, minha mãe estava com a minha família, com minhas irmãs, com netinhos dela e foram pra um terceiro gueto. E nós fomos informados, no campo de concentração, sobre o que estava acontecendo lá fora. E de lá do gueto levaram elas pra Treblinka. Eu tinha uma única tia no Canadá. E depois de um tempo, já aqui do Brasil, eu fui pra Toronto, três vezes, ver minha tia. Lá, achei minhas fotografias da família, porque senão não ia ter nada, nada, nada. Nenhum sinal da minha família. Lá tinha uma mala com cartas da minha mãe, com fotografias. Tenho uma poesia da minha irmã, em que ela se despedia da minha tia. Acho que nós éramos de poesias, mesmo. E tenho até hoje essa poesia em polonês. E cartões de *Rosch Haschaná* e tudo. Então eu cheguei e fiquei aqui no Brasil. Adorei o Brasil. Mas primeiro fomos pra Paris.

*

Nós fomos de Bad Nauheim pra Paris pra vir direto pro Brasil. Mas como era o tempo de Getúlio Vargas, não deixaram nós entrarmos pro Brasil. Tinha muita dificuldade. Então ficamos dois anos em Paris e o Joint dos Estados Unidos pagou. E mandaram a gente pra Paris. E ficamos lá um tempo, até a liberdade de vir pro Brasil. Ficamos lá dois anos.

Eu lembro da primeira vez que vi Paris. Lembro que nós ganhamos num hotel um quarto cheio de percevejos. Isso nunca vou esquecer. Esse Joint tinha até restaurante pra nós. E ainda deram coisas assim pra casa: gemas em pó e coisas artificiais. E o que posso te dizer? Que adorei? Não sabia nem o que era adorar. Porque a gente ficou sozinho, sem pais, sem irmãs, sem ninguém. A gente não podia esquecer isso. E quando cheguei em Paris nem sabia em que planeta eu estava, não sabia de nada, o que ia acontecer, nada.

A gente vivia o dia a dia. Mas eu não queria mais ficar na fila de alimentos, ir no restaurante comer essas comidas. O Mendel tinha lá um primo casado. Não era primo de primeiro grau, mas de segundo. Não interessa, gente boa. E ele era alfaiate, fazia calças. Então eu fui lá, perguntei pra ele se eu podia – eu já sabia costurar – se eu podia trabalhar lá. E ele pegou, me sentou, trabalhei. Já estava tudo cortado. As calças jeans, um tipo assim, estava tudo cortado. E eu só na máquina. E ele me aceitou pra costurar e ganhar por peças, não por mês. Tantas peças eu vou fazer, tantos eu vou ganhar. Não era grande coisa, mas era uma ajuda. E eu queria fazer muitas peças. Comprei um fogãozinho com gás. E pro almoço eu pus assim uma panelinha com macarrão, pra eu não perder tempo. Cozinhava e costurava. E eles também me ajudavam, às vezes, com almoço. E eu costurei pouco, mas depois eu fiz vinte calças por dia. Então eu já comprava alimentação. Já comprava uma carne. Fazia sanduíche de uma baguete de meio metro. A gente vivia. Eu comprei dois fogõezinhos pra Páscoa e eu fiz o caldo. E um primo meu o Mendel trouxe pra Paris com um passaporte falso. É, o Mendel era esperto.

Passaram uns meses, o Mendel disse: "eu não vou ficar parado". E começou com contrabando com um amigo do hotel. Maravilhosa gente, um amigão mesmo. Já morreu, mas nós íamos sempre na casa dele em Nova Iorque. E começaram a viajar de trem pra Alemanha pra trazer máquinas fotográficas.

62   MEMÓRIAS DE VIDA, MEMÓRIAS DE GUERRA

Paris estava gostosa. A gente passeava bastante, ia sempre ver os museus. Tinha o que fazer o dia inteiro. Mas o Mendel, quando falaram que vão trocar o dinheiro, pegou todo dinheiro e foi fazer compras na Alemanha. E ele fez essa compra, duas malas. Falaram que ia ter um controle no trem. Um rapaz lá do trem falou que ia ter um controle e quem tinha coisas que eram fora da lei ia ser preso. Então ele disse pro Mendel: "se você quer que eu te guarde tudo isso, essas malas com mercadoria...". E ele e o sócio deram pra ele. E ele fugiu com tudo isso, fugiu com toda a mercadoria do trem. E quando eu vi, abri a porta pro Mendel e estava tudo vazio, sem nada, eu quase desmaiei. E com o que ficou nós chegamos pro Brasil.

Os vizinhos do hotel em Paris eram judeus. Todos sobreviventes. Tinha bastante gente lá no hotel e também espalhados em Paris. Depois chegou a Elka nesse hotel. E quando ela chegou me bateu um pouco nos olhos que eu vejo a minha irmã mais velha. Era assim meio parecida, com olhos azuis. Me apaixonei por ela. E nós começamos assim essa amizade com ela e o Moisés. O Moisés também trabalhava em Paris. Ele preparava couro pra sapatos. E fizemos *Rosch Haschaná* e Páscoa juntos. Estamos já há cinqüenta anos juntos, também. E ela viajou antes que nós pro Brasil. Ela tinha muita família aqui em Santos.

Depois eu saí desse trabalho e fui para um outro. Era de um conterrâneo do Mendel, de Kozienice. Era um trabalho de alta costura de calças pra homens. E eu fazia lá as casinhas pra calças. Tudo foi à mão. Fazia só em bordado. E lá eu encontrei meu primeiro namorado, também de Kozienice. Ele também era alfaiate de alta costura, mas pra mulheres, de *tailleures*, coisas assim. Saímos às vezes pra almoçar no restaurante lá do trabalho. Esse primeiro namorado encontrei pela primeira vez em Stuttgart, perto de Bad Nauheim. E depois, quando a gente estava em Paris, ele tinha um irmão que deixou uma casa e convidou eu e Mendel pra um almoço. Ele já tinha criança e eu já estava casada. Ele trabalhava em Varsóvia com meu irmão. Eu não sei como ele sobreviveu, porque não era nem loiro, nem de olhos azuis. Só que ele costurava lá nas cidadezinhas pequenas pros poloneses. E ele escrevia um diário. E eu estava lá nesse diário. Ele me falou. Tinha uma feira em Garbatka, três vezes por semana. E ele me mandava cartinhas com alguém. E aí eu ia lá no quintal da minha casa, onde tinha casinha pra necessidades, e eu lia lá umas vinte vezes por dia essa cartinha. E ele foi pra Bélgica, porque tinha irmãos por lá. E abriu um ateliê de roupas.

Nesse tempo em Paris, eu não acreditava mais em nada. Só na tradição. Em feriados judaicos a gente lembrava, fazia um almoço diferente, uma janta diferente. Nada mais. Eu nem ia à sinagoga. Nós estávamos revoltados por tudo que aconteceu. Por que crianças pequenas deviam morrer? Por que meu pai morreu? De manhã ele levantou e tinha essa reza da manhã, antes de tomar café. E dela foi pra Auschwitz. Quando nós chegamos pro Brasil ainda tinha raízes judaicas. O meu irmão tinha educação judaica, sabia a *Torá*, tinha sabedoria. Ele ia na escola judaica pra aprender a história judaica, religião, também. Mas de repente ele não quis nada. E meu pai foi até um rabino de outra cidade. Esses rabinos lá eram como psiquiatras, compreendeu? E ele ainda falou pro meu pai: "sabe o quê? Não se preocupe, ele vai ser um grande assim mesmo". Meu irmão não era simples pessoa. E foi pra Varsóvia. E com 19 anos entrou numa organização socialista que se chamava Bund[10]. Vinha pra casa, às vezes, no verão. Ele com mais um amigo. No verão chegava gente pra alugar casas em Garbatka por três meses. Os judeus mais ricos, a sociedade mais rica, intelectual. Até meu pai esperava no trem e levava pra alugar as casas dos poloneses que tinha nos bosques. Porque era o melhor ar do mundo lá onde eu morava. E meu irmão vinha no verão, juntava dinheiro e levava pras crianças pobres de Varsóvia. Ah, meu irmão... quero que você tenha uma vida melhor e mais longa. Ele adorava minha mãe. Adorava. E também no gueto ele também era um chefe do hospital. Só ele podia sair do gueto com procuração, trazer médico. Uma vez quase mataram ele porque saiu do gueto e tinha a estrela de Davi no braço. E passou um carro com soldados e já atiraram pra matar. E ele rápido tirou a procuração e mostrou. Quando voltou pra casa, contou isso pra minha mãe e ela quase desmaiou.

*

Quando eu cheguei pro Brasil, descemos no Rio de Janeiro. Já nos esperava um amigo que veio antes. Hoje ele mora no Rio, telefona aqui sempre. E ficamos no Rio de Janeiro. Sair de Garbatka e ver tudo isso que nunca conheci na minha vida. Eu não conhecia o mundo. Quando ia pra uma outra cidade, a uns 15 quilômetros de Garbatka, pra ver meus primos, a minha mãe me levava na estação e chorava porque eu estava viajando. Era desse jeito. Eu acho que era muito bom, que até voltaria hoje pra essa vida. Melhor que esses progressos todos. Não estou muito feliz com isso. Mas a vida vai pra frente. Eu até hoje estou pensando: se eu tivesse uma irmã pra quem chorar, pra quem contar, pra quem falar... uma única irmã se eu tivesse nesse mundo pra lembrar, pra ter lembranças de casa, com quem falar, com quem lembrar e me ajudar... não tinha, não tinha. Isso até hoje me faz falta. Já não falo da mãe, mas uma irmã. Adorava as minhas irmãs.

Posso dizer que adorei o Brasil, porque logo de Paris cheguei pra cá e logo fui pra Ponta Grossa[11]. Isso foi pra mim a melhor coisa, por-

---

10. União dos Trabalhadores Gerais Judeus da Lituânia, Polônia e Rússia. Partido Socialista Judeu fundado na Rússia, em 1897, representando o movimento trabalhista.

11. Estado do Paraná.

que estava grávida de três meses e tinha lá muitos poloneses. Eu achei o povo brasileiro o melhor do mundo. É uma pena o que está acontecendo, parece uma guerra aqui no Brasil, com violências, com tudo Isso me machuca demais. Agora, por causa de meus netos, por causa de meus filhos, porque eu não tenho muito o que perder. A minha mãe, quando me despedi dela, me deu essa bênção pra cativar a simpatia do mundo inteiro. Essa bênção foi muito sagrada pra mim. E acontece isso comigo. Não recebo queixa de ninguém, de um amigo, de conhecidos, de trabalhadores que trabalham com a gente, de um zelador. Pra mim são todos iguais quando têm caráter bom.

Achamos lindo o Rio. O que podia ser ruim, feio, depois de uma vida dessa em que nós ficamos no chão com piolhos e com coisas? E tudo a gente começou a ver com outros olhos, que existe um mundo diferente. E ficamos um pouco no Rio de Janeiro e as duas tias vieram de São Paulo, uma de Ponta Grossa, pra esperar no Rio. E nos trouxeram pra São Paulo. Em São Paulo, nós estivemos um mês na casa do tio do Mendel. Ficamos um mês e depois de um mês fomos pra Ponta Grossa.

Vivi em Ponta Grossa durante 12 anos. O Mendel começou a trabalhar e a ganhar dinheiro. E os poloneses também ajudaram. Um polonês e a família, eu senti como meus segundos pais. Porque era gente maravilhosa. Ele era uma pessoa, não de cultura, mas era inteligente. O João Posuniak e a Jadzia Posuniak. Até hoje, os filhos são como se fossem da família. Ele era nosso freguês e no fim ficou nosso sócio, de tanta confiança. Eles vêm pra São Paulo, ficam na minha casa como se fosse a casa deles. E nós, lá em Ponta Grossa, tínhamos nosso quarto na casa deles. Era uma convivência como se fosse com a família. Mas queria que minhas filhas viessem estudar na cidade grande. Não queria mais que elas fossem como eu, pra precisar trabalhar com comércio. Eu sonhei com minha família diferente.

A vizinhança não ajudava tanto materialmente. Mas ajudava com apoio, convidava pra um café. E vieram os poloneses, também, que chegavam em casa e convidavam a gente. O Mendel começou a trabalhar. Tinha um rapaz que ajudava ele. O Mendel ia pros matos, no começo com um caminhão, e levava um pouco de roupa pra vender. Profissão, não tinha: entrou com 15 anos pra guerra, que profissão ele podia ter?

A primeira coisa que fizemos foram prateleirinhas na sala de casa. E eu marquei um metro na mesa. Porque começamos com um pouco de tecidos. Então eu sempre sonhava em por uma mesa, um vaso de flores e uma cortina na janela, que eu não tinha. E não tinha geladeira. Era fogão à lenha. Pra minha filha, quando nasceu, eu precisava levantar às três, quatro horas da manhã e fazer uma mamadeira. Às vezes a lenha estava molhada. Eu trabalhei muito. Muito, muito, muito. E quando o Mendel viajava eu tinha pra vender coisas, miudezas. No começo

CESIA

grampinhos, sabonetes e outras coisas miúdas. E chegavam pra comprar alguma coisinha, a gente fazia amizades.

Precisava aprender a língua portuguesa. Então, quando as crianças começaram a crescer, com elas precisava falar também português. Não falava polonês, não falava ídiche. Porque estavam na escola. Eu também queria que elas aprendessem mais. Eu até ajudava às vezes elas na matemática, a fazer lições. E devagarzinho aprendi o português, me virava. Tinha um restaurante polonês na frente de casa e fazia muita amizade. E o Mendel cada vez mais ia pros matos, cada vez mais precisava mais mercadoria. E uma vez ele pegou uma caminhonete e pôs bastante mercadoria. Foi aí que esse João Posuniak, esse que virou nosso sócio, se apaixonou pelo Mendel. E uma vez ele disse: "tira toda a mercadoria pra mim, que eu vou ficar com tudo". O Mendel ficou assustado. E o Mendel foi pra São Paulo, comprou outra vez. Já tinha um pouco de crédito e comprava essa mercadoria. Quando esse Posuniak tirou todo dinheiro e deu pro Mendel, ele chegou pra casa com tanta alegria.... o Mendel conhecia toda a freguesia. Eu também trabalhei na loja e em casa. Compramos, em sociedade, a loja na Balduíno Tacques. O Mendel ia pra São Paulo e começou a aumentar, aumentar e aumentar a mercadoria. Foi no atacado. E foi maravilhoso. Até que chegou a hora de vir pra São Paulo. Só por causa das minhas filhas. A Bela veio antes, ficou três meses na tia Elka. Depois eu fiz mudança pra cá no dia 21 de abril, Tiradentes. E pus ela na escola ídiche, no Renascença.

Em Ponta Grossa tinha famílias judias. Muitos sobreviventes. A gente, na maioria, se dava lá com sobreviventes. Nós fazíamos piqueniques. A gente era uma família. Tinha um Friedmann, mais de idade, que eu aprendia com ele um pouco mais de ídiche e português. Ele vinha em casa, me ensinava. A Bela e a Marlene estudaram ídiche com ele. E tinha um centro em que a gente fazia, todo domingo, um chá. E quando eu e a tia Fanny fazíamos coisas, *chale* com *jagdys*[12], adoravam. Tinha jantares dançantes, aniversários, cartas, jogos. Eu estava num paraíso. Eu estou com saudade desse tempo de Ponta Grossa. Era muito bom porque um precisava do outro, simplesmente da amizade. Porque cada um estava sozinho, quase sem família.

Nesse centro, lá mesmo se rezava. Era um salão. Um por andar que tinha só pra esse fim. Pra rezar, aniversários, casamentos. Eu vou te mostrar um dia as fotografias de toda a gente de lá, junta. A gente cantava, cada um cantava, tinha um palco. Eu me sentia muito feliz lá. Acho que minha melhor vida foi lá. Estava livre, podia deixar a porta aberta de noite, com as crianças em casa. Não tinha medo de nada. Não sentia anti-semitismo, não sentia nada. Chamaram até pra missa! Tinha muitas amigas brasileiras, também. E a Bela tinha também mui-

12. Em polonês: cassis.

tas amizades da escola. Ponta Grossa nunca vou esquecer. Porque foi o primeiro lugar em que me sentia com gente, que me sentia querida, muito apoio. Em um feriado judaico, juntei uma vez todos os gringos. Um pouco em pé, um pouco no sofá, um pouco na mesa. Fazia *Rosch Haschaná*, fazia *Iom Kipur*, jejum, rezas. Fui ouvir rezas e o *shofar*. Levava às vezes a Belinha junto comigo, no colo. Ponta Grossa foi pra mim o primeiro passo que me libertou de muita tristeza, muita angústia. Claro, sempre faltava alguém na família, mas Ponta Grossa nunca vou esquecer. Ponta Grossa inteira parecia minha casa, compreendeu?

A Belinha nasceu na Santa Casa. Eu não tinha mãe, não tinha ninguém. E sozinha numa maternidade. E o médico falou que só uma de nós ia sobreviver. Porque ela não nasceu normal, com a cabecinha pra fora. Ela estava sentada na minha barriga. Porque no navio pro Brasil eu estava grávida, vomitava muito no terceiro mês. Quando ela nasceu, eu tinha um médico grande, forte, chamado Schwanger. Ele falou: "precisa chamar um médico com mãozinhas pequenas, um médico mais miúdo". E esse se chamava Justus. Quase me rasgaram. Não tinha cesariana naquela época. E tiraram essa criança. Ela sobreviveu.

*

Minha primeira viagem pro estrangeiro foi pros Estados Unidos. Porque a maioria dos sobreviventes foi pros Estados Unidos. E alguns foram pra Israel. Alguns poucos foram pro Canadá. Eu cheguei pro Brasil. Eles lá estavam juntos, sempre com sobreviventes, com amigos de infância. Eu cheguei pro Brasil, era muito triste. Não tinha ninguém, ninguém pra lembrar de uma escola, pra lembrar de uma amiga, pra lembrar de uma vizinha. Você compreende? Então eu fiquei poucos anos em Ponta Grossa e falei pro Mendel: "eu gostaria de mudar daqui". Eu gostei do Brasil. Estava gostando, mas me faltava muito alguém. Eu não podia agüentar. Disse: "eu gostaria de ir pros Estados Unidos pra ver minhas amigas". Especialmente a Gucia, porque nós sobrevivemos sempre juntas, casamos juntas, sempre juntas. A minha mãe falou pra não se separar, pra ficar junto, pra ela cuidar de mim, porque era amiga da minha irmã mais velha. Agora ela é minha irmã, não é amiga. Falamos anteontem. Então, a Marlene tinha seis anos, a Bela tinha uns nove anos. Eu tinha duas polonesas empregadas, mas já nascidas aqui. Deixei com elas, deixei médico, deixei farmacêutico que era vizinho e um rapaz que trabalhava comigo. Ele casou. E tinha uma vizinha que está em Curitiba agora, a D. Rosa. Também judia, também sobrevivente. Levava minhas filhas pra brincar nos domingos, foram na churrascaria. E eu fui viajar pros Estados Unidos. Fui pra Nova Iorque primeiro e vi a Gucia e o Mulek. Eu vi a vida deles como era. Eu falei pra Gucia que estava com saudades de todo mundo, que não agüentava. "Cheguei aqui pra ver vocês e pra conversar um pouco de nosso passado, de tudo". Mas eu via como eles viviam tristes, trabalhavam como escravos. Eu disse: "Mendel, precisamos beijar a terra brasileira". Juro por Deus, foi bem assim como estou te falando. E foi assim que voltamos e demos mais valor pra nossa vida. Queria trazer eles pra cá.

Pra Miami, no verão, vai gente de todos os lados. Quando é inverno na Europa, no Canadá, em Nova Iorque, todo mundo vai pra Miami. Nessa primeira viagem nós fomos pra Miami. E todos os sobreviventes com quem sobrevivemos nos campos de concentração estavam lá. E a gente sempre lembrava as coisas de casa, de irmãs, de irmãos. E foram feitas reuniões com jantares, com discursos, com hinos. Eram quatrocentas pessoas. E eu fiquei tão emocionada, chorei todo o tempo. A Gucia é uma pessoa inteligente. Ela cantava o hino americano e o hino de Israel. Nós ficamos em pé. E eu olhava pra todos os lados pra ver se eu não via alguma irmã minha. E teve uma palestra, um jantar dançante. Começaram a chegar perto de mim várias pessoas. Porque lá todo mundo se conhecia já, porque não era pra eles a primeira vez que se reuniam. Encontrei uma amiga da minha irmã, que era minha vizinha, que eu me escondi na casa deles quando teve o *pogrom* no gueto. Ela veio, quase desmaiei. Por 46 anos eu não tinha visto ela. E muita gente de Pionki. Começaram a me tirar pra dançar. E homens com quem a gente estava junto: "ah, Cesia, eu sempre queria namorar com você". Outro falava pro Mendel: "você tirou ela das minhas mãos". E eu vi muitos conhecidos, chorei todo tempo. Então falamos assim, eu com Mendel: "nós vamos vir aqui mais vezes, não tem outro jeito". E também vieram pra cá a Hanka, veio a Gloria, veio o Natan, duas vezes, com Jadzia. Ela é de Garbatka. Só a Gucia não veio. E eu gostava de ir pra lá por uma razão muito grande: por que me conheciam da minha casa. Conheciam minha mãe, conheciam meu pai, conheciam muito minha casa. Eu tinha orgulho disso. Porque todo mundo falava da minha mãe, especialmente do armazém. E falavam que a minha mãe era assim um tipo moderno, que ela lia sobre a Inquisição da Espanha e contava pra gente. Lia muitos livros também em ídiche. E ela, coitada, quando contava pra nós da Espanha, não sabia o que ia acontecer. E até vinham perguntar coisas pra ela, pra dar conselhos. Toda pura verdade estou te falando. Eu não gosto de mentir. Mas era uma mulher, uma coisa. E foi assim que em Miami nós pegamos uma convivência que todo ano eu escrevia 45 cartões de *Rosch Haschaná* e sempre telefonava. E foi assim a minha vida: com muita amizade do mundo inteiro.

Também fui três vezes pro Canadá, pra ver minha tia. Mas tenho remorsos que não trouxe ela pra cá, também, pra uns dois, três meses. Quando eu saí com o Mendel de lá, ela se pendurou no trem, a polícia tirou ela do trem. Porque quando eu era pequena ela ajudava a cuidar da gente. Me lembro como hoje, quando ia sair pra brincar: "ai, Siwiale!

68 MEMÓRIAS DE VIDA, MEMÓRIAS DE GUERRA

Vem aqui, te dou um pedaço de *chale* com manteiga" E ela punha com açúcar. Depois ela foi pro Canadá e sempre mandava presentes.

Depois da guerra eu não pude voltar pra Polônia. Porque eu acho que se eu visse minha casa, onde eu nasci, onde eu fui criada, pra ver essas mesmas paredes, eu não ia agüentar. Eu senti que ia me fazer mal. E não queria ver poloneses de lá na minha frente. Porque de tantas amizades que a gente tinha, com amigas na escola e tudo, mas eram amizades falsas. Porque os padres eram tão anti-semitas, que quando poloneses saíam de uma igreja, jogavam logo pedras nos judeus, nas sinagogas. Então tinha muito anti-semitismo. Por exemplo: na Holanda não se sabia quem era judeu, quem não era. E na Polônia, quando sabiam que estavam escondidos, por um quilo de açúcar já denunciavam o judeu. Eles tinham prazer em ver matar um judeu. Por isso eu não quis ir. E não queria lembrar dos meus pais. Eu ia ver tudo na minha frente, eu ia voltar doente de lá.

*

Eu carrego o judaísmo dentro de mim. Só conheço três gerações do judaísmo. Comigo mesmo, meus pais e meus avós. Nunca estudei em escola religiosa. Era tudo meu pai que ensinava. Ele rezava sempre na hora do almoço. Na hora da janta uma reza. Aprendi uma reza pra antes de dormir pra agradecer a Deus pelo dia, que sobrevivi com minha família. Minha mãe, sábado, assim de tarde, tinha uma reza que não era na mesa. Ela andava cantando e eu ia atrás dela. E também conhecia, mas esqueci. Eu sou judia tradicional. Mas quando acabou a guerra eu estava muito revoltada com a religião. Porque morreu tanta gente inocente, de um jeito que não dá nem pra explicar, de um jeito bárbaro. Quando saí do campo de concentração pelo portão e eu vi minha liberdade sem ninguém, não acreditei mais em nada. Mas agora a gente fica mais de idade e pensa: será que tinha Deus? Tem histórias, mas elas não nasceram sozinhas da natureza. São histórias escritas, também. Mas as raízes que eu tenho dentro de mim são por causa de meus pais. Não quero ser diferente. Meus filhos, meus netos, quero que sejam felizes na vida deles. Os pais dos meus pais eram mais religiosos, eles já foram menos, eu sou menos e os meus netos são menos. Acontece isso.

*

Vou falar o que eu sinto, mesmo. Eu sofro agora mais que na meia-idade, quando trabalhei, quando criei meus filhos. Não tinha tempo muito de pensar no passado. A gente construiu, a gente sobreviveu. O que foi a nossa vingança dos alemães? Que sobrevivi. Minha única vingança dos alemães. Eu não podia pegar e matar um alemão. Sobre-

vivi. Então eu já tinha uma outra razão de vida: queria construir. Construí e construí da melhor maneira uma família. Um orgulho, uma honra. Porque o Mendel foi muito de confiança, uma pessoa que os meus filhos podem ter um orgulho dele.

Eu acho que em uma idade mais avançada o passado se aproxima mais da gente. Isso eu sinto muito. Me dá às vezes um negócio. Minha mãe com minhas irmãs e com netinhos em três guetos. Não tinha chuveiro, não tinha água, não tinha comida. Tinha umas vinte pessoas numa casa. Não foi só em Garbatka que ficaram no gueto. Zwolen era a 13 quilômetros de Garbatka. Já era um terceiro gueto. Como é que tinham com a vida, com jovens, com menstruações, com necessidades? Tinha uma casinha lá não sei onde, no gelo abaixo de zero, no inverno. Quando eu me deito e eu me cubro bem com cobertor, eu sofro. Eu sofro porque eu estou bem demais. Então acho que em geral, quando a gente fica de uma idade... vejo por uma amiga. Quando ela estava morrendo, só falava da mãe, só falava da família. Então o passado está mesmo se aproximando. Está. Eu não posso negar isso de jeito nenhum. De um lado, estou muito feliz com vocês. E do outro lado, quando eu me sinto assim bem com alguma coisa, eu sofro. Agora eu sei o que é um neto. Minha mãe tinha dois netinhos de quatro e seis anos. Minha irmã casou muito nova, com 18 anos. Eu sei agora o que é um neto. Se um neto quer um pouquinho de água e não tem, quer um pedacinho de pão e não tem... a minha irmã já estava sem marido, estava sem nada. Minha mãe estava sem marido, sem ninguém. Não tinha homens. Não tinha nada. E como é que minha mãe... não sei, às vezes penso: será que ela não morreu? Tomara que ela tenha morrido antes. Está vendo meus pedidos? No terceiro gueto não tinha estação. Elas foram pra Garbatka a pé e com os vagões cheios de cal pra Treblinka, pra câmara de gás. E quantos caíram lá, no maior calor, nessa estrada de 13 quilômetros? Minha irmã com duas crianças. Minha mãe estava doente, sem forças, sem nada. Isso me passa pela cabeça agora, ultimamente.

Sim, estou falando a verdade. Te desejo, de todo coração, que um dia um filho ou um neto teu façam também uma entrevista. E que você só tenha pra contar coisas melhores do que eu te contei.

4. D. Elka

Eu nasci na Polônia, na cidade de Siedlce. Nasci no dia 20 de agosto de 1917.

Com meu pai e minha mãe eu morei até a guerra começar. Eu já tinha casado. Casei um ano antes da guerra. Mas eu morava na mesma rua que meus pais. Tínhamos tudo. Éramos felizes. Eu, minha mãe e meu pai com os filhos que não existem mais.

Depois que casei mudei pra outra casa. E nela moramos um ano, porque depois que casamos veio a guerra. Na guerra, quando começaram a jogar bombas, nós fugimos 12 quilômetros pra fora da cidade. E lá ficamos 14 dias, até que acabou o bombardeio. Quando acabou o bombardeio, voltamos pra ver o que sobrou, pra ver nossa família. Graças a Deus, encontramos todos. Mas minha casa estava toda caída. E eu não tinha levado nada. Como eu estava, assim eu fiquei. Era tudo novo, porque tínhamos casado há um ano. Fizemos um casamento maravilhoso, mas não sobrou nada. Ficamos com isso que eu estava fugindo. Com isso eu voltei e isso sobrou. Mas eu estava perto da família. E quando vieram os alemães nós precisávamos fazer alguma coisa, não? Ficamos na casa da minha mãe, dos meus pais. Então, meu marido tinha combinado de fugir da Polônia, porque não ia ficar junto com os alemães. Mas minha mãe falou pra ele: "primeiro vai você e ela fica aqui... quando você arranjar alguma coisa, depois ela vai".

*

72 MEMÓRIAS DE VIDA, MEMÓRIAS DE GUERRA

A casa dos meus pais era muito boa, no primeiro andar. Claro, não era de luxo como hoje se mora. Mas era uma casa muito bonita. Meus pais podiam, compraram essa casa. Eu tinha um quarto junto com minha irmã, que tinha dois anos a menos que eu. E tinha mais um rapaz, uma menina e um menino pequeno. Eu sou a primeira. Eram cinco filhos.

*

Em Siedlce, a maior parte dos meus vizinhos era de poloneses. E na frente tinha uma grande casa. Não tinha esses edifícios como aqui, claro. Mas tinha de dois andares, três andares, tudo sem elevador. Não existia elevador. Porque a cidade de Siedlce não era grande. E nesse tempo também não tinha conduções. Só carroça com cavalo!

Nossa rua se chamava Siedlianska, e moravam mais poloneses do que judeus. E perto da minha casa tinha um teatro muito bonito. Não era particular, era militar. Porque na nossa cidade tinha muitos militares. Mas moravam fora da cidade. A cidade tinha fama de cidade militar. Cidade linda, cidade muito bonita.

Meus pais trabalharam muito tempo. Até eu sair de lá pra Rússia. Eles tinham uma fábrica de sapato. Não era grande como as fábricas daqui, mas era uma fábrica. E vivemos muito bem, em uma grande casa no primeiro andar. Só uma sala tinha três janelas! Com um balcão lindo e ainda outros quartos. Eu não tenho queixa.

Meus pais eram jovens. Quando eu deixei minha mãe ela tinha 42 anos. E meu pai tinha 44 anos. E nunca mais eu vi.

A fábrica de sapatos era lá mesmo na nossa moradia. Mas os sapatos não eram feitos lá. Meu pai só comprava o couro: couro de cima, couro de baixo. E ele media quanto sai disso: cinqüenta, sessenta pares. E tinha trabalhadores que vinham e levavam esse couro duro das solas e o couro já mole de cima. E traziam sapatos já prontos. E quando traziam, um homem que trabalhava na nossa casa passava no fogo. Passava pra ficar liso. E eu, mamãe, minha irmã e meu irmão, quando não estávamos na escola, também ajudávamos: a gente limpava esses sapatos e colocava na caixa. Eu ajudava muito. Minha irmã e meu irmão, também. Já éramos grandes.

Lembro que meus pais trabalhavam e também saíam muito. Eram jovens, ainda. Foram no cinema, foram no teatro. E depois, quando eu cresci, fiquei grande, com 15 anos, me levaram junto. Esse era um casal que gostava muito de viver. Quando eu era mais nova, meu pai trouxe uma moça pra dormir junto com a gente. Tudo que eu conto é de um tempo que não tinha empregadas. Mas tinha uma época, depois que a gente melhorou, que tinha uma empregada, também.

Esse trabalho que nós fizemos era feito por judeus. Os poloneses se comportavam diferente. Eles já trabalhavam no governo. Eles tinham outros serviços. E tinha feira umas vezes por semana. Poloneses vinham e traziam de tudo pra vender. Eles cultivavam comida fora da cidade.

*

Todo ano nós viajávamos. Ia a família toda, menos papai: mamãe e os filhos. Íamos viajar a uns cinco quilômetros de Siedlce. Passávamos férias lá, ao ar livre. Eu tinha vida boa.

Papai era muito apaixonado por mim, a primeira filha. Quando ele trazia coisas boas pra nós, eu tirava do bolso dele. Na época do frio, lá não tinha frutas. Porque era muito frio. Então importavam da América. E pra falar que não faltava nada, papai comprava algumas coisas estrangeiras pra nós. E sempre trazia alguma coisa de Varsóvia. Tinha uma sala que tinha três janelas e ele trouxe cortinas de Varsóvia pra três janelas!

Meu pai, quando nasceu, a mãe dele morreu. Ele foi o último filho. E ele tinha um irmão e duas irmãs. Depois, quando eu nasci, ele me deu o nome da minha avó. Sabe, por isso acho que ele me adorava. E eu sentia isso.

*

Quando eu era menina, eu sempre ia na sinagoga, junto com papai. Até 13 anos, eu não deixei meu pai. Ia com ele na sinagoga. Ele ia no clube, eu ia com ele. Ele jogava cartas, eu ficava olhando. Sempre ficava perto de meu pai. Quando eu tinha 13 anos, os amigos dele falaram: "já tem 13 anos, já é uma moça, ainda anda com papai, que é isso?". Por isso eu fiquei com vergonha e não ia mais.

Eu sempre ia na sinagoga. Quando era *Kol Nidrei* e outras festas, então eu ia. Eu gostava muito quando eu ia com papai. Depois passei a ir com mamãe. Eu gostava porque tinha um muito grande cantor lá na nossa cidade. Nosso templo era um espetáculo! Então eu gostava de ir nessas festas. A sinagoga era tão bonita... acho que em Varsóvia não tinha uma sinagoga como tinha em Siedlce. Por isso eu gostava de ir lá. E quando era sábado, meu pai sempre ia rezar. Não era bem religioso, mas ele gostava. Era costume de que precisava rezar. Então ele ia e depois meu irmão, quando cresceu, também foi. Minha irmã mais nova não ia. Não gostava.

Nós celebrávamos todos os feriados judaicos. Sábado é sábado: não se trabalhava. Agora, outros feriados eram todos enfeitados. Tinha uma festa que era tudo enfeitado com verde. A gente comprava flores, comprava folhas verdes, enfeitava a casa. Esse foi nosso prazer! E eu e minha irmã éramos muito amigas, também. Foi muito bom! E faziam as mesmas comidas que nós fazemos aqui. Como sua avó também faz, não faz? Não faz *kreplach*? Quando era *Rosch Haschaná*, a mesma comida. E quando era *Pessakh*, também era a mesma comida que se faz aqui. Tudo que faço é igual a quando minha mãe fazia em casa. Às vezes a gente esquece. Eu telefono pra sua avó, ela telefona pra mim. Aí eu falo: "minha mãe fazia assim, minha mãe fazia assim". Como minha mãe fez eu também faço. E os filhos gostam muito.

E nos feriados, perto da mesa, quando nós íamos comer, papai fazia *kidusch*. Fazia *kidusch* do vinho quando ele voltava da sinagoga. E sábado, também. Mas meu pai foi mais moderno nesse tempo. Então, a mamãe falava pra ele: "vai no *shul*, vai no *shul*... como seu filho vai crescer se não for no *shul*?". Então ele ia todo sábado no *shul*. Mas era muito moderno, ia em todos os teatros, todos os cinemas, todos os filmes. Tudo em polonês eles foram ver. Depois, fui com eles também no teatro. Veio um teatro ídiche de outra cidade. Tinha teatro em polonês, também. Eles foram e eu fui junto. Mas os ídiches não deixamos passar nenhum. Nesse tempo tinha artistas que eu vou te contar...

*

Hoje eu converso em ídiche com minhas filhas, elas não entendem. Você conversa com sua avó em ídiche? Eu esqueço, eu falo alguma coisa em ídiche pros meus netos. Eles falam: "vovó, nós não entendemos, fala pra nós não em ídiche, porque a gente..." Eles não aprenderam. Eles falaram: "pra que precisa ídiche?". Na Polônia, desde criança nós falamos ídiche em casa. E quando comecei a andar, a ir na escola, eu aprendi muito polonês. Eu sabia um pouco porque morava num lugar que brincava com *szikses*, meninas polonesas. E na escola aprendia polonês: falar, escrever. Mas nossa língua era ídiche. Aqui já é diferente. Aqui se fala mais português do que ídiche. Ídiche só nós falamos. Depois da gente não vai ter ídiche. Você vai falar ídiche? Filhos não falam. Com minha filha eu posso falar ídiche. Ela entende. Não fala muito bem, mas entende. Posso falar. Mas com meus netos, nenhuma palavra. O meu neto só sabe "szeina kop", só isso. É "cabeça bonita".

*

Eu freqüentei a escola durante sete anos. Porque até sete anos é o primário. Depois de sete anos já entra no ginásio. Quando acabei esses sete anos, eu queria ir em outra escola. Mas pra entrar na escola polonesa era muito difícil. Então eu queria ir nessa escola para aprender a negociar, a fazer contas de matemática. Eu sentia que eu podia fazer isso. Mas não deixaram eu ir na escola, não. Eu acabei os sete anos, acabou.

Tinha escolas hebraicas. Se eu quisesse aprender hebraico, eles me deixariam. Mas a escola não precisava mais que sete anos. Já sabe falar polonês, já sabe tudo. E quando eu cheguei aqui pro Brasil, nós começamos a fazer bolsas. Porque em Paris, quando eu morava, Moisés trabalhava numa fábrica de bolsas. Assim: eu não sabia ler em português. Mas precisava fazer a nota. Mas eu era tão esforçada que meu primo falou que ele nunca viu coisa igual. "Você chegou agora e já faz nota! Eu pensei que você não sabe nada! Já sabe dar nota e tudo direitinho". E eu falei: "Quando precisa a gente aprende".

E da escola em Siedlce, eu tenho lembranças que quando tinha festas polonesas eu declamava. Eu tinha o dom. Falava muito bem polonês e declamava. Agora, nós não falamos polonês. Mas declamava muito. Não me lembro... já há tantos anos. Eu já fiz 84. *Kanehore*, agradeço a Deus.

A gente não tinha muitas amizades com crianças polonesas. Mas na escola até ficamos juntos, tudo bem. Eu tinha colegas ídiches, porque já nesse tempo tinha anti-semitismo. Mas não é tanto como agora. Eu me lembro que nessa escola tinha uma diretora ídiche. E ela era uma mulher muito conhecida, muito boa. E nessa escola estudava a filha de um oficial militar polonês. E ele veio falar pra mandar essa diretora embora. Porque ele não quer que a judia dirija a escola onde a filha dele está. E tinha algumas professoras ídiches. Então esse oficial tirou essa filha dele da escola. Porque não queriam mandar essa diretora embora da escola.

Depois da guerra, quando eu cheguei na Polônia, então falei: "acho que eu vou na nossa cidade, porque pelo menos eu pego essa moradia de meus pais". Depois da guerra, quando já acabou, fomos na Polônia pra quê? Procurar... pode ser que alguém da família... E quando eu fui na minha casa, onde os meus pais moravam, aquela casa grande, no primeiro andar, onde lá fora tinha o teatro, eu subi. A mesma coisa, a mesma pintura. Como eu deixei, assim estava. Meu pai tinha um rádio. Era novidade nesse tempo. E tinha discos, também. Porque meu pai ia pra Varsóvia e sempre trazia discos. Das melhores cantoras que tinha. Então eu poderia levar. Sabe quantas famílias moravam nessa nossa casa? Cinco famílias. E acharam os discos que papai tinha. Eles também não tinham moradia. Porque quando foi o bombardeio, então 75 por cento de Siedlce foi queimada. Eles se juntaram, não tinham onde morar. E eles se preocuparam muito, porque eu tinha direito de mandar embora. E eu vi que eles tinham um medo tremendo: "Se a senhora conhece alguma coisa, se a senhora vê alguma coisa, quer pegar, pega, pode pegar". Eu respondi: "Pra que eu vou pegar?".

Esse tempo eu estava sozinha nessa cidade com uma mulher que agora mora em Paris. Eu escrevo pra ela, ela escreve pra mim, eu escrevo pra ela. E quando cheguei eu sabia que não ia ficar, que já ia embora. Eu falei: "não, eu não vou pegar nada por que eu não vou morar aqui... eu vou sair daqui, vou sair da Polônia". Eles ficaram tão contentes. Eram famílias polonesas. Eu e meu marido já tínhamos combinado de ir pra Paris. Porque eu tinha família grande em Paris, 13 primos.

76   MEMÓRIAS DE VIDA, MEMÓRIAS DE GUERRA

Quando eu fui na nossa cidade, eu fui com essa mulher que falei que agora mora em Paris, a Jadzia. Então, essa noite nós fomos dormir em uma prima do Moisés. Ela passou a guerra no campo, fora da cidade, com um polonês. Ele salvou seis pessoas. Ele fez um buraco e fez uma casa de cachorro em cima desse buraco. E tinha uma tábua que ficava aberta. E se escutavam alguma coisa à noite, eles fechavam essa tábua. E de noite eles saíam e jogavam o lixo, porque todo mundo estava dormindo. E esse polonês cozinhava pra eles. Claro que ele queria dinheiro. Mas ele ajudou muito. Uma noite, quando esses que estavam escondidos saíram pra jogar o lixo, um vizinho viu. Então ele sabia que tinha judeus ali. E ele fez queixa pros alemães: "aqui na nossa terra, não sei onde, mas tem judeus". No dia seguinte vieram guardas com cachorros. Então, quando eles chegaram no lugar onde tinha essas pessoas, os cachorros desse polonês começaram a latir. Cachorros dos alemães também latiram. E tinha um cachorro de um alemão que estava em cima de onde essas seis pessoas estavam. Quando o cachorro começou a latir, então um alemão falou: "têm judeus". E então outro alemão falou: "você é burro: cachorro late pra cachorro". E se salvaram.

*

Onde meus pais moravam, tinha embaixo uma loja de comidas feitas de porco. Nós compramos todo dia cem gramas de presunto. Nós não comemos isso. Mas nós precisamos, porque minha irmã sofreu de rins. E sempre tinha dores. Então o médico judeu falou pra ela comer todo dia cem gramas de presunto. Então a mulher que vendia a carne já sabia. E ela me dava quando ninguém via. Judeu não podia...

*

A guerra começou em 1939. Fim de setembro, começo de outubro. Justo um ano depois do meu casamento. Sabe o que é isso? Uma jovem... eu tinha 19 anos quando começou. Sempre estava com gente: com mãe, com pai, todos jovens. Minha mãe foi minha amiga, não foi minha mãe. E precisei fugir quando bombardearam. Jogaram bombas oito dias. Saímos da cidade. Fomos pra onde o Moisés tinha conhecidos. Judeus, mesmo. Fomos lá e depois falaram que Siedlce, nossa cidade, estava queimada. Tinha tanto fogo que não podia entrar na cidade. Mas o Moisés falou: "eu vou ver, eu vou ver, eu deixei minha mãe, deixei meu pai, deixei minha sogra". Quando ele chegou perto da cidade, ele viu gente saindo. Falaram que não podia entrar, que as ruas estão queimando.

Os alemães bombardearam e depois entraram na cidade. Já não tinham medo. De quem? Os militares poloneses fugiram.

Outra coisa: quando os alemães bombardearam a cidade, eu falei pro Moisés: "eles não vão me matar". Nesse tempo não se falava que iam matar. Ninguém sabia. E nós falamos: "vamos pra cidade, não tem mais fogo, vamos ver onde está nossa casa, como estão meus pais...". E assim chegamos e vimos nossa casa: não tinha mais nada. Eu só tinha um casaquinho com saia. Com isso eu fugi, com isso eu fiquei. Só que a casa da minha mãe estava inteira. E eu subi lá, encontrei todos. Eles ficaram escondidos em um jardim. Tinha um jardim lindo na nossa cidade. Era bonito, maravilhoso. Eles estavam lá e quando acabou o bombardeio voltaram pra casa. Eu vi que tudo estava ainda ali e fiquei lá. Mas toda noite atiraram tanto que a gente estava dormindo no chão. A gente escutava os tiros. Passaram nas casas, atiravam nas janelas.

No começo, os alemães não distinguiam quem era judeu e quem não era. Não fazia diferença. No começo não estava ruim pra nós.

Um primo meu, de uma cidade a oitenta quilômetros de Siedlce, veio depois do bombardeio. Ele queria saber se nós estávamos vivos. Então, ele veio nos procurar. E ele viu que nós estávamos todos bem, só que faltava comida. Lá onde ele morava era uma casa de três andares e tinha um quintal muito grande. E a casa dele foi ocupada por alemães. Esses alemães mandaram a mulher do meu primo fazer um bolo. Eles gostavam muito de doces. E ela todo dia fazia bolo. Eles trouxeram queijo, outras coisas e ela fez bolo. Dessa cidade pra nossa ia todo dia uma caminhonete com um oficial alemão e, naturalmente, com um ajudante. Eles iam pra nossa cidade pegar um correio que vinha da Alemanha. Um dia, meu primo chegou com eles, na mesma caminhonete. E desceu na nossa rua. E esse alemão falou: "nós vamos voltar daqui a duas horas. Se quer voltar, tá bom, nós vamos te levar". Meu primo viu que na nossa casa faltava comida. Então ele pediu pra esse alemão se ele outro dia podia levar pra nós. E ele falou: "com prazer". E esse alemão levou dois sacos. Um saco com arroz e outro saco com feijão. E o ajudante era assim gordo... não é desses jovens, já um senhor acho que de uns sessenta anos. Ele trabalhava como ajudante do oficial. E ele chegava junto com meu primo cada vez que trazia comida pra nós. Ele trouxe tudo o que faltava. E esse oficial ainda mandou o ajudante levar porque nós morávamos no primeiro andar, sem elevador. E o ajudante levou duas vezes. Na terceira vez, meu primo pediu pra me levar junto pra cidade dele. Porque eu já sabia o que comprar. Lá tinha mais coisas. Então, quando eu fui eu comprei três sacos de comida. Quando voltei, o oficial falou pro ajudante ajudar a levar esses sacos. E três vezes ele subiu, levou tudo. E na terceira vez, quando ele carregou o terceiro saco, eu perguntei pra ele se não queria entrar na nossa casa pra tomar um copo de chá, um pedaço de bolo. Ele era simpático, gordo, alto. Ele foi e minha mãe serviu chá com bolo. E eu tinha um irmão mais novo ainda, acho que tinha cinco anos. Ele tinha cabelo branco, branco, todo branco. Eu também tinha

78   MEMÓRIAS DE VIDA, MEMÓRIAS DE GUERRA

cabelo branco quando era pequena. Depois escureceu. E esse alemão chegou e ficou olhando esse menino. Ele gostou porque eles gostam de loiros. E ele viu como nós todos tínhamos os olhos azuis. Ele pegou esse menino: "vem cá, vem cá". E o menino foi. E ele começou a acariciar e começou a chorar. Em ídiche a gente podia falar com eles; o alemão é muito parecido com ídiche. Então minha mãe falou: "Por que o senhor chora?". Ele falou: "Desculpa, eu deixei também um filho, parecido com ele, loirinho, bonitinho e tenho saudades. Já faz tempo que estou fora de casa pra essa maldita guerra". Eles também não gostaram, no começo. Uma pessoa mandou na Alemanha inteira. E nós ficamos amigos.

*

Um dia eu voltei da farmácia e mamãe me falou que tiraram papai de casa e levaram pra trabalhar. E não era longe de casa. Era em uma casa que caiu. Então eu fui lá. Quando meu pai me viu, me chamou, ficou emocionado. E os alemães estavam perto e cuidavam. E quando ele me viu, se assustou. Ele e mais um carregavam uma tábua como cesta pra carregar tijolos. E quando me viu lá, papai deixou cair. Mas o alemão já tinha respeito pela filha e mandou ele ir pra casa. E eu trouxe ele pra casa. Mamãe ficou tão contente porque não sabia onde... às vezes tinha gente que não voltava, também.

Quando os judeus da minha cidade foram levados pro gueto, eu já não estava lá.

Meu marido foi embora em um sábado de 1942. Foi no sábado que entraram na nossa cidade muitos alemães. O primeiro lugar em que eles entraram foi a sinagoga. E lá não era como hoje: no sábado, todos os jovens iam na sinagoga. Filhos pequenos, grandes, todos iam na sinagoga. E meu marido estava na sinagoga. Os alemães entraram e começaram a atirar. Meu marido falou que estava na sinagoga e pela janela ele pulou. E falou: "eu vou embora porque eles procuram homens pra trabalhar... tudo que eles destruíram querem outra vez construir". Então minha mãe falou: "minha filha não vai". Ela estava com medo disso. Então Moisés falou: "eu vou com meu amigo". Eles foram. Homens geralmente fugiram da cidade. Eles foram pra Brest Litovsk[1]; também era Polônia, mas ficou do lado dos russos. Eles passaram a fronteira e foram. E como os alemães não mexiam com as mulheres, então ficamos. A gente ia ver o que ia acontecer... passa uma semana, passa duas semanas, estava ruim. Meu marido mandou carta pra eu ir: "não precisa nada; a gente pode aqui trabalhar, pode ter tudo". Ele pediu pra ir também a mulher desse amigo, junto comigo. E nós passamos a fronteira.

---

1. Cidade que atualmente pertence à Bielo-Rússia.

Nessa carta, o meu marido falou que eles iam esperar perto da fronteira, que a gente podia passar a fronteira. Então eu e minha amiga fomos. A minha amiga não tinha nada o que levar porque era mais pobre. Meu pai falou que tenho que ter alguma coisa. Ele tinha fábrica de sapatos. Pegou sapatos sem a caixa, porque ela toma muito lugar. Meu pai amarrou os pares... não posso lembrar quantos pares de sapatos de homem que valiam ouro naquele tempo. E me deu couro mole, com que também se faz sapato. E esse couro ele embrulhou assim redondo. Tinha três dúzias de couro. Eu tinha três sacos feitos: dois de sapatos e um de couro. E pus um casaco de pele e em cima uma capa de chuva mais grossa. Porque se eles me pegam com esse casaco de pele, claro que eles vão me tirar.

E quando nós saímos para ir, meu primo, que agora está em Israel, resolveu ir junto. Ele era solteiro, moço mais novo.

Quando nós passamos a fronteira, eles nos levaram com barco. E esse barco tinha acho que 25 pessoas. E o barco podia levar só 20. Mas eles queriam mais. Já tinham comprado os alemães. Eles deram dinheiro pra deixar passar. Tudo por dinheiro. Pagamos pra nos levar até a fronteira. Quando nós fomos passar a fronteira, antes do rio, no caminho, tinha um sítio. E lá, antigamente, morava um dono do sítio. Os alemães pegaram a casa dele. Era um palacete muito bonito. E nós precisávamos justamente passar nesse lugar. Então o homem que nos levou, esse polonês, falou: "se vocês têm alguma coisa, guardem, porque esses alemães vão parar nossa carroça". E me pegaram. Precisei entrar nesse muito bonito palacete. Antes morava lá um príncipe polonês! Mas então chegaram quatro soldados alemães. E começaram a cortar com tesoura todos os meus pacotes. Eles viram esses sapatos de homem e pegaram tudo pra levar aonde eles moravam, no palacete. De repente, eu vejo que de lá desse palacete sai um oficial alemão. Mas eu nunca vi homem tão bonito! Eu era moça, eu podia ver. Quando ele chega perto: "Que é isso?". E eu peguei coragem, fui mais perto dele e comecei a chorar. Eu falei: "Eu tenho um marido do outro lado, na Rússia e ele está doente, está no hospital. E meu pai me deu tudo isso, esses sapatos, pra eu poder tirar ele do hospital e tratar dele. E se agora vão me tirar, com que eu vou lá?". Ele viu, me olhou, me olhou, me olhou, eu chorando, chorando. Depois ele vira a cabeça e fala pro oficial, em alemão: "Façam já o pacote de volta, embrulhem tudo e amarrem bem pra ela". E ele esperou até eles arrumarem tudo direitinho. Ele ainda falou: "Vão com Deus". Ele falou em alemão, mas eu entendi. Ai... essa foi uma coisa muito, muito...

Quando fomos passar a fronteira, eles explicaram como andar: "Você passa e anda direto, direto, direto... quando chegarem lá na estrada, parem e um de vocês vai procurar uma casinha que tem pouca luz. Vai sair um polonês pra ajudar vocês até o trem. Mas paguem pra ele, porque vocês vão chegar de noite e vão dormir na casa dele". E

80 MEMÓRIAS DE VIDA, MEMÓRIAS DE GUERRA

meu marido estava esperando a gente e já sabia dessa combinação. Quando nós chegamos nessa casa, com o meu primo, vi o meu marido e o marido da minha amiga. Nós começamos a rir. Não demorou muito e os russos vieram a cavalo, conferir: "o que é isso?". Eles tinham escritório lá perto e escutaram tudo. Eles sabiam dessa transação. Acho que eles queriam também dinheiro, não sei. "O que vocês estão fazendo aqui? Vocês chegaram agora? Passaram a fronteira?". "Passamos a fronteira".

Quando cheguei, esses sacos que eu trazia estavam molhados. E os russos perguntaram desses pacotes. Falamos que passamos a fronteira e queríamos ficar do lado dos russos. Eles falaram pra nós irmos no escritório. E saíram com os cavalos. E esse homem dessa casa, que deixou a gente entrar, não entendeu o que os russos falaram. Meu marido falou pra ele: "Ele mandou você levar a gente na sua carroça pra estação de trem". Esse dono da casa achou bom. Ele arrumou a carroça dele, bem grande, com todos pacotes que eu tinha. Eu, meu marido, meu primo e minha amiga com o marido. Acho que quando os russos chegaram não encontraram ninguém. E tinha um trem justo nessa hora e nós viajamos pra Brest Litovsk.

*

Quando encontrei o Moisés, ele não estava trabalhando. Nós chegamos e ficamos do lado da Rússia, nessa cidade de Brest Litovsk. Nós moramos um tempo lá. Os poloneses não queriam ficar com a Rússia. Eles queriam mais ficar com a Alemanha. Então eles passavam a fronteira pra Alemanha e nós pra Rússia. Então, tinha casas vazias pra vender.

O Moisés encontrou um primo em Brest Litovsk. E eles começaram a comprar coisas e revender para os russos. Os russos compravam até camisola pras mulheres, pensando que era vestido de festa!

Ficamos lá duas semanas. Mas uma noite vieram os russos e nos levaram: "nós vamos passear". Nós estávamos na casa. E eles falaram: "levem só as coisas necessárias, porque vocês vão ficar muito tempo". Eles nos levaram de trem. Só judeus. Tinha famílias inteiras com crianças. E viajamos 22 dias nesse trem. E eles deram pão e *hering*. Você sabe que *hering* é salgado. Então a gente precisava tomar água. Mas não tinha água. Nós sofremos muito. Até que eles falaram: "vocês vão chegar na Sibéria". E chegamos.

Na Sibéria ficamos em um navio, porque não tinha onde morar, ainda. Era um navio aberto. Tinha muito sol. E nesse sol eles davam mais *hering* pra comer. A gente morria de sede. E onde a gente estava só tinha água salgada.

Então eles tiraram os bandidos que estavam lá na Sibéria havia vinte, trinta anos. Geralmente eram presos políticos, trotskistas. Tiraram os bandidos dos alojamentos e levaram pra outro lugar. Quando eles saíram, mandaram lavar as casas e nós entramos. Deram um quarto pra mim e mais um casal sem filhos. Era um casal de outra cidade, gente muito inteligente. Ele falava russo, inglês, todas as línguas. E como ficamos amigos... Ainda no trem, como demorou bastante, a gente cantava muito. E se eu te conto uma coisa, você vai ver que a gente pensava que era bicho. Tinha uma janela no trem. Quando precisavam, punham a bunda pra fora e faziam pela janela. Não podia sair do trem nem um minuto. E assim fomos. Precisava animar um pouquinho, então a gente cantava. Falar do quê? Não tinha do que falar. Então começamos a cantar. Esse casal cantava muito bem. Não tinha lugar pra sentar. Tinha prateleiras. A gente ficava nessas prateleiras.

*

Quando conheci o Moisés, meu marido, eu tinha 17 anos. E nós namoramos até casar. Eu lembro do dia em que nos conhecemos. Ele estava numa organização de judeus em Siedlce. Ele era o diretor e organizava o coro. E eu cantava muito bem. Ele conhecia um outro rapaz que falou que eu canto bem. Então, Moisés me chamou e me escutou. E mandou vir cantar nesse coro. Tem primeiro, segundo e terceiro graus no coro: quem canta alto, mais baixo e mais baixo ainda. E eu fui no primeiro grau. Assim eu conheci meu namorado.

Vou te contar o meu casamento. Eu lembro que quando minha mãe me fez o vestido e toda roupa de casamento, o que estava na moda não era branco: era cor-de-rosa, azul, cores muito claras. Até artistas de cinema usavam. Então, pra mim fizeram um vestido azul, porque eu tinha olhos azuis. Hoje eu já não sei de que cor eles são. E me fizeram um vestido azul claro. Não era comprido até o chão. Era muito bonito, bem feito. E na cabeça tinha florzinhas. Enfeitaram o véu. Isso eu me lembro muito bem.

A festa de casamento foi na casa de minha mãe. E as pessoas ficaram encantadas porque eu acho que, dos judeus, eu fui a primeira com uma cor que não era branca. Era azul claro. Isso foi muito falado na cidade inteira.

Houve cerimônia religiosa. Foi numa sexta-feira à tarde. Todos os casamentos, geralmente, eram na sexta-feira à tarde. Então, fizeram toda a cerimônia e demorou até acender as velas do *Schabat*. A cerimônia foi bonita. Serviram docinhos e acabou. Eu ainda me lembro que na Polônia não tinha laranja. E laranjas vinham de Israel ou da Itália. Nós compramos laranjas e elas foram cortadas em quatro pedaços. E serviram assim nos pratos. E todos foram pra casa, porque precisavam ir no *shul* rezar, precisavam acender velas. Mas depois, no sábado, foi a festa do casamento. Todos comeram peixe, *tschalent*, depois gansos fritos. Tinha bastante cerveja. Baús inteiros chegaram. E veio também a família de outra cidade. Tinha acho que trezentas

82 MEMÓRIAS DE VIDA, MEMÓRIAS DE GUERRA

pessoas, sim. Isso foi sábado, no almoço. Depois, de noite, teve uma orquestra só pra jovens. Essa orquestra não era como aqui, que batem, batem. Eram cinco pessoas que tocavam violinos. E dançamos. A mesa que eles fizeram pra comer puseram perto da parede. E nós dançamos no meio. E cada um se serviu do que queria. Foi um casamento fino porque eu era a primeira em casa e porque eu tinha o nome da mamãe do papai. Eu já contei isso.

*

Passei um ano e oito meses na Sibéria. E depois mandaram sair de lá.

Contei do casal que morou com a gente na mesma casa. O homem era muito inteligente. Os russos precisavam dele. Então mandaram ele sair primeiro do navio onde estávamos e deram pra ele uma casa muito bonita. E ele começou logo a trabalhar. Passaram uns dias, então esse homem perguntou pra um russo que cuidava de lá se eles podiam levar mais um casal pra morar junto. Os russos falaram: "Está bem, nós vamos procurar um casal com criança pequena". Então ele falou: "Se é com criança pequena, nós não temos criança e nós não estamos acostumados. E então preferimos ficar sozinhos". "Então vocês escolhem o casal", falaram pra eles. "Nós já escolhemos". E escolheram eu e Moisés. E fomos lá morar junto com eles. Ficamos tão amigos! Aqui, quando eu já estava no Brasil, eu ainda recebi carta deles. Tenho fotografia deles, tenho tudo. Ela faleceu e ele não sei o que aconteceu.

Primeiro, me deram pra cuidar de uns porquinhos. Lá tinha nove porquinhos pequenos. Era pra criar e comer. E meu amigo falou desses porquinhos. Eu falei pra ele: "Ó, por que você falou comigo? Eu sei como cuidar de porcos?". Meu marido olhou, olhou, falou: "Experimenta, é melhor que trabalhar nos matos e cortar árvores". O resto das pessoas cortava árvores. Eu fui. E quando eu fui, pus um vestido. Eu não entendia bem o russo, mas é um pouco parecido com polonês. E a Wiedja, a russa que cuidou de tudo, falou: "Essa vai cuidar dos porcos? Com essa roupa?". Cheguei com meu sapato de seda, vestido de seda. Não tinha roupa pra trabalhar. Mas no fim eu trabalhei com esses porquinhos... mas é tão interessante! No lugar onde eles estavam, sujeira não faziam. E para xixi e outra coisa eles foram em um outro lugar. E onde eles estavam era tão limpo... eu nunca vi! Judeus não compravam porquinhos. E eu acostumei com esses porquinhos, dava banho neles. No restaurante faziam comida pra eles. E uma vez eu saí com uma bacia tão comprida, grande, com comida pros porquinhos e eu chamei: "tchu-tchu-tchu, tchu-tchu-tchu!". Eles correram pulando em cima, me derrubaram com tudo e comeram do chão.

Muitas pessoas trabalhavam no corte de madeira. Eles pegavam as árvores e jogavam na água. No frio a água estava congelada. Então, todas as árvores que cortavam, rolavam e deixavam perto da água. Quando a água derretia, mandavam pra Rússia. Eu cuidava dos porquinhos pra esse restaurante. Depois, trabalhei no caixa. A comida que as pessoas compravam no restaurante pagavam com dinheiro. E não tinha troco, porque todo níquel foi pra guerra. E começaram a dar um papelzinho. Um pedacinho valia vinte, trinta ou quarenta copeques.

Quando eu estava no caixa eu vendia na janelinha. Por que eu fui pro caixa? É que lá tinha uma moça que estava grávida. E quando tem filho eles deixavam três meses antes e três meses depois ficar em casa. E eles queriam pegar outra moça russa, mas já não acharam porque a maioria era analfabeta. Então, já que eles gostaram muito de mim... esse amigo que morava junto com a gente, chegou perto de mim e falou: "Eu acho que você vai poder trabalhar no caixa". Eu me assustei: "Eu no caixa? Eu não posso fazer essa conta". Eles usavam um quadrado com peças redondinhas. Aqui tem igual pra criança brincar. Eles faziam conta com isso. Eu não sabia usar. Eu sabia fazer conta com lápis. Eu entrei no caixa, mas no primeiro dia eu tinha medo deles. Porque quando não dá rápido, não atende bem, eles começam a xingar: "jopvojamat". Isso em polonês é muito feio. "Eu vou experimentar, mas eu tenho medo, muito medo". O homem do restaurante falou: "Não tenha medo, eu fico no caixa". Porque o caixa estava fechado e tinha janelinha. "Eu fico na janelinha, eu quero ver se alguém vai te xingar". Em um dia, dois dias, eu me ajeitei.

Esse era um trabalho pago. Mas pagavam um tanto que só podia comprar comida, nada mais. E vendiam água fervida. A gente media a água pra vender.

E todo tempo o Moisés estava doente porque foi mordido por um mosquito. Tinha malária, estava com quarenta graus de febre. Eu trabalhei pra ele. Um dia um homem falou pra esse que nos dirigia: "Me dá três dias pra eu ficar em casa; eu não me sinto bem". Ele disse que não. O homem insistiu: "E por que Moisés não trabalha?". Assim ele respondeu: "A mulher dele já trabalha pra ele, também".

E chegavam peixes. Chama *treska*. E esse peixe vinha fresco. Aqui tem, mas esse peixe é seco, o bacalhau. E lá chegava um bacalhau fresco, só aberto na barriga. Tinha cabeça, tudo. E quando ele chegava, estava calor. E não tinha geladeira. Então precisava por água na madeira em que chegava esse peixe. E quando precisava desse peixe, a gente tirava da água: três peixes, quatro peixes, cinco peixes. Estava salgado que não dava pra por na boca. Então a gente punha na água, trocava a água e tirava o sal. E esse peixe cheirava... ai, ai! Tinha um cheiro que ia longe. E pra cortar a cabeça, precisava de uma faca forte ou um machado. Porque é difícil. Quando eu tinha tempo – no caixa eu tinha tempo – eu ajudava, limpava esse peixe. E falei pra mim mesma: "como eu vou cortar essa cabeça?" Eu peguei esse peixe, virei no can-

84 MEMÓRIAS DE VIDA, MEMÓRIAS DE GUERRA

to da mesa e quebrei o osso. E o homem que dirigia, justo naquela hora, estava lá. E viu que eu fiz isso e me elogiou muito. Depois, todos fizeram assim.

*

Quando eu estava em Brest Litovsk, muitos jovens tinham ido pra Rússia. E um rapaz que trabalhava pro meu pai estava na Rússia. E os judeus da Rússia receberam esses judeus da Polônia que fugiram da guerra. E eu tinha um tio que tinha ido pra Rússia em 1917. Então esse tio procurou se tinha alguém de Siedlce. Pra isso tinha uma organização. Então esse rapaz que trabalhava pro meu pai falou: "eu sou de Siedlce". E foi na casa do meu tio. Esse tio contou muita coisa e falou nosso nome de família. E o rapaz falou: "eu trabalhava com eles!". E contou que eu estava na Sibéria. Meu tio me mandou pacotes de comida pra lá. Ai! Tem muita coisa pra contar. Ele estava muito rico, morando em Odessa. Ele tinha uma fábrica de sapatos, também. Acho que duzentas pessoas trabalhavam pra ele. Os comunistas tiraram a fábrica dele. E então queriam tirar o piano da filha dele. Então ele falou que ela dava concertos pra tanta gente, que é tão famosa. E não tiraram o piano. Ele me escreveu isso. Ai! Tem tanta coisa...

*

Na Sibéria, eu não sabia o que estava acontecendo com os judeus. Sabia o que minha mãe contava pra esse tio. Mas esse tio não me escrevia tudo. Ele mais me mandou *ferfele* seca... tua avó também faz. Mandou gordura, músculos, bolachas feitas em casa. E eu dei pra tanta gente. Quando eu trabalhava na cozinha, no restaurante, tinha tanta gente com filho doente, com uma criança doente. E eu podia tirar dos mantimentos. Porque eu fazia cálculo de mantimentos, quanto precisava por dia. Então, quando eu precisava de meio quilo de manteiga, pedia um quilo.

Depois de três meses, essa moça que saiu do caixa voltou. Eu tinha certeza que ela ia voltar. Porque esse era um bom trabalho. Mas aquele que dirigia o restaurante falou que não ia me deixar sair do caixa. Por que ela voltou, mas com ela todo dia faltava dinheiro do caixa. E comigo todo dia sobrava, nunca faltava. E eu fiquei.

*

Um dia vieram e falaram: "agora, vocês podem fazer o que quiserem. Vocês podem viajar porque tem um exército de poloneses e eles ajudam. E tem um general que trabalha na Inglaterra e ele pega as mu-

D. ELKA

lheres, também, pra ajudar na guerra". E nós fomos pra Khmel'nyts'kyy[2], entrar na Polska Arma. Ainda estava em guerra, mas quase no fim. O Moisés acabou indo pra esse exército e eu não fui. Nesse exército tinha poloneses, com judeus, com russos.

Primeiro moramos na Rússia, em Khmel'nyts'kyy. Fomos morar lá porque tinha muitos poloneses e podia achar trabalho e morar. Lá, eu tive um menino. E estava esperando acabar a guerra. E quando eu estava lá, com a criança, que já estava com nove meses, de repente vieram de noite em casa e chamam o Moisés pra ir pra guerra. Sem avisar, sem nada. "E eu não vou?", falei pra eles. "Mas a senhora tem criança... como vai?". Não me deixaram. Era pra lutar. E quando eu fiquei sozinha com a criança, sofri muito. Porque eu não podia trabalhar, não podia nada.

Moisés não fugiu do exército. Ele foi pra guerra. Da Rússia foi até a Polônia, pra Varsóvia. Ele trabalhava como instrutor e secretário. Ele tinha o cavalo dele e, quando caía gente, precisava ajudar. Ele estava com um telefone. Quando chamavam, já falavam pra ele em que lugar tinha homens caídos. Ele passou pela Polônia e depois entraram na Alemanha. Ele já estava perto de Berlin, a trinta quilômetros, quando foi ferido.

Era tudo provisório. O hospital, também. Quando ele estava no hospital, estava muito ruim. O dedo grande do pé caiu pela metade. A frente da bota caiu e junto foi o dedo. Ele ficou no hospital e quando acabou a guerra ele ainda estava ferido. Quando ele ainda estava no hospital, começou a infeccionar. E deu infecção em toda a perna. Com o tempo, viram que se não tirassem a perna, até o joelho, ia infeccionar até em cima. E até o joelho ainda dá pra fazer uma perna postiça. Até em cima já é difícil. Então o médico decidiu que eles iam fazer uma operação pra amputar a perna até o joelho. Eles decidiram de manhã e falaram: "amanhã de manhã, a primeira operação vai ser a dele". Nessa noite, ele estava na cama, sabia que iam tirar a perna. Eu recebia cartas dele. Mas ele só escreveu que estava ferido na perna. De manhã cedo, quando entraram enfermeiras pra pegar ele pra operar, então os doentes falaram: "achamos que o Moisés morreu, porque chamamos e ele não responde". Então as enfermeiras levantaram o cobertor e ficaram doidas. Ele estava vivo, mas dormiu muito porque saiu tanto pus da ferida... abriu sozinha e quase sarou. Essa noite ele tinha tido um sonho: chegou minha mãe e ele quis abraçar ela. Ela falou: "não chora meu filho, eu não deixo tirar seu pé, não deixo cortar sua perna". Parece mentira, não? Mas assim foi. E começaram a tratar tudo, tiraram todo resto de pus que tinha e sarou. Só tiraram a metade do dedo.

*

2. Cidade que atualmente pertence à Ucrânia.

Quando o Moisés foi pra guerra, eu já estava com o menino de nove meses. E pra eu não ficar sozinha, ele quis que eu morasse junto com essa prima dele de Khmel'nyts'kyy. Ela tinha uma casa. Não era grande, mas confortável. Ela vivia na cidade. O marido dela trabalhava, ela também trabalhava. Nesse tempo, me aconteceram tantas coisas, parecia que não devia morar com ela. Eu devia morar sozinha. De manhã cedo, ela foi ferver água pra fazer chá. Era um fogão feito de massa. E o meu menino já engatinhava. Ela veio da rua com panela de água fervida e deixou no chão. Eu não estava, eu estava no outro quarto. E o menino pôs as duas mãos nessa água. Corri pro hospital. Mas graças a Deus trataram dele. Depois, teve outra coisa que eu passei lá, também com essa prima do Moisés. Ela era muito inteligente. Agora ela tem uma filha que mora na Austrália com o marido. E eles já vieram aqui. E ela tinha iodo em casa. E esse pequeno não estava bom dos olhos. E a prima pôs o iodo na mesinha perto da cama. E era uma garrafa com a mesma cor que o remédio dele para os olhos. Quem sabia? Eu peguei esse iodo e pus nos olhos dele. Eu vi que a criança gritava, se jogava. Eu falei: "Ponho todo dia e a criança não chora... o que aconteceu hoje?". "Ôi, eu deixei isso, você pegou iodo". Logo chamei a médica. Ela morava na nossa rua e falou: "Não se preocupe, porque iodo não tira visão, só que arde. E esprema leite nos olhos". Ele gritava, gritava, gritava, até que adormeceu. E quando ele acordou e começou a chorar, ele estava tão bonito! Tão bonito! Não porque era meu filho. Peguei um lápis e dei pra ele, pra ver se ele pega. Ele pegou. Acalmei um pouco. Os olhos estavam vermelhos. Demorou alguns dias, passou. Mas precisava morrer e morreu com um ano e meio. Era tão bonitinho...

Uma vez ele estava com tosse. Tinha seis meses. Moisés ainda não tinha ido pra guerra. Isso é muito interessante, também. Tinha sol, estava tão bonito na rua. A médica falou: "leva ele pra tomar um pouquinho de ar". Ele tinha cachos loiros. Os olhos tão grandes e azuis. Ninguém estava na rua. Era muito cedo. Só estava uma senhora russa. Acho que tinha oitenta anos. Quando eu estava na rua com a criança eram cinco da manhã. Ela tinha um lenço na cabeça. Ele mexeu, queria tirar. Ele estava tão bonito, tão bonito. Quando essa bruxa olhou nele, disse: "Sabe, seu filho não vai viver". Como falo pra você, assim ela falou pra mim. Abertamente. Eu falei: "O que você está falando?". "Não, ele não vai viver. Olha, ele parece um anjo, não parece gente".

E meu filho morreu quando o Moisés estava na guerra. A criança já andava. Estava com um ano e meio.

*

A última carta que eu recebi da minha família foi na Sibéria. Mas o que estava acontecendo com eles eu não sabia. A carta falava que a situação não estava boa e pedia a Deus que eu, pelo menos, tivesse vivido bem. E nunca mais soube de nada. Quando acabou a guerra, eu voltei pra nossa cidade. Eu e uma amiga minha, Jadzia. Mas os poloneses queriam aprontar alguma coisa pros judeus que sobraram. Por que eles iam fazer isso? Pra nós não contarmos o que eles fizeram. Porque tinha muitos que salvaram judeus, mas tinha muitos que ajudaram os alemães.

Jadzia mora em Paris. Ela também foi salva por um polonês. Ele salvou 16 pessoas. Ela caiu quando levaram ela de trem pra Alemanha. Ela pulou do trem e desmaiou. E esse polonês sabia de muitos judeus que caíam do trem. E ele levou ela e falou: "eu te levo, mas você me ajuda". Levou ela pra casa dele. Ele contou que tinha 16 rapazes que caíram e estavam no fundo da casa. Ninguém sabia. Só a mulher dele. E quando a Jadzia chegou, ele falou pra todos os vizinhos que era uma sobrinha de Varsóvia; que os pais eram pobres e não tinham o que comer. Ele deu uma cruz pra ela e ela ia todo domingo na igreja com as filhas dele. E assim ela se salvou. Ela mora em Paris.

*

Depois da guerra, quando encontrei Moisés... essa é uma nova história! Quando acabou a guerra, Moisés estava em Varsóvia. Ele saiu do exército porque estava ferido. Ele queria ir pra Rússia me encontrar. Ele estava em Varsóvia com um polonês, jovem ainda, com quem passou toda a guerra. Quando um ficou ferido, o outro também ficou. Ele gostava muito do Moisés. Ele achava que o Moisés tinha sorte, que ele não ia morrer na guerra: "então eu vou andar atrás de você".

Quando Moisés chegou em Varsóvia, falou que ia buscar a mulher dele que estava na Rússia: "é bem longe, mas não faz mal se são duas semanas, três semanas de viagem". Os militares deram documento pra ele e pro outro rapaz viajarem sem dinheiro. No dia seguinte, precisava tomar o trem e começar a viajar ao meu encontro. Mas antes precisavam dormir em Varsóvia. Então falaram: "Na Rua Zomkowska", eu ainda lembro a rua, "tem uma senhora católica que aluga lugares pra dormir". Então, o Moisés foi dormir lá com esse rapaz.

Acontece que eu e a prima do Moisés já tínhamos saído da Rússia. Foi também o marido dela e a menina deles de dois anos, a Tamara que hoje mora na Austrália.

Antes de dormir naquela senhora, o Moisés falou pro amigo pra passearem na rua. Varsóvia era uma cidade bonita.

Eu cheguei em Varsóvia com a prima do Moisés, o marido e a menina. Nós chegamos de noite, pra dormir e no outro dia ir pra Siedlce. Minha prima saiu com o marido da estação pra procurar lugar pra dormir. E essa menina chorou, chorou. Eu peguei ela no colo. E eu chorei com ela. Fiquei chorando. "Por que sua mãe e seu pai saíram e ainda

Figura 5: D. Elka e o marido (Varsóvia, 1945).

não voltaram?" Estavam demorando demais. Quando eu chorava assim com ela no colo, entra a mãe dela e pula em cima de mim. Não da filha dela! Em cima de mim! E começou a me beijar e a chorar. Ela ainda falava russo: "Eu quero te pedir desculpas, demorou muito até acharmos um lugar pra dormir, mas temos uma novidade pra você". Eu falei: "Fala, fala, o que tem?". Ela encontrou o Moisés na rua. Quando ela foi procurar onde dormir, eles falaram: "vai na Zomkowska, 46". Ainda lembro dessa rua. Ela andou na rua e encontrou Moisés. Imagina só os gritos que eles deram na rua. Ele falou: "E onde está minha mulher?". "Vem, vem, eu te levo". E o Moisés apareceu na estação.

Agora te falo porque eles se encontraram. Varsóvia é grande. Moisés andou um pouco na rua, porque não podia ficar fechado. Andou na rua e se encontraram. Ela contou que procurava um lugar pra dormir. E ele falou assim: "ah, pra dormir, onde te mandaram ir?". Ela falou: "na Zomkowska". "Mas eu estou dormindo lá". Ele precisava, no dia seguinte, tirar o visto pra viajar pra Rússia pra me pegar! Sabe quanto tempo ele ia viajar? Porque eu escrevi cartas pra ele no hospital, mas ele já tinha saído. Eu não sabia que ele ainda estava em Varsóvia. E assim foi o nosso encontro.

*

Depois desse reencontro, como Moisés estava na guerra, então ele podia tirar uma casa na Alemanha. Em outro lugar não tinha casas. Eles destruíram. Só tinha onde alemães moravam. E nossa primeira casa depois da guerra foi lá na Alemanha. O Moisés, como oficial, tinha todos os direitos. Ele e o marido da minha prima acharam uma casa pra nós morarmos. Não estava vazia. Nela moravam alemães e eles mandaram sair. Só tinha uma mulher e as filhas, porque o filho e o marido se foram na guerra. E eles acharam um álbum com fotos do filho na guerra. Deu tanta raiva no Moisés e no marido dessa prima, que eles jogaram esse álbum no fogo. De raiva que eles tinham. Moisés... o que ele passou... só na Alemanha, o que ele passou...

*

Depois da guerra o Moisés voltou pra Siedlce. Antes de eu ir, ele foi. Ele tinha uma casa, que era dos pais dele. Agora era uma farmácia. Ninguém sobreviveu. Quando ele chegou, começou a se interessar. A casa estava inteira, não destruíram. Então ele se informou com advogados se podia retomar essa farmácia. E o Moisés foi com o advogado, tirou essa farmácia pra nós e vendeu. E todo tempo quando estivemos na Polônia, ainda, a gente tinha do que viver.

Mas, interessante: quando nós nos encontramos em Varsóvia e quisemos sair da Polônia, eles não deram visto. Não podia. E nós, nesse tempo, não podíamos esperar muito pra viajar. Eu queria ir pra Paris, porque eu tinha 13 primos em Paris e tinha uma tia, a irmã da minha mãe. Era mais nova.

Mas então nós passamos a fronteira escondidos e encontramos pessoas na Alemanha. Fizemos um *kibutz*. Esse *kibutz* tinha acho que cem pessoas. E todos iam viajar pra Israel. E Moisés ainda estava vestido como um militar. Era uma fazenda lá onde a gente estava. E eram todos sobreviventes judeus de campos. Isso foi na Alemanha, em Linz, que hoje é uma cidade da Áustria.

Eu me lembro outra coisa: eu andei na rua com Moisés em Linz. E encontramos um conhecido. Um rapaz muito bonito e que tinha uma voz muito boa. E ele cantava em Viena. Cantava na ópera, em todo lugar. Então me lembro que nós fomos pra Viena, ficamos cinco dias. E estava preparada uma escola com camas, tudo pelo Joint dos Estados Unidos. E fomos dormir lá. Quando encontramos esse rapaz, imagina a alegria. Ele era bom amigo de Moisés. E ele falou: "Eu hoje canto aqui na ópera. Se vocês querem, eu arranjo as entradas, vocês vão". Eu falei: "Eu durmo nessas camas com capins e mais um lençol, eles dão pão, leite, como mendigos. E você me chama pra ópera! Eu preciso me vestir. Como eu vou me vestir? Não tem nada o que vestir". Mas fomos assistir ao concerto na ópera. Então, eu ri tanto. Toda essa desgraça e ainda aparece uma ópera pra nós.

Em Linz, nesse *kibutz*, nós procuramos ir pra Israel. Vieram rapazes jovens de Israel. E eles procuravam um caminho pra Israel. Porque nesse tempo tinha a Inglaterra em Israel. E a Inglaterra também não deixava entrar judeus. E nós saímos de trem de Linz e já estávamos perto da Itália. Mas, de repente, os ingleses não deixaram prosseguir. Precisamos voltar pra Alemanha. E ficamos até que deixaram sair.

Nessa fazenda em Linz não se trabalhava. Só pra nós a gente trabalhava. E nossa comida a gente fazia. E veio comida dos Estados Unidos. E foi a primeira vez que eu tive mais o que vestir. Porque os americanos mandaram roupa. Cada um procurou o que servia. Eu me lembro, eu achei um casaco muito bonito e uma saia. Achei um sapato. Eu fiquei contente. Ficamos lá mais uns meses. Quando ficamos livres, já tinha escritórios do Joint. E cada um foi se inscrevendo e falando aonde queria ir. E eu contei que tinha muita família em Paris. E eu fui pra Paris. Quando eu cheguei em Paris, ai meu Deus do céu!

*

Eu me lembro a primeira vez que vi Paris. Quando cheguei, eu não lembrava do endereço de meus primos, de ninguém. Só que quando fomos pra Paris, o Joint já tinha hotel reservado pra nós. E no hotel deram tíquetes pra comer no restaurante. E pra comer de manhã eles deram talão pra comprar leite e pão. Olha, vou te contar como o Joint ajudou! E quando fomos almoçar um dia fomos no Belleville. Era um lugar muito judaico. E lá tinha um restaurante. E eu precisava saber onde estão meus primos. Eu não sabia de nenhum. Então cheguei na dona do restaurante, judia também, e perguntei se não conhecia meus primos. Falei o nome e o sobrenome. E nesse restaurante judaico tinha muitos ídiches e tinha muitos franceses. Então perguntei pra um, pra outro. Quando eu falei um dos nomes, um homem me falou: "se eu não me engano, ele mora aqui perto. Você pode chamar. Pede pra dona te deixar telefonar". Foram muito gentis.

Vou te falar: não demorou cinco minutos, esse primo veio com a mulher. Ele não tinha filhos. Agora ele mora em outra cidade, não em Paris. Em que cidade eu já esqueci. Tenho marcado. Então ele veio e ficou tão contente. Ele falou na hora do almoço: "não, não come nada que eles vão te dar... não é que é ruim, mas você vai comer com a gente, porque nós também vamos almoçar". E ele já me deu endereço de todos primos.

Quando eu cheguei em Paris já estava grávida. Não sabia. Mas lá foi fácil. Eu estava com tantos primos! E me levaram no hospital de Rothschild. Quando a Eva nasceu, veio uma caixa de enxoval pra ela, mandada pelo Joint. E então outro meu primo que tinha só uma criança, tinha dois carrinhos. E tinha casaquinho de pele que me deu. Vou te contar: eu acho que eu tive a melhor vida em Paris.

Seus avós eram meus vizinhos no hotel de Paris. Eu conheci Cesia e Mendel nesse hotel que nos deram. E fomos amigos. E quando eu tinha essa criança, lembro da Cesia olhando pra ela. Minha filha Eva estava tão bonita quando era pequena! Às vezes, eu precisava sair, então a Cesia sempre cuidava da criança. Nós ficamos amigos lá.

Tinha muitos vizinhos que não eram judeus nesse hotel que o Joint alugou pra nós. Nesse hotel não tinha calefação. Faltava tudo. E chegou o frio. Eva nasceu em fevereiro. Estava um frio! Me lembro um dia quando Moisés chegou no hotel e não sentia a orelha.

Enquanto eu morei lá recebia muitas visitas. Tinha uma prima do Moisés que também morava lá. E essa prima estava viajando pra Israel. E ela voltou de Israel e da Itália. E trouxe muitas laranjas. Nesse tempo de frio, onde tem laranjas? E ela chegou nesse hotel. Eu lembro que estava numa sala que tinha umas quarenta pessoas. E ela chegou com cestas cheias de laranjas. Tirou, tirou e todo mundo olhando: "onde ela pegou essa laranja?". Então eu precisava cortar assim em quatro e pra cada um dar um pedaço. Foi divertido. Te conto tudo... você nem imagina que tem tantas histórias bonitas...

Meu primo era alfaiate. E ele estava muito bem. E com ele trabalhava um francês. Já era um senhor de idade. Então, quando começou a guerra, meu primo estava com medo de que os alemães já soubessem dele, porque já tinham endereço de todos os judeus. Esse francês falou: "Você vai na minha casa com sua mulher e as duas crianças e

MEMÓRIAS DE VIDA, MEMÓRIAS DE GUERRA

ninguém vai saber. Vai esperar até acabar a guerra lá na minha casa. Eu vou trazer coisas pra casa, pra costurar. Eu tiro das lojas, você costura...". E ele levou meu primo. E meu primo sobreviveu lá na casa dele. Depois que ele sobreviveu, ele não podia pegar a casa dele de volta. Porque nela já morava gente. E um filho desse francês era padre. E depois da guerra meu primo estava na casa desse senhor. Uma vez aconteceu que morreu um padre. Quando esse padre morreu, a casa ficou vazia. Então esse filho do ajudante francês entrou com um pedido: que eles ajudaram uma família judia; "eles estão vivos e ainda moramos todos juntos porque meu pai ajudou e eles não têm sua casa". E falaram: "Já que um padre morreu, você pega essa casa que nós temos aqui, de um padre". É tudo verdade! Essa casa tinha quatro quartos e mobiliada com tudo. O melhor que tinha. Mas que casa, que casa! Você nem pode imaginar.

Esse meu primo me deu um forninho. Me trouxe pra esquentar, pra dormir. E travesseiros. Tudo que precisava ele me trouxe. E a mulher dele, um dia ela veio e me trouxe carvão pra esquentar esse forninho. Esse forninho tinha uma chaminé que precisava sair pela janela. Vai quebrar uma janela? Não pode. Então meu primo falou com o gerente desse hotel, que ele quer nesse quinto andar fazer... sua avó sabe disso... fazer um buraco e por esse cano pra fora. No quinto andar! Tinha mais um andar em cima. Então, o gerente deixou fazer. Disso saía fumaça e precisava carvão pra por dentro. Onde se acha carvão depois da guerra? Então ela, a mulher do meu primo, trazia uma malinha com carvão toda semana. Foi assim bonito.

Em Paris vivemos um ano e meio.

Quando chegamos lá em Paris, estava muito duro pra falar. A gente se virava. Faltava muita luz. Às vezes apagava duas, três horas. Assim era depois da guerra. Eu não tinha fósforo, não tinha vela. E onde comprar? E como falar? Então, um dia eu desci com o Moisés. Começamos a explicar e a moça não entendeu. Eles eram muito gentis. Então, o Moisés falou: "Você põe assim o dedo" (*mostra o polegar na posição vertical*). Ele viu um fósforo, pegou e acendeu no dedo. Ela riu tanto. E deu vela e fósforo. Foi muito duro. E o resto tudo, se a gente queria meio quilo de alguma coisa, mostrava na balança.

Eu não tive trabalho em Paris. Não, eu estava sempre com a criança pequena. Moisés foi trabalhar numa fábrica judaica de bolsas. Bolsas finas que eu trouxe de Paris, que eu ganhei do patrão dele de presente. Ai, que lindas! A Cesia sabe. E com bolsas ele ganhava muito bem.

*

Moisés tinha família aqui no Brasil. Então, de Paris, ele queria escrever pra eles. Mas ele não sabia o endereço. E quem podia falar onde eles estão? Ele só sabia que a mãe dele escrevia pra Santos. E nada mais. E eu falei: "Moisés, experimenta escrever uma carta pra eles". E escreveu o nome Zyma e Santos. Sabe que eles receberam essa carta sem endereço? Logo mandaram uma carta e dentro tinha dez dólares. Começaram a escrever sempre e chamaram pro Brasil: "podem ficar sossegados que não vai faltar nada até o Moisés começar a trabalhar". E assim nós viemos pro Brasil. Eu não sonhava que viria pro Brasil. Eu nem sabia onde era o Brasil.

Vim há mais de cinqüenta anos. A Cesia veio alguns meses mais tarde, ainda em 1948.

Aqui, o Moisés tinha a família dele. Moravam em Santos. Grande família: quatro irmãs com dois irmãos. Todos casados, todos com filhos. Família muito bonita. Eles fizeram pra nós tudo que podiam. Eu era estranha pra eles, porque eles não me conheciam. Mas na hora que eu cheguei em Santos, os meus pés... estava um calor de não sei quanto. Eu acho não estava acostumada com isso. Meus pés incharam. Ai... a Evinha tinha um ano. Já andava, já falava, já cantava. E só não gostava de dormir. Então eles levaram ela no médico e deram remédio.

Essa prima de Moisés, logo que cheguei, eu não tinha roupas sem mangas. Estava tão calor em fevereiro! Ela comprou quatro cortes de fazenda. Me levaram na costureira, mandaram fazer vestidos. Depois me compraram sandália. Quando eu tive a segunda filha, a Sarinha, compraram sapatinho e roupinha. Já estão todos mortos. Mas eu me lembro muito bem deles. Muito bem.

Eu morei seis meses lá em Santos e Moisés trabalhava em São Paulo. Com bolsas. Isso que ele aprendeu em Paris. Estava muito bom. Mas a semana inteira não via ele. Eu ficava lá em Santos, na casa da prima. E toda semana o Moisés não se sentia bem no ônibus. E ele queria que eu fosse pra São Paulo. Então, um primo procurou moradia aqui pra nós.

*

Quando já tinha minha casa em São Paulo, era uma casa simples. Uma casa que tinha um quarto, uma sala e uma cozinha muito grande. E na frente tinha também uma sala em que o Moisés trabalhava. Ele trabalhava com bolsas. E eu ajudava muito. Fazia o forro que ia dentro. Depois, tratava com os fregueses. E nós tínhamos fregueses aqui. Os primeiros no Brasil. A gente ainda não sabia falar. E os brasileiros não sabiam o que fazer pra nós. Quando eles ficavam sabendo que a gente passou a guerra, compravam, pagavam, eles gostavam da gente. Tinha um de Campinas que até hoje eu não esqueço: Nelson Cid Menegassi. O Moisés foi no casamento do filho dele, em Campinas. E quando eu casei a Eva, ele veio com a mulher no casamento. Como ele gostava da gente, você nem sabe. Ele sempre comprava nossas bolsas e levava de caminhonete. Ele tinha uma loja muito grande, de enxovais. Ele comprava nossas bolsas e não queria a nota. Queria que a gente economizasse. E uma noite um fiscal pegou. E ele não tinha nota. E a gente precisava pagar multa. Imagina só. Ele parou e falou pra esse fiscal: "me mostra que multa eles têm que pagar, mas não acorda essa gente... essa gente é sofrida. Eu que pago a multa deles". E ele pagou a nota. Eu nunca vi isso... não esqueço dele. Tem vezes que lembro dele.

*

Sempre lembramos feriados judaicos no Brasil. Quando eu cheguei no Brasil, eu não fazia festas. Primeiras festas foram todas na família de Santos. Nós passamos junto com eles. E eles eram comunistas. Toda família. Eles perguntaram tanta coisa sobre a Rússia.

Quando chegou a primeira Páscoa que eu estava lá... eu cheguei em fevereiro. A Páscoa veio logo. Chegou uma senhora, também ídiche, ela também era da mesma cidade, de Siedlce. Era muito simpática aquela senhora. Ela falou pra mim assim: "Eu sei que sua família não é religiosa e eles não fazem nada pra *Pessakh*. Eles só compram *matse* porque gostam. Então eu convido você pra Páscoa. Na minha casa ainda se faz Páscoa como na casa da mãe". Eu falei: "Eu não posso sair na Páscoa, não fica bem, não?". Então ela foi e falou com eles: "Olha, eu sei que vocês não fazem Páscoa, só uma janta simples; eu quero que eles venham comigo; eles precisam, porque eles saíram da guerra...". Depois da guerra eu não tinha visto mais Páscoa. Então, eu fui lá.

Depois, quando eu mudei pra São Paulo, Moisés tinha um colega que tinha na José Paulino uma grande loja, muito ricos. E fomos passar festas na casa da mãe e do pai dele. Eles convidaram a gente. Quer dizer que nos primeiros anos nós fomos sempre convidados. Depois foi a Cesia que convidava. Depois as famílias cresceram, filhos, netos. Então já começamos a fazer sozinhos. Esses feriados eram como em Siedlce.

*

Sempre vivi no Bom Retiro. Na Três Rios, depois na General Flores. Eu tinha uma casa muito grande, muito bonita. Nós construímos essa casa. Muito bonita casa. A sua avó se lembra. E depois saímos de lá. Mas embaixo nós construímos um salão em que trabalhamos. E quando meu marido parou de trabalhar saímos de lá e procuramos uma casa menor. Os filhos já casaram, pra que tanto espaço?

*

Quando já morava aqui no Brasil, a primeira viagem pro exterior que eu fiz foi pra Israel. Porque a Sarinha, minha filha, tinha 16 anos e ela foi pra Israel. Então fomos pra lá. E essa primeira vez que eu fui pra Israel, só chorei. Chorei, não parei de chorar. "Isso pode ser Israel? Isso está tão bonito!". Justamente, tinha um desfile de soldados, de moças, de soldadas. Estava tão bonito! Tudo que eu vi me parecia ouro. Juro. Eu adorei. Com quem eu fui junto? Com a minha amiga, a Sara. Eu fui junto com ela. Mas que viagem, você nem imagina o que nós fizemos. Fomos também depois pra Itália. Ficamos um tempo. Fomos também pra Suíça e fomos também pra Paris.

Eu já fui pra Israel acho que oito vezes. E encontrei colegas, meus amigos. Um tinha um *kaffehaus*. Isso quer dizer "casa de café". Café que só vêm estudantes. Todos jovens. Um café bonito, com doces. Sempre estava cheio. Quando eu ia, meu amigo ficava tão contente! Porque ele conhecia minha casa em Siedlce. Ele conhecia antes da guerra. Eu me lembro quando ele ia lá. E a gente se sentia muito bem nesse café. Um dia, quando eu fui lá, ele convidou todos de Siedlce. E tinha trinta e poucas pessoas. O Moisés estava lá, também. E tinha um chá muito gostoso, muito bonito. Então, o dono falou: "aqui ninguém paga. Se eu vejo a Elka aqui, ninguém paga. É por minha conta". Ele adorava minha mãe. Quando ele vinha em minha casa, ele podia sentar com minha mãe e falava e contava. Eu não sei, ela tinha um espírito jovem. Espírito muito jovem.

*

Não quero saber da Polônia. Eu viajei tantas vezes. Eu fui pra Argentina seis vezes. Eu tenho uma amiga na Argentina. Eu tinha família lá. Eu não posso contar dessa família de tão bonita, tão bonita. E eles... quando eu fui, sabe que eu tinha um quarto lá? Eu dormia lá.

E pra Polônia não voltei, não quero voltar. Moisés tinha um primo com o mesmo sobrenome, que morava em Varsóvia. Ele também passou a guerra, sobreviveu e era engenheiro de construção. E quando Moisés estava em Paris, voltando de Israel, ele telefonou pro primo. E o primo fez tanta questão que ele fosse pra Varsóvia. E Moisés não queria voltar lá de jeito nenhum. E sabe que quando o Mendel foi pra Polônia pela primeira vez depois da guerra ele conheceu esse primo do Moisés? É, porque eu mandei um presente pra mulher dele e pra ele.

*

Me sinto ligada ao judaísmo. Eu recebo jornal judaico, escrito em português. A cada duas semanas sai. O que está escrito de judeus não deixo passar. Nem na televisão, nem em nenhum jornal. Acho que é porque... não sei, eu gosto. E não sei porque nós sofremos tanto. Por quê? Sempre quando tem algum *goi* que conhece judeu, que conhece, que vive com judeu, gosta dele, gosta. E de repente... acontecem algumas coisas. O que minha mãe contava e o que queria contar e não contava pra não sofrer. Ela viu que eu gostava muito dos judeus. E nós na Polônia também sofremos muito. Na Polônia, um judeu nunca casava com não judeu. E, se queria casar, se acontecia, também não dava certo. Eu conhecia um casal que ele era um grande juiz. Ele era *goi*. E ele se apaixonou por uma judia. Quando ele andava com ela, ele abraçava ela. Até cozinha *kosher* ela fazia em casa. A mãe dela morava com eles e tinha duas cozinhas. Quando tem amor, não adianta...

*

De casa não consegui guardar nada. Fugi. Mas eu achei uma fotografia na Argentina, Buenos Aires. Achei uma fotografia da minha mãe, de meu pai, minha irmã mais nova e eu, que tinha uns 11 anos.

*

Lembrar essa vida toda é bem interessante. O dia que eu conto, sabe, conto e o dia passa. O dia passa. Quando vou para a cama, eu fico pensando: me lembro o que eu contei e o que não contei; ainda mais detalhes e detalhes. Porque não se pode falar, contar tudo. E eu lembro. É assim mesmo. A gente vive quanto pode, não? Depois tem que ir, deixar pra outros o lugar. Vem a nova geração. E assim vai a vida e tem que se conformar.

5. Mendel

Eu nasci na Polônia, em Kozienice, em junho de 1924.

A minha família sempre morou na mesma casa. É o que eu me lembro. Mas os meus pais também moraram em uma outra casa. A nossa casa era muito ruim. Quando caiu o comércio lá em Kozienice, então nós liquidamos a casa e moramos onde tínhamos uma fábrica de calçados.

Eu tive uma infância muito ruim. Eu era o mais novo da casa. Nós passamos fome. E serviço não podia arrumar porque eu era muito novo. Então, quando era um domingo, quando o povo polonês vinha pra igreja, eles fumavam cigarros. E eu pegava esses cigarros que eles jogavam, fazia cigarros novos e vendia. Porque cigarros eram uma grande coisa. Eu vendia, me defendia um pouco.

E mais: quando os nazistas invadiram a minha cidade, eu procurei trabalhar, Fernando. Lá onde nós estávamos em Kozienice que eu falei "aqui eu trabalhei". Lá tinha um homem alemão que dirigia. Ele era como um banco: ele fazia os pagamentos pros soldados e tudo. E eu trabalhei lá. Comida eu não ganhei. Comida, o que sobrava deles deram pra eu comer. Mas não era demais, não. Era muito pouco. Mas, ia todo dia lá e ganhava um almocinho fraco assim e ia indo. Era lá onde tinha aquele palácio que falei que os alemães queimaram. Lá era muito luxo. Tinha o presidente do sertão! Lá se chamava em polonês *starosto*. Quer dizer que já era maior que o prefeito. *Starosto:* maior que o prefeito.

Uma vez chegou uma firma que construía uma estrada que ia pra Rússia. Então nós trabalhamos nessa estrada. E nesse trabalho tinha um motorista ídiche. Ele era um dos melhores motoristas. E ele me ajudava. Eu ia junto com ele quando ele ia pras feiras. Então ele passava numas cidades pequenas, pegava o povo no caminhão. Essas pessoas levavam as coisinhas pra vender. E eu era caixeiro; cobrador de passagem. E ele me dava alguma coisa, alguma porcentagem e nós íamos sempre de Kozienice pra Radom. E passava em outra cidade, Garbatka. E nessa estrada juntava um caminhão cheio de comerciantes que iam lá vender as coisas em Radom.

E o que eu vou te dizer de Radom? Fernando, em Radom tinha uma fábrica de munições. E perto de Radom, tinha um campo que se chamava Wolanów. E eu caí nesse Wolanów. Porque os alemães vieram pra Kozienice fazer a mudança dos judeus. Levaram lá pra Treblinka. Então cada um procurou um lugar pra se salvar.

Nessa época tinha lá um canal que nós fazíamos. Um canal bem grande. De Kozienice, todos que não queriam ir pra Treblinka foram trabalhar nesse canal. Eu também trabalhei. E eu, como era meio molecão, só cozinhava café pros operários. Mas isso foi pouco tempo. Não demorou muito porque o serviço era muito fácil. Então chegou lá um rapaz e ele foi trabalhar no meu lugar. E eu fui fazer esse canal. Lá trabalhavam mais ou menos quatrocentas pessoas. E nós fomos cada dia mais longe. Ia pra frente. Eu sei que até o meu tempo que nós fizemos esse canal, tinha mais ou menos sete a oito quilômetros de comprimento.

*

Eu morava com meus pais, um irmão e duas irmãs. Eu tinha um irmão, o mais velho de casa, que se chamava Motel. E a minha irmã mais velha se chamava Maltke. E uma irmã que morreu lá em Wolanów, que mataram, se chamava Chuchulaja.

Mas quando nós morávamos lá, os nazistas formaram um gueto: fecharam um bairro. Tinha seis mil judeus em Kozienice. E nesse gueto tinha muita fome. Tinha gente gritando na rua, deitada, que têm fome: "pelo amor de Deus, dão um pedaço de pão pra nós". Eu vi gente morrer de fome lá no gueto. E desse gueto que nós fomos trabalhar no canal.

*

Em Kozienice, quando era criança, eu tinha amigos poloneses. A primeira vez que voltei lá, eu fui procurar, mas não achei. Fui procurar um amigo que o nome era Jarvorski. Mas eu fiquei com medo de ir lá na casa do Javorski. Achei um Javorski, mas não era ele. Aí eu cheguei e entrei na Prefeitura, um palácio. Lá tinha umas moças. Me atenderam muito bem. Isso foi depois da guerra. Me atenderam muito bem e perguntaram: "onde você está morando?". Eu disse: "eu moro no Brasil, agora. Sou feliz, tenho minha família, eu estou muito bem, lá". E elas perguntaram, fizeram amizade comigo. Eu tinha levado chocolate e deixei tudo pra elas. Depois eu recebi muitas cartas delas.

A casa onde eu morava não era boa, mas era grande. Tinha um vizinho que ainda telefona pra mim. Eu telefonei pra ele também. Eu sei os nomes dos meus vizinhos. A minha rua se chamava Rua Radomska. Antes, ela se chamava Jednastegolistopada. Número 7. Isso era onde eu estava morando com meus pais.

Na minha cidade, cinqüenta por cento eram judeus. Na minha rua, em metade da rua, estavam morando só judeus. Um ou outro polonês, mas mais judeus. Do outro lado já estavam morando poloneses, bastante. Um se chamava Mantelmach, o sobrenome. Outro se chamava Grynszpan. Outro se chamava Potajnic. Tinha um primo que eu tenho aí numa fotografia, ele se chamava Wassermann. Toda nossa família morava lá. Tudo judeus. E essa rua não era muito grande. Mas era a rua principal. E tinha mais gente que morava lá. Um vizinho, Zalcperg, também. Tinha mais, mas a gente não se lembra de todos os nomes. E mais pra cima, morava um Borenstein. Ele tinha um restaurante. E tinha um Goldmann. Agora, tinha ruas pequenas: Rua Kosztielna. Lá moravam uns que estavam no Rio. Morreram todos. Chamavam Wainberg. E tinha Koln, também.

*

Meu pai fabricava sapatos. Eu ajudava. Sabe no que eu ajudava? Precisava trazer água pra casa; precisava endireitar os pregos pra não comprar outros e quando precisava pegar couro pra molhar, pra ficar mais mole pra ficar melhor pra trabalhar, eu levava esses couros no rio e cuidava deles. Esse foi o meu serviço. Levava água pra casa e todas essas coisas. Eu não tenho profissão, Fernando. Estava na escola, mas eu lograva meus pais. Falava que eu ia pra escola e ia juntar vidros. E eu ia vender esses vidros pra ganhar pão, alguma coisa. Porque a miséria era bem grande, lá.

Eu nunca tive um tempo bom na Polônia. Meus pais, sim. Minhas irmãs, também, sim. Meu irmão, também. Mas quando eu nasci foi a pior época que teve.

Os judeus, na nossa cidade, Fernando, noventa por cento eram sapateiros. Um tipo de sapato que eles faziam, se chamava *gegriwet*. Sapato que não valia nada. Onde você podia por um papelão grosso nesse sapato – vamos dizer, aqui atrás, e não se via, aí eles colocavam papelão. E esse sapato, Fernando, eles mandavam pra fora. Foi pra Galicia, outra região da Polônia. E lá eles venderam esses calçados. E a maior parte era sapato pra criança. Já os poloneses faziam sapato sob medida. Eles eram bem melhores que esses que nós fabricávamos.

100   MEMÓRIAS DE VIDA, MEMÓRIAS DE GUERRA

Depois, caíram muito os sapatos pequenos que nós fazíamos. Caiu bastante. Então o meu pai mudou e começou a fazer sapato de encomenda. E ele viajava nas feiras, de uma cidade pra outra. Ele levava o calçado pra vender. Nós tínhamos calçados muito bons. E meu pai vendia. Foi na feira na cidade de Garbatka, foi em Glowaczów, foi pra Pionki. Essas três cidades. E assim nós vivemos. Tinha em casa três operários que faziam calçados desses melhores. Agora, tinha uma época – eu não sei porque eu não vi – que falaram que meu pai tinha vinte operários de calçados desses mais baratos. Quer dizer que era uma fábrica. Mas eu não me lembro dessa fábrica.

*

Eu lembro das primeiras vezes que fui em uma sinagoga. Eu me lembro porque eu andei na escola ídiche, que era de graça. E essa escola ídiche era em uma sinagoga. Eu estava todo dia na sinagoga. Mas o meu pai não era disso. A minha mãe já era mais religiosa e tudo.

O judeu tem *treif* e *kusher*. Mas nós não ligávamos. Só a minha mãe. Mas todos nós de casa comíamos carne de porco. Minha mãe, não. Ela não comia carne de porco. E tinha as panelas dela que eram *kusher*, em que cozinhava pra ela. E pra nós ia de qualquer jeito, *kusher*, *treif*...

Então eu ia todo dia na sinagoga porque eu estudava lá no *cheider*. Estudava lá. Uma pena que eu não fui mostrar esse lugar pra você. É que não tem mais. Os nazistas queimaram.

Em Kozienice, Fernando, esse é muito interessante saber... rua se chamava *ulica*. *Ulica* é rua – Magetova. Agora eu tenho que te explicar o que é *magetova*. Lá não moravam poloneses. Se morava um ou outro é bastante. *Magetova*: esse foi um rabino acima dos rabinos. E ele é falado até hoje. Eu, por exemplo, tem uns que me perguntam "da onde você é?". "Ah, sou de Kozienice". "Ah, de Kozienice *rebe*!". E esse *Maget*, dizem que ele fazia milagre! Eu não conheci, ele é do tempo de Napoleão. No cemitério onde enterravam os judeus tem uma casinha onde esse *Maget* está enterrado. Em Kozienice. Você lembra dessa casinha? Nós entramos lá. Não tem nada, mas tinha os túmulos, tudo. E tinha lá os filhos dele e tinha também os netos. Os netos eu já conheci.

E também tinha um rabino que chamavam ele de *mysziege rebe*: é o *"rebe* louco". Mas ele não era louco. Ele era uma pessoa fora do comum. Quando ele juntava lá o povo, aí ele pegava, abria a carteira e dizia: "1 *zloty*[1] meu pra tal coisa". No dia seguinte, ele comprava pão e levava numa escola pobre. E ele dava pras crianças. Eu também ganhava um pãozinho, lá. É, não era fácil, Fernando. Lembrar tudo isso é difícil.

1. Moeda polonesa.

*

Os dias de festas não eram como aqui. Eram festas fracas. Tinha até pessoas que estavam juntando *chale* na sexta-feira pro povo pobre, que eles não tinham o que comer.

Agora, eu me lembro desses dias que tinham essas festas. Eram *Rosch Haschaná, Iom Kipur, Pessakh*. Esses três dias do ano se cuidava muito lá na Polônia. Ia na sinagoga, não comia pão no *Pessakh*, só *matse* e rezava também um pouco. Mas olha, Fernando, o que eu passei e eu vi que estava acontecendo com os nossos patrícios, com crianças judias, então eu disse: "olha, pra mim não existe Deus". Não sei se devo dizer isso pra você. Religião foi o povo que inventou. Levaram crianças, mataram de um jeito que Deus o livre. Crianças. Nenês. Rasgaram eles. Pegaram, jogaram na parede pra eles morrerem. Isso foi uma coisa muito triste.

Tinha uns que eram muito fanáticos em religião. Pegaram um rabino lá na minha cidade, justamente num sábado, que judeu não trabalha e eles pegaram ele pra empurrar um carrinho. Num sábado. Eles faziam serviço, tudo que mandavam, porque tinham medo. E ainda quando um judeu religioso deixava esses *peies*, eles arrancavam.

*

Quando chegava um sábado, a minha mãe acendia velas e rezava pelas velas. E meu pai fazia só *kidusch*.

Mas eu fiquei revoltado. Eu tinha um avô que eu tenho uma fotografia dele. É o pai da minha mãe. Ele era muito religioso. E morreu numa morte natural. Sei que ele está lá no cemitério de Kozienice, onde nós fomos, mas nem sei onde. Esse cemitério foi o maior que tinha. Cheio de pedras e túmulos. Eu tenho essa pedra de Kozienice numa fotografia.

Eu não fui uma criança religiosa. Mas eu ia aprender a rezar. Mas hoje eu não estou ligando, Fernando. Porque, quem inventou a reza e a religião foi o povo. Então eu não posso acreditar.

*

Em todos os lugares, Fernando, nós só falávamos ídiche. Tinha polonês que falava ídiche igual a mim. Então esses que falavam ídiche, Fernando, eles falavam ídiche com a gente. Agora, eu fui numa escola polonesa que lá nós aprendemos a falar polonês. Não é que aprendemos. O meu pai falava polonês uma coisa de louco. E todos em casa falavam bem polonês. Chegava uma pessoa, vamos dizer, um freguês que era do mato, colono, só se falava em polonês. Então, assim nós aprendemos a falar polonês.

102   MEMÓRIAS DE VIDA, MEMÓRIAS DE GUERRA

Tinha uma escola, a escola *powszehna*[2], lá se ia e se falava só em polonês. Não podia falar em ídiche. E na escola ídiche falava ídiche, em casa falava ídiche. Estudava nas duas escolas. Porque na escola polonesa, quando estudava, estudava cinco horas por dia. E na hora que terminava a polonesa ia pra escola ídiche e ficava o dia inteiro lá pra estudar.

Na escola polonesa estudava tudo: geografia, somas, cálculos, aprendi a ler polonês, aprendi a escrever polonês. Eu não fui no ginásio porque não podia. E era difícil um judeu entrar no ginásio. E a escola ídiche só ensinava coisas religiosas. Chegava lá na escola ídiche e o professor pegava umas 12 crianças, sentavam numa mesa, dava o caderno e o livro pra ler e todo mundo rezava junto. Era a reza da manhã. E rezava depois. E tudo isso aprendi a fazer.

Fernando, nessa escola polonesa em que eu ia, todos os dias terminavam os estudos e tinha guerras de poloneses com judeus. Guerras. E os judeus, sabe como é que é, eram mais fracos, sempre apanhamos deles. Eles eram grandes anti-semitas. Até os professores da escola eram anti-semitas. Por acaso, um ou outro não era anti-semita. Agora, na escola ídiche, sabe como é que é, nós brigávamos como dois ídiches. Mas não tinha briga, quase.

Fernando, quando chegava o sábado, o sétimo dia de semana, era um dia religioso. Os judeus faziam a mesma comida. Se tinha peixe, se alguém podia comer peixe e tinha dinheiro pra comprar peixe, comprava. Fazia *chale* sozinho, comprava frango. Não eram todas as casas que podiam comprar frango. Foi a mesma coisa também na nossa casa. Faziam *creplach* e *lokszen mit joh*, o macarrão com caldo.

Eu conheci mais ou menos uns par de poloneses que falavam ídiche. E falavam bem. Agora, o resto que foi pra cidade e que morava na cidade, não se interessavam em aprender ídiche. Tinha uns que, como tem aqui, aprendem ídiche porque querem. Porque eu morava numa cidadezinha, Fernando, que tinha seis mil judeus e tinha seis mil poloneses. O judeu, quando se encontrava com judeu, falava ídiche, só. Tinha uma família ou outra, bem pouquinho, pode ser que tinha três por cento dos ídiches que falavam polonês em casa. Mas na minha casa não se falava polonês, só ídiche.

*

A nossa cidade era uma cidade pra descansar. Então vinham estudantes pro verão e eles ficavam nessa cidade. Então tinha sempre jogo de futebol. E quando nós íamos num jogo de futebol, Fernando, os judeus que foram... nós saímos antes porque jogavam pedras em cima

2. Escola primária.

MENDEL 103

da gente. Os poloneses. Nós não podíamos ir no jogo polonês. E tinha também jogos que jogavam poloneses com judeus. Saiu guerra sempre. É bonito, né?

O que que eu vou falar dos poloneses? Cada raça tem gente boa e tem gente que não presta, também. Tinha poloneses que não mexeram com ninguém. O meu irmão e o meu pai tinham grande amizade com poloneses. O meu irmão tinha um amigo que tinha o melhor restaurante do mundo. E eu já andei em tudo que é lugar, Fernando. E nos restaurantes eu não encontrei comida igual a que tinha na Polônia. Muito boa. E aquilo que eu estava procurando na nossa viagem, o *kaszanka*, era a comida mais barata que tinha. Então eu gostava muito naquele tempo. E agora eu fui comprar e comprei essa *kaszanka* que estava estragada. Peguei e joguei fora pra você não comer. Você lembra disso? A carne de porco, Fernando, na Polônia, esse *kielbasa* polonesa, presunto e outras coisas de porco, não existem no mundo inteiro como na Polônia.

*

A guerra começou em 1939, em setembro. Por cinco anos nós ficamos na guerra.

Já se escutava essa conversa do Hitler, ele falava no rádio. Um ou outro tinha rádio. Então a gente ia escutar ele falar da guerra, que ele ia brigar e tomar a Polônia. E os poloneses ainda disseram: "é, vamos ver". Aí a França prometeu com a Inglaterra que eles vão brigar a favor da Polônia. Mas a França não foi pra guerra. E a Inglaterra, sim. Mas os alemães podiam brigar com o mundo inteiro. Eles eram muito espertos, briguentos demais. E deu no rádio que iam atacar e atacaram os alemães. Os alemães falavam que iam começar a bombardear tal dia e bombardearam demais. Eles eram muito fortes. A Polônia foi tomada até Varsóvia, até a minha cidade. Demorou oito dias. Eles foram por Radom e invadiram. E tomaram completamente em poucos dias a Polônia.

Os alemães chegaram em Kozienice e todo mundo fugiu com medo de que iam bombardear a cidade. Fomos pro mato. E quando voltamos do mato pegaram todos os judeus e colocaram perto da igreja onde o Krajcberg[3] também morava na frente. Pegaram todos os judeus e colocaram lá nessa igreja.

Os alemães não reconheciam bem quem era judeu. Mas quem reconhecia os judeus eram os poloneses. Então, quando um judeu andava na rua, gritavam: "jude, jude, jude!", pros alemães. Sofremos muito mais por causa dos poloneses que dos alemães. O alemão nos pegou, mas sabe como é que é: era guerra. Então eles judiaram de nós, judiaram

3. Franz Krajcberg, artista plástico nascido em Kozienice.

104 MEMÓRIAS DE VIDA, MEMÓRIAS DE GUERRA

demais. Agora, os poloneses, eles pegaram um judeu porque os alemães falavam que davam uma garrafa de vodca ou um quilo de açúcar pra entregarem judeus. Teve muitos que entregaram e mataram. Os alemães fizeram o gueto numa parte da cidade onde moravam mais judeus. Então eles puseram arame farpado e, se um nazista visse que alguém estava saindo, atirava e matava. Isso aqui me lembro muito bem. E tinha pessoas que precisavam ganhar pra comer. Eu, por exemplo, perdi um primo porque ele saía no mato com o irmão pra comprar farinha ou batata. Então os alemães foram lá, esperaram eles lá onde nós fizemos o canal e mataram os dois primos. Eles saíram do gueto. E lá tinha um alemão muito conhecido, muito matador de judeus. Ele se chamava Schmidtke. Muito sem-vergonha.

Levaram os judeus pro gueto pra não ter mistura. Juntaram os judeus em um lugar pra não poder fazer negócio, pra não poder fazer qualquer coisa pra sobreviver. Então juntaram os judeus. Ainda, Fernando, tinha cidadezinhas vizinhas onde tinha poucos judeus. Eles pegavam esses judeus e colocavam nos guetos. Na minha casa tinha uma família que a prefeitura dos judeus, do gueto, colocou: "vai morar junto com tal família". Ficaram lá na minha casa. Minha casa ficou dentro do gueto. Era uma casa velha, antiga, arrebentada. Ela era grandinha. Podia entrar mais uma família.

Lembro do primeiro dia do gueto. Foi triste. Porque nós ficamos presos. Não podia sair. Nesse gueto, Fernando, nós passamos muitos dias. E do gueto tiravam a gente pra trabalhar no canal.

No gueto tinha uns cartões que os alemães deram pra cada família: tantas calorias. Vai ganhar tanto e com isso pode viver. Mas tinha negócios. Poloneses levavam lá pra vender pão, carne. Quem tinha dinheiro, Fernando, tinha comida. E quem não tinha dinheiro não tinha comida.

Os poloneses vinham na divisa de arame. Essas calorias que davam no gueto, morria logo quem tentasse viver disso. Estava tudo racionado. O que davam pra um mês dava só pra um dia. E tinha uns que vendiam os cartões.

No gueto se rezava escondido, Fernando. Tinha umas casinhas em que juntavam dez pessoas e rezavam escondidas. O meu avô ia na nossa casa e lá ele rezava todo dia. Porque pode rezar sem ter dez judeus como estão dizendo. Pode rezar. E ele rezou. Era um homem religioso. Mas quando entrou um alemão e viu que um judeu estava rezando, ele pegava e arrancava a barba.

No gueto nós lembramos dos feriados. Tinha uns religiosos que estavam no campo de concentração e quando davam comida eles não queriam comer porque não era *kosher*. Vamos dizer, ele comia um pedaço de pão que ganhava. Mas carne, sopa, isso ele não comia. Esses eram os religiosos. Eu não comia porque não tinha.

*

MENDEL

105

Quem fugiu no começo da guerra pra Rússia não sofreu tanto. Podia sofrer um pouquinho de fome, mas matança como na Polônia não tinha. E desses que foram pra Rússia, bastante gente se salvou. O gueto começou depois de 1939. E eu fiquei no gueto até ir pra Wolanów. Eu fui pra Wolanów, que era um campo de trabalho. Trabalhei. E trabalhei pesado, Fernando. Muito pesado. Em Wolanów, eu passei mais ou menos uns dez meses. Mas lá foi um lugar de trabalho muito difícil. Eu caí num trabalho com um amigo meu. Em duas pessoas. Os dois trabalhamos muito, demais. Eu acho que hoje não daria pra fazer esse trabalho. E tinha lá uma moça polonesa que estava trabalhando na cozinha pra servir os nazistas. Então ela fez um fuxico em cima de nós. Tinha uma porta e esta porta estava encostada com um pau de machado. Aí entrou lá um nazista e ela fez um fuxico que nós não estamos querendo trabalhar. E ele pegou esse pau do machado e começou a bater na gente. E meu amigo apanhou mais do que eu. O nome dele era Mendel, também. E depois trabalhamos mais ainda.

Lá, arrumamos montes de batatas pra comida. Roubava batata, pegava, amarrava embaixo da calça. E quando chegava no campo a gente cozinhava e comia.

*

Depois de Wolanów, eu passei por uma fábrica de munições em Radom. Nós trabalhamos numas máquinas. Precisava aprender. Quem não sabia era castigado. E, se quebrava alguma peça de uma máquina, matavam.

Depois de Radom, nós fomos levados. Andamos 150 quilômetros. Eles não tinham trem pra levar pra frente, então andamos a pé. E quando nós andamos a pé, chegou a noite, aí deitamos. Que que vai fazer? Era verão. Dormimos fora. E tinha alguns que, de noite, fugiram. E tinha uns que fizeram assim um tunelzinho pra se esconder e quando a turma foi embora, Fernando, eles saíram e correram pro lado que queriam. Mas logo foram pegos. Porque lá não tinha lugar pra se esconder.

Depois que nós saímos de lá onde andamos a pé, nos levaram pra Auschwitz. Mas nós não ficamos em Auschwitz. Não saímos dos vagões. Em Auschwitz tinha uma orquestra que estava tocando música e nós vimos lá os crematórios. E tinha só *Muselmann*, que pesavam trinta, quarenta quilos.

Saía fumaça do povo que eles estavam queimando. E da banha que derretia faziam sabão. E eles deram pra gente se lavar. E nesse sabonete estavam escritas três palavras. Vou te explicar em português: "gordura dos judeus gordos". Eu me lavei com um desses.

*

Depois nos levaram pra um lugar que se chamava Vaihingen. Um campo de concentração. Também não era fácil. Muito difícil. E depois de Vaihingen nós fomos pra Schömbg. Schömbg era um campo de concentração de morte. Morreu gente demais lá. E depois de Schömbg levaram pra Bergen-Belsen. Levaram em vagões e eu pulei dos vagões. Eu tinha muito medo de ir pra Bergen-Belsen. E pulamos. Quando nós pulamos, tinha também mais um homem que tinha fugido do gueto de Varsóvia. Era médico, ídiche, o nome dele era Warszawiac. E ele viu que eu estava rodeando aquela janelinha. Ele disse "o que é que você vai fazer?". Eu disse "eu vou fugir, eu não quero ir pra Bergen-Belsen, porque lá é a morte na certa". E eu pulei daquele vagão. E tinha lá um rapaz que pulou junto comigo. E eu não pude pegar esse médico porque ele já era velho, ele não agüentava isso que nós agüentamos. Mas nos pegaram e levaram pra cadeia. Ficamos uns dias na cadeia. Estava tão bom... gostoso, quente, comidinha boa. Comida de cadeia. Lá ficamos uns dias e nos levaram pra Neuengamme.

Neuengamme era um campo de concentração pra onde levavam os fugitivos. Lá pegaram a gente e colocaram um sinal de enforque. Nós já estávamos esperando. Nessa época os alemães já estavam apanhando bastante, já estavam tontos. Tinha cinquenta e poucos judeus, lá. O meu número era quase 80 mil: 77.705. Toda noite tiravam lá umas 15 pessoas pra enforcar. E eles estavam enforcando. E não chegou a minha vez. Então chegaram lá uns alemães e deram um grito: "todos judeus pra fora!". Aí eu disse: "eu já estou perdido, então eu vou ficar com os patrícios". Tinha lá um judeu de Lodz que chegou, me olhou e disse: "escuta, você é judeu?". Eu disse: "sou". "Então você arranca esse sinal de enforque, porque você está perdido". Eu peguei e arranquei. Ele me ajudou a arrancar de trás e daqui do braço. E me perderam desse jeito.

De lá, como não tinha lugar no campo de concentração, nos puseram no campo de prisioneiros perto de Bremerhaven. Não tinha comida, não tinha nada. Comia grama, lá. Um dia, chegaram uns generais poloneses e deram um grito: "olha, todos poloneses pra fora, porque a guerra... nós estamos livres!". A guerra não tinha acabado, ainda. Tinha guerra, mas a gente podia fazer o que quisesse.

Quando esses generais poloneses deram um grito "todos poloneses pra fora!", eu saí e disse "sou polonês". Não tinha medo de falar a língua, nem nada.

Os generais receberam comida da Cruz Vermelha pra dar pra nós. Então eu fiquei na fila pra pegar alguma coisa. E quando nós fomos pegar, chegou um polonês e disse pra mim: "Aqui é só pra poloneses, judeus nós não estamos precisando. Sai pra fora!". Esse general viu que ele estava falando assim. Aí ele chegou e falou pra esse polonês assim: "olha, agora aqui não tem polonês, nem judeu. Quem nasceu na Polônia é polonês. Ele tem o mesmo direito que todos os poloneses. E agora nós vamos dar umas comidinhas da Cruz Vermelha". Tinha uns pacotes que mandaram dos Estados Unidos e eles deram pra nós comermos. E isso salvou nossa vida. Lá terminou a guerra. Lá ficamos livres. Como tinha poucos judeus, pegaram a gente e levaram. Deram uma casa em Bremerhaven. Uma casa arrebentada, bombardeada, mas deu pra ficar lá. Bremen era uma cidade muito boa, podia ganhar, tinha pra comer e estava muito bom. Bom é modo de dizer. Aí eu conheci a Cesia.

*

Lembro de pessoas que estavam nos campos comigo. Porque eu procurava alguém mais próximo, mais assim. Eu tinha um amigo, Fernando, e com esse amigo fiz uma sociedade: a comida que um trouxer nós vamos repartir. Não o que ganhasse dos alemães; mas o que trouxesse de fora. Porque nos levavam fora do campo pra trabalhar. E eu trazia batatas que roubava. E cozinhava a batata. E dava metade pra ele e outra metade ficava pra mim. Depois, eu não sei, acho que fui no banheiro, voltei e a minha metade ele também comeu. Esse foi o companheiro de campo de concentração. Não é papo, é verdade tudo isso que eu estou falando. Porque a gente lembra dessas coisas. E eu falei pra ele: "Que que você fez aí? Eu que trouxe aí e você pegou e comeu minha metade?". E ele: "Eu tinha fome". "Eu não tenho fome?", falei pra ele. Esse homem me perguntou: "Você não faria o mesmo?". Eu disse "não" e ficou por isso.

*

Eu sempre trabalhei nos campos de concentração. Quando levaram pro primeiro campo de concentração na Alemanha, se chamava Vaihingen. Então nós estávamos perto de Stuttgart. E Stuttgart era uma cidade muito grande, bonita, de montanhas. Os americanos desmontaram a cidade, estragaram. E os alemães nos levaram pra trabalhar lá. Fizemos limpeza nas ruas e tudo.

Vaihingen não era tão ruim assim. Mas o que não tinha era vida. Eles estavam batendo demais. Falei já pra você: eu encontrei um alemão e eles nos pegaram pro serviço, pra por betão. Sabe o que é isso? Cimento com pedras, com areia. E nós fizemos esses modelos pra segurar o betão. E eles construíram uma fábrica. Agora, a fábrica que eles construíram, eles nem sabiam pra que essa fábrica seria.

Eu fui um trabalhador que pegava logo o serviço, que aprendia. Nós trabalhamos quatro pessoas em cada lata. E onde eu trabalhava terminava antes o serviço.

E vou te contar uma coisa que aconteceu quando já estava no Brasil. Veio aí o navio, o Herzl. E fizeram uma excursão pra Israel. E eu fui com esse navio. Foi muita gente, muitos judeus conhecidos. Estavam lá alguns vizinhos. E nesse navio nós brincamos muito porque nós já estávamos livres. E passou lá um patrício. Quando ele passou com a mulher dele, eu olhei, disse "puxa, essa cara é meio conhecida, não é estranha". Eu disse "ô! por favor, vem aí conversar comigo". Ele correu e ainda disse: "vocês querem debochar da gente; pega um outro, não eu". E quando ele falou assim eu larguei dele. E ele foi num lugar lá no navio. Depois chegou e disse pra mim: "o que você queria de mim?". Eu disse: "eu não quero nada, eu queria conversar com você porque você não é uma cara estranha pra mim". Ele disse: "em que campo você estava?". Eu disse: "eu trabalhei no campo de concentração em Vaihingen e você estava trabalhando junto comigo". Aí ele disse: "meu Deus do céu!". Ele grudou em mim, Fernando. Ele disse: "agora me lembro de você". Nossas caras estavam mudadas. A gente era completamente magro. Eu, no tempo da guerra, podia ter pesado... não sei quanto. Então ele disse: "puxa vida, eu trabalhei lá em Vaihingen no Winikin". Eu disse: "eu sei, eu também trabalhei. O alemão que estava cuidando da gente se chamava Schroeber". Ele disse: "puxa vida, você estava trabalhando junto comigo!". E olha, ele grudou. Ele morava na Argentina, Fernando. E ele não quis me dar confiança no começo. Depois ele disse: "olha, eu não tenho filhos e você vai ser meu filho". Ele já era um homem de idade. "Você vai ser meu filho". Eu disse: "aonde você vai?". Ele disse: "eu vou pra França". Eu disse: "eu também vou pra França, vou passar por lá; eu morei na França", falei pra ele. Ele disse: "você morava na França?". Eu disse: "morava". "Puxa vida, eu não conheci você antes..."

Isso tudo aconteceu no navio, mais de 35 anos atrás. Quando era o *Iom Haatsmaut* de 15 anos[4]. Naquele tempo eu fui pra Israel. E depois, quando estava aqui em casa, Fernando, toda semana eu recebia uma carta dele pra eu ir pra Argentina passear. Porque pra ele era difícil, ele já era homem de idade. Eu disse: "é, um dia eu vou". E eu escrevi uma carta pra ele. E ele tinha lá uma família: sobrinhos, irmão. Um dia veio aí uma carta dizendo que infelizmente o homem faleceu. E eles escreveram uma carta pra avisar. "Se ele faleceu", eu disse, "o que vou fazer lá na Argentina?".

*

Quando acabou a guerra vivemos em um campo de refugiados e de prisioneiros na Alemanha, em Böhme. Tinha muitos poloneses. E judeus tinha mais ou menos uns quarenta, cinqüenta judeus. E pra nós tinha um barracão separado. E eu e mais um dirigíamos o lugar dos

---

4. De onde deduz-se que o acontecimento narrado ocorreu em 1963.

MENDEL

judeus... ele está vivo, está nos Estados Unidos. Nós encontramos com ele sempre. O nome dele é Beichu Szulman. Nós já éramos livres. Lá estava gostoso, Fernando. Tinha um rio, todo dia pegamos um barco pra andar no rio e nós não tínhamos medo de nada. Nós não queríamos sair de lá. E de lá levaram pra Bremerhaven. Eu não sei se eu já te falei isso, mas lá que decidimos casar, eu e a Cesia. Cheguei no *rebe* e falamos: "*rebe*, nós estamos querendo casar". "Não é muito cedo?", ele disse. "Estamos querendo casar". Aí sentamos na mesa dele. Ele começou a perguntar pra nós: "vocês são de onde?". Ele falava ídiche que nem nós. Aí eu falei: "Eu sou de Kozienice". E a Cesia falou: "perto de Kozienice: Garbatka". Mas ele não conhecia. Mas Kozienice ele conhecia porque lá ele tinha parentes. Disse: "você conhecia muita gente lá em Kozienice?". Eu disse: "conhecia, você me dá os nomes...". Kozienice tinha seis mil judeus. Ele disse: "você conheceu o Gile *schohet*?" ("schohet" era quem matava galinha pra comida *kosher*). "Esse conheci". E de fato conheci toda a família. No tempo do gueto eles tinham uma boutique pra vender pão, um pedacinho de queijo. Vendiam no câmbio negro. Eu disse: "eu conheci muito bem eles". Aí, meu Deus, Fernando, o que ele fez pra nós você nem imagina. Ele disse: "olha, uma coisa dessa aqui não esperava encontrar... mas já que você é de Kozienice...". Levou a gente, deu roupa pra nós. Nós não tínhamos roupa. E ele que fez o casamento na sinagoga, em Bremerhaven. Nós não tínhamos muitos conhecidos. Esses quarenta judeus que moravam juntos, todos eles foram no casamento. Esse *rebe* trouxe uma orquestra militar e fez um baile. Antes, chamou minha mulher pra ela escolher coisas que ela sabia fazer. Pegamos as bolachas e a Cesia fez torta de bolachas. E ele deu ainda conservas. E fizemos um casamento. Estava muito bom, a mesa estava cheia. Pro casamento, eu com a Cesia saímos do campo, fomos nos alemães e pedimos frutas. Não pagamos. Não tinha dinheiro. E pegamos essas frutas, fizemos compota, fizemos torta de... parece mentira, né, Fê? E casamos desse jeito aí.

Lembro quando vi a Cesia pela primeira vez. Eu, Fernando, já estava bem organizado. E eu estava em Böhme com uns amigos. Saímos de lá, tomamos as bicicletas dos alemães e fomos procurar a família. Porque Bergen-Belsen era a 150 quilômetros de onde nós estávamos. Então eu cheguei lá numa cidade que se chama Celle, perto de Bergen-Belsen. E em Celle eu entrei no campo de refugiados. Já era tudo livre. Entrei e perguntei: "escuta, aqui não tem alguém da cidade de Kozienice?". "De Kozienice? Tem". "Como é o nome dele?". Lá na Polônia, Fernando, cada um tinha um apelido. Ele me disse "sabe, tem um que chamam ele de Szuegabet". Aí eu disse: "olha, eu conheço ele muito bem; então por favor, vocês vejam se vocês acham ele". Ah, quando ele me viu, disse: "Mendel! Como vai você?". Ele estava um palito. Mas eu já tinha comida suficiente. Porque eu fui todo dia no

110 MEMÓRIAS DE VIDA, MEMÓRIAS DE GUERRA

mato, Fernando. E eu trazia uma leitoa pra matar. Todo dia. Sem medo.
Não pagava nada, não tinha dinheiro. Então nós vivemos bem. Aí esse
Szue falou "sabe o quê? Aqui tem mais Kozienitzes". Disse: "quem?".
Ele disse: "tem o Maje Hudlitz". Eu conhecia bem ele, também. Esse
Maje Hudlitz casou mais tarde com uma prima minha. Mas ela ficou
doente, morreu. Mas ele casou com ela, e ganharam uma filha que mora
em Israel. Ela veio pro Brasil, mas você era moleque. E esse Hudlitz
me disse em Celle: "Você nem vai acreditar, mas você tem dois primos
aqui". Os dois eu tenho numa fotografia. "Eles estão lá no quarto, eu
vou chamar eles já". Quando eles trouxeram esses dois, eram meus
primos de primeiro grau. Eu falei pra eles: "se vocês querem, vamos
comigo; na volta eu vou parar em Bergen-Belsen, vou procurar parentes, ainda. Vocês estão ficando aí depois de uma guerra dessas, esperando pra ganhar um litro de sopa? Vocês são loucos! Eu mato todo dia
uma leitoa. Não como uma leitoa. Vamos repartir". E eles foram. Meu
Deus do céu, eu peguei uma leitoa, matei, eles comeram... disse: "fiquem aí, pra onde vocês vão voltar? Não chegam cinco anos em que
vocês estavam sofrendo fome?". Ele disse: "é, você tem razão".

Naquele mesmo dia que fomos pra Celle, depois nós fomos de
bicicleta pra Bergen-Belsen. Lá também encontrei um primo meu. E lá
estavam a Cesia e a amiga dela. A Cesia se aproximou e eu falei: "vocês
estão vivendo aqui como no campo de concentração; vocês devem ir
com a gente pra Böhme". A Gucia, amiga da Cesia, disse: "Vai você,
Cesia, e me escreve uma cartinha. Se for assim conforme o Mendel
está dizendo, aí vou pra lá". E a Cesia foi e a outra chegou mais tarde.
Então esse terno que eu falei que nós ganhamos do prefeito, a Gucia e
o marido dela casaram com ele, também. E não casamos todos ao mesmo tempo porque era um terno só.

*

Minha primeira casa depois da guerra foi em Böhme. Não era
bem uma casa. Foi lá onde eu levei a Cesia. Lá, pra comer tinha, onde
dormir tinha e chuveiro tinha. Já vivia como gente. Lá foi a minha
primeira casa. E de lá nos levaram pra Bremerhaven. E lá eu casei.

Bom, quando acabou a guerra cada um foi pro seu lado. Vamos
dizer, eu tinha dois primos que foram pros Estados Unidos. E eu me
encontrei com eles quando fui fazer a primeira viagem pros Estados
Unidos.

*

Quando acabou a guerra, teve muitos casamentos. Fernando, isso
aconteceu por causa de duas coisas: perdemos as famílias, ficamos
sozinhos e cada um que tinha possibilidade, que tinha idade, que podia

MENDEL 111

casar, casou. Então esse povo que sobrou da guerra, cada um queria casar com uma que sobreviveu a essa guerra. Foi por isso.

*

Quando cheguei em Paris, nós fomos da Alemanha. Então eu cheguei em Paris, chegamos e ficamos um pouco estranhando, porque Paris era uma cidade muito grande. E eu não tinha viajado o mundo. E em Paris o Joint nos sustentava. A Cesia sabia costurar bem. Ela achou dois homens da minha cidade que eram alfaiates. E ela foi trabalhar lá. Ganhava muito pouco. E ela era muito boa costureira. E como ela ganhava pouco, procuramos outro lugar pra trabalhar. E eu não tinha profissão. Todo dia eu ficava no hotel e ela ia trabalhar. E eu fiquei com vergonha. A Cesia começou a costurar calças com eles. E onde ela ficava na máquina fazia almoço, cosia calças e eu ia lá almoçar com ela. Eu tinha vergonha. Disse: "não sou homem de me encostar em mulher". Aí o chefe desse lugar, que levou ela pra trabalhar, disse "sabe o quê, Mendel? Eu vou te fazer uma proposta: fica aí, aprende a costurar calças, você vai costurar calças... eu não digo que você vai costurar igual a tua mulher... você aprende, mas vai ganhar...". Aí eu aprendi a costurar. Quando eu aprendi a costurar calças, eu fazia 12 calças por dia. E a Cesia fazia vinte por dia. E ficamos lá, costurando. Sabe como é que é, Fernando, eu era um rapaz que naquele tempo eu podia ter mais ou menos 22 anos.

E lá eu tinha um amigo. A mulher dele está viva e ele já morreu. O nome dele era Abe. Abe Leizerovitch. Aí ele disse pra mim assim: "Eu tenho um pai na Alemanha. Venha comigo pra Alemanha, vamos ver o que podemos fazer". Ele viu que eu não estava morto. Mas um passaporte custava cem dólares. E o meu capital era trezentos dólares. Tinha me sobrado isso. Meu amigo falou: "com esses duzentos dólares que vão sobrar, você vai comprar algumas coisas na Alemanha, vem pra Paris e você vai vender". E eu fui. Na primeira viagem eu comprei canetas americanas. Duzentas. Aí eu cheguei em Paris e desses duzentos dólares eu fiz o dobro. Gostei. Eu disse pra esse amigo meu: "Abe, vamos fazer sociedade, então. Você tem mais dinheiro que eu...". Ele tinha um pai e o pai dele tinha um dinheirinho. Não era muito, mas tinha. E o pai dele deu o dinheiro pra ele trabalhar. Então nós juntamos o dinheiro e começamos a fazer compras de canetas, de máquinas fotográficas. Não eram muitas, Fernando, porque cada máquina custava cem dólares. Tinha mais baratas, também, mas essas os franceses não procuravam. Então nós comprávamos máquinas fotográficas. Comprava Leika, Contax, Rolleyflex, Retina. E juntei um bom dinheirinho.

Um dia saiu no jornal, que os Estados Unidos iam trocar os dólares. Eu fiquei com medo, fui pra Alemanha com meu amigo e compramos mercadorias. Nós queríamos gastar todo dinheiro. E tinha um homem que passava a mercadoria na fronteira e ganhava um dinheiro. Mas essa vez que nós fizemos uma compra tão grande, ele pegou a mercadoria e fugiu. Perdemos tudo. Não paramos de trabalhar, continuamos.

*

Em Paris tinha um bairro que era só de judeus. E eu vivia nesse bairro porque lá nós fazíamos todos os negócios: tinha câmbio negro de dólar, tinha outros negócios de moedas e de ouro. Então lá estavam os amigos que eu conheci. Agora, onde eu morava, Fernando, eu morava num hotel. Eu fiquei nesse hotel dois anos e meio. E esse hotel era tão sujo que não dá pra imaginar. Quando nós fomos deitar à noite, tinha percevejos chupando o sangue da pessoa. E eu não podia dormir. Esse hotel era no Boulevard Rochechouart, 24. Perto da Place Pigalle.

Olha, não era difícil se comunicar, porque tinha muitos que falavam alemão. E depois eu aprendi um pouco de francês. Então me comunicava em alemão, francês, polonês e mais o ídiche. Em ídiche naquele lugar que nós íamos todo dia trabalhar.

Em Paris, só freqüentei sinagogas quando chegava o *Rosch Haschaná*. Eu era muito curioso, queria conhecer tudo. Então nós fomos nas sinagogas rezar. Vivia cheio de gente nas sinagogas. E lá rezava pelos mortos, também. Lembrava do meu pai, lembrava da minha mãe, lembrava da minha irmã, do meu irmão, da outra irmã. Rezava, mas eu não era religioso, Fernando. Eu não digo que não existe Deus, mas religião quem inventou foi o povo. E é uma coisa boa, porque se não tivesse religião ia ser pior ainda, porque iam matar muita gente. E essa religião é um freio.

*

Eu vim pro Brasil porque tinha dois tios e duas tias aqui. E quando eu era criança, na Polônia, quando vinham cartas deles, eu gravei o endereço. O número certo da casa eu não me lembrava. Mas depois da guerra, eu estava andando lá em Hannover, na Alemanha, então chegou uma turma de soldados ingleses. Cada um de nós, pra respeitar, tinha posto uma estrela de Davi na roupa. Então passaram esses oito ou dez soldados. Eu tinha um amigo lá, eu não morava em Hannover. E sempre que ia pra Bergen-Belsen passear, então eu passava em Hannover. Ficava lá uns dias na casa do meu amigo. Em uma dessas vezes apareceram esses ingleses e viram que nós somos estrangeiros. Aí chegaram pra perguntar. Nós não sabíamos falar inglês, nada. Nenhum de nós. Então nós nos entendemos porque tinha um inglês que compreendia ídiche. Não era muito bem, mas dava pra se entender. Então ele perguntou: "vocês têm algum parente fora daqui da Euro-

Figura 6: Mendel e Cesia (Paris, 1948).

pa?". Aí eu falei: "eu tenho". "Você se lembra em qual cidade?". Eu disse: "a cidade eu me lembro e me lembro da rua". Então eu falei pra ele a rua de Ponta Grossa em que eu tinha os dois tios. E ele pegou um lápis e marcou: "olha, eu vou achar teus tios e vou escrever uma carta pra eles, dizendo que eles têm um sobrinho na Alemanha e que ele quer se comunicar". E o meu tio Aaron não morava mais em Ponta Grossa. Ele já morava aqui em São Paulo. Mas eles receberam essa carta. De repente, eu recebi uma carta do tio Aaron. Isso foi em Werden baiden Ale, antes de ir pra Bremerhaven. Eu respondi: "olha tio, que eu não tenho profissão nenhuma, eu já casei e queria ver qual é o serviço que eu posso arrumar no Brasil". Ele disse: "você vem pra cá, você nunca vai precisar trabalhar".

Eu me inscrevi pra vir pro Brasil. Mas lá não tinha consulado brasileiro. Era logo depois da guerra. Então conheci um capitão que se entendia muito bem com a gente e perguntou o que nós estávamos querendo. Aí eu disse: "quero ir pro Brasil". Ele disse: "olha, pro Brasil, você tem que ver onde tem o Joint e ir lá pra se inscrever, porque aqui não tem consulado brasileiro". Eu fiquei morando ainda na Alemanha um ano, um ano e pouco. Até que uma vez chegaram umas pessoas lá do *Joint*. Já eram esses que despachavam gente pros lugares que queriam. E eles me falaram assim: "olha, pra você ir pro Brasil, aqui você não vai receber o visto. Então você vai pra Paris e lá tem consulado". E nós fomos pra França. Eu com a Cesia.

114 MEMÓRIAS DE VIDA, MEMÓRIAS DE GUERRA

Aí eu escrevi uma carta pro tio Aaron, pra saber se ele tinha possibilidade de me mandar um pouco de dinheiro. E ele pegou um pacote de café e colocou um dinheiro. Esse era o dinheiro que usei para o passaporte.

Vou te contar porque nós acabamos ficando tanto tempo em Paris. Fernando, pode falar, mesmo? Porque não queriam dar o visto pros judeus. E como eu estava indo bem lá, então fiquei mais tempo pra trabalhar um pouco. Não me incomodava, porque ganhávamos pra viver.

*

Lembro do dia em que eu cheguei no Rio. Nós viemos com um navio desses que puxavam animais. E duas tias minhas estavam esperando a gente. E eu vi o Rio. Era uma cidade muito bonita, sabe como é que é... "puxa, aí está tão bonito!". Eu já encontrei uns amigos que trabalhavam como mascates. Arrumaram a vida, assim. Nós ficamos três dias no Rio e viemos pra São Paulo. Olhei as lojas, lojinhas assim meio pobres na rua José Paulino. Não gostei muito. E eu falei até em voltar pra Paris. Mas meu tio Aaron disse "espera, vamos pra Ponta Grossa". Isso já foi num tempinho mais comprido. Aí ele disse: "Mendel, você vai pra Ponta Grossa, você vai ver a vida lá e lá nós vamos ver o que nós vamos fazer". Nós fomos.

Cheguei em Ponta Grossa e comecei a mascatear. Mas eu não gostei do serviço. Eu tinha um pouco de dinheiro e nós compramos um carro. Era uma caminhonete. E comecei a viajar pros matos. E assim eu me acostumei. Estava fazendo bons negócios. Fernando, naquele tempo, o que você fizesse ganhava dinheiro. Eu fazia de tudo. Comprava mercadorias que nem sabia o que estava comprando, mas vendia. E assim eu virei um atacadista e os dois tios me queriam como sócio.

Eu achei um lugar pra morar que ficava no meio dos hotéis. E nesses hotéis tinha poloneses, alemães. Eu... sabe como é que é, Fernando, como eu sou hoje eu era naquele tempo. Não tinha diferença. Chegava lá de manhã cedo e o pessoal estava tomando chimarrão. Eu entrava no meio, tomava chimarrão, fumava cigarros de palha. Estava ótimo. E eles começaram a gostar da gente, sabe? E ajudaram muito. Os poloneses e alemães ajudaram bastante. Eu trabalhei com eles. Então conheci muita gente que ficou freguesa. Eu fazia um movimento bom, ganhava. E cada vez eles encomendaram mais coisas e eu comprava e vendia.

Lá perto de Ponta Grossa tem uma cidade que se chama Prudentópolis. Então nós chegamos num freguês e ele disse pra mim: "Você me traz um corte de caxemira elasticotine?". Eu disse: "olha, quando eu for pra São Paulo eu compro e trago". Eu nem sabia o que era elasticotine. Era uma boa caxemira, uma das melhores. E eu tinha o

MENDEL 115

meu motorista, que me ajudava. O nome daquele homem que encomendou o elasticotine era Pedro: "olha Pedro, eu trouxe sua encomenda". Aí peguei, tirei e ele disse: "o que você está pensando aí? Você vai me lograr?". Eu disse: "seu Pedro, eu nunca logrei ninguém, não vou lograr o senhor. Por que o senhor está falando isso?". "Isso aqui é caxemira elasticone?". Eu disse: "é elasticotine". E era! Ele pegou um paletó dele, antigo, muito velho, e me mostrou. Eu disse: "isso aqui não é elasticotine, elasticotine é esse que eu trouxe". E o dele era sarja. Falei pra ele: "se o senhor não quer eu fico com ele, não tem problema nenhum". Ele disse: "vocês estão aí pra lograr o povo". Eu entrei lá na caminhonete e joguei lá o corte de caxemira. Mas ele deu um grito pra mulher: "mulher, traz o 38!". E ele queria atirar em mim e no motorista. O meu motorista ainda começou a fazer piada. Disse: "seu Pedro, não fala isso, não pega o 38, porque o meu pai me acordava todo dia com um 38; eu não tenho medo do 38". Nós pegamos o carro e fomos embora. Na mesma viagem eu vendi o corte de caxemira.

*

Essa casa que nós moramos perto dos hotéis foi uma grande coisa. Pagava pouco aluguel. Você conhece essa casa. Eu fui lá, fiz umas prateleirinhas, comprei um pouco de mercadoria. E ia nesses hotéis pra tomar café, tomar chimarrão. E andando fiquei conhecido. E falavam: "ô, chegou lá o judeuzinho!". Eu dizia: "sou judeuzinho, mesmo". E falavam em polonês comigo. E eu, quando me encontrava com eles fora do serviço, Fernando, chegava lá e falava pro dono do hotel: "olha, Inácio, dá duas cervejas aí nessa mesa". Eles gostavam, viram que eu sou uma pessoa com quem dá pra viver junto. Ele pôs duas e eu disse: "põe mais duas". Pôs mais duas. Aí tomavam cerveja e no dia seguinte me perguntavam: "o que você tem pra vender, Maneco?". "Tenho isso, tenho aquilo...". E eles subiam lá na casa. Nessa casa nasceram a tua mãe e a Marlene. E como fizemos prateleiras na sala e coloquei a mercadoria, eles chegavam e compravam. Cada um quis ajudar um pouco a gente. Eram comerciantes. Eles traziam porcos pra Ponta Grossa, madeira, cereais.

Um dia eu conheci o meu sócio, depois de muito tempo em Ponta Grossa. O meu sócio era um homem rico, muito bom homem. Você sabe que abriram uma rua com o nome dele? João Posuniak. Ele falava muito bem polonês e quebrei o galho com ele. A mulher dele se chamava Jadzia. Ele dizia pra ela: "Jadzia, vai matar um *kogutka*[5] porque o Maneco vai almoçar com a gente". Ele viu que eu cheguei da guerra e me tratou muito bem. E ficamos amigos, Fernando. Os melhores amigos que eu tive em Ponta Grossa foram eles. Até a última hora. No

5. Em polonês: frango.

começo, ele era nosso freguês. Ele comprava de mim porque tinha dó. Ele falava: "você me traz isso, aquilo e isso e isso e isso...". E eu vinha pra São Paulo e comprava. Fernando, te juro por Deus que é verdade. Olha, fiquei apaixonado por esse homem. Eu queria fazer alguma coisa por ele. Mas nós queríamos ir embora de Ponta Grossa pra São Paulo, pra trabalhar aqui e porque tinha duas filhas. Lá não tinha possibilidade de estudar. Então fiquei contente de sair de lá.

*

Em Ponta Grossa tinha umas 35 famílias judias. Nós todos compramos uma casa, não era uma sinagoga. E dessa casa nós fizemos um centro. Tinha um homem que se chamava Samuel Freidmann e que dirigia este lugar. E ele até ensinou um pouco de português, pra falar e escrever. Lá ele foi tudo, como um rabino. E nesse lugar nós fizemos todas as festas do ano judaico. Na minha casa, Fernando, quando eu já estava melhor, quando eu já tinha uma loja, então todos os gringos que vieram pra Ponta Grossa comiam nessas festas na minha casa. Vivia lá um homem muito estudado em coisas judaicas. E ele fazia todas as cerimônias lá na minha casa. Então deram um nome lá pra mim: rei dos gringos. Eu tenho que te dizer isso também, né? Pra você me respeitar!

Eu tinha mais vizinhos brasileiros do que ídiches. Eu não tinha vizinhos ídiches, mas eu me dava muito bem com uma família ídiche que morava lá. Eles vieram da Rússia. Eram ricos, tinham geladeiras pra vender, tinham máquinas pra vender e eu me dava muito bem com eles. E eles gostavam da gente, consideravam a gente como amigos. Tinha em Ponta Grossa também um homem que era capitão. O pai dele era barbeiro e gostava de escutar sobre a guerra. E quando eu fechava a loja, nós sentávamos, abríamos uma garrafa de cerveja, ficávamos bebendo e eu contava dos acontecimentos da Alemanha e da Polônia. Este capitão está até hoje, lá. A gente morava com a parede colada. Quando eu fazia churrasco essa vizinha começava a cantar pra nós vermos que ela está em casa. Ela já sabia que ia ganhar churrasco. É, essa vida foi gozada, né, Fernando? Rei dos gringos...

*

Naquele tempo, o judeu não se misturava com outra raça. Acho errado isso, também. Então, como eu tinha duas filhas, eu queria que elas casassem com ídiches. E casaram. Um se chama Julio Frochtengarten e outro se chama Berek Rozenberg. E a minha filha se chama Tônia Bela e a outra se chama Marlene. E casaram com eles. E tenho quatro netos que estou feliz com eles. Eu gosto deles demais. Faria tudo por eles.

Deixamos bons negócios em Ponta Grossa. E viemos pra cá. Mas quando eu vim pra cá, Fernando, eu já tinha duas propriedades. E já podia viver sem trabalhar, também. Hoje não dá. A propriedade de Ponta Grossa eu vendi. Não devia ter vendido porque foi a primeira propriedade que eu tive aqui.

Mais uma coisa de quando eu trabalhei, Fernando: eu era barateiro. Eu vendia muito barato. Por que eu queria fazer movimento. Fernando, é mais vantagem.

*

Fernando, até hoje eu tenho amizade com gente com quem eu convivi na minha cidade. Depois da guerra, minha primeira viagem foi pros Estados Unidos. Fui com o melhor navio. Foram me esperar e só faltava orquestra. Encontrei um primo meu que está aqui na fotografia. Depois encontrei outro primo meu, também. Também tenho fotografia dele. Eu estava feliz. Eu já estava melhor naquele tempo. Viajar com navio, sabe, navio de luxo, hein? Eu queria trazer um primo aqui pra Ponta Grossa. Disse que vinha e depois ele resolveu não vir. Esses dois primos morreram. E tinha um tio nos Estados Unidos, irmão do meu pai. Eu acho que ele já não existe. Ele teria hoje uns 110 anos. Ele não vive mais. Ainda pra Polônia ele escreveu uma carta querendo levar o meu pai pros Estados Unidos pra ele trabalhar lá. Mas naquele tempo o meu pai ia muito bem. E ele não quis ir. Esse meu tio foi embora da Polônia antes da guerra de 1918. Até hoje eu estou procurando por eles.

E quando eu fui pros Estados Unidos também fui pro Canadá. Também encontrei muitos conhecidos, conterrâneos e encontramos uma tia da Cesia. Essa tia não sabia o que fazer. Uma coisa de louco.

*

Fernando, eu sofri muito na Polônia como judeu. E trabalhei pesado quando veio a guerra. Mas não me faltou nada porque eu podia arrumar carvão, podia fazer alguma coisa. Era o único judeu que trabalhava no meio dos motoristas poloneses. E distribuíam pedras, faziam estradas, cimento, essas coisas. Mandavam eu comprar cigarros, comprava pra eles e pra mim. Já dava um lucrinho. E lá tinha doces, uma padaria de doces, Fernando, doces assim eu nunca comi na minha vida, de tão bons. Lá tem os melhores doces do mundo. Trabalhei com um alemão que era o maior das máquinas. Ele me chamou e disse: "vem cá, Mendel". E aí eu fui lá, ele pegou uma carta, carimbou e mandou dizer o que ele queria de doces. E eu comprei. Também aproveitei um pouco, aí. Sabe, tudo isso é verdade. A gente se lembra de umas coisas...

E depois da guerra voltei à Polônia. Eu tinha saudades de ir ver a minha cidade. Cheguei lá na primeira vez, procurei os conhecidos, não achei nenhum. Todos morreram. Tinha alguns vivos, mas esses que eu queria encontrar já não estavam vivendo. Porque o meu pai, Fernando, tinha muita amizade com poloneses. E eles nos ajudavam bastante. Mas porque convinha. Fernando, pra falar tudo isso é uma conversa muito longa. Sabe que quando chegava o Primeiro de Maio, como os judeus estavam na miséria, muitos eram comunistas. Sem ser comunista, eles julgavam ser comunistas. Então, chegava o Primeiro de Maio e tinha uns que pegavam bandeiras vermelhas, pegavam pombos, amarravam as pernas e soltavam pra voar. Eram contra o regime polonês. Era um regime fascista.

Eu acho que a Polônia não foi pra frente, nada. Depois desses cinquenta e poucos anos depois da guerra, pelo contrário, ela foi pra trás. É uma miséria muito grande. Na segunda viagem que eu fiz pra Polônia, Fernando, antes da que eu fiz com você, a Polônia era muito pobre. Demais. Não tinha nada lá. Só comida. Porque lá a comida é de primeira classe. Polônia...

Eu encontrei muitas comidas que eu gostava, Fernando, mas já não eram tão gostosas como quando eu era garoto. Porque quando voltei tinha pouco apetite. Mas lá a comida é melhor do que em qualquer país. Eles têm preparos de carne de porco, de presunto, Fernando. Era tão gostoso que você nem imagina. Nos Estados Unidos tem carne de *kelbassa polska*. Um amigo está na Polônia, ele vai trazer pra mim um pouco. Eu mandei trazer pra você ver o que é a *kelbassa polska*. Muito gostosa. *Hering* lá também é bom, tudo é bom. Agora, o cogumelo é o melhor do mundo. Da Polônia e da Itália. E cresce no chão, pequeno.

*

Olha, Fernando, eu sou uma pessoa que gosta de ajudar e o meu pai foi do mesmo jeito. Meu pai foi melhor ainda. Tinha um homem aqui que estava muito bem de vida. Ele não é muito meu conhecido. Um dia ele me encontrou e disse: "Mendel, eu emprestei dinheiro pra uma pessoa e eu me alisei completamente". Ele falou que ia se matar. Eu disse "não fala bobagem, vai melhorar, vai trabalhar e...". Eu ajudei esse homem.

*

Olha, se eu posso lembrar, Fernando, é porque você está me ajudando muito com essas perguntas que você está fazendo. Então estou me lembrando de tudo. Eu não sei se você tem mais coisas pra me perguntar na próxima vez que a gente se encontrar, se você vai querer.

Fernando, eu fiquei muito contente que você me escolheu pra falar. Eu não tenho boa conversa, mas sei explicar tudo que é possível. E expliquei. Adorei isso aí...

6. D. Rosa

Meu nome é Rosa. Eu nasci na Polônia, numa cidade chamada Cholojov[1]. Nasci em 1922. Agora estou no Brasil. Estou aqui com o neto de uma amiga minha, a Cesia, que eu quero muito bem. Agora eu vou contar minha história da minha vida.

Quando começou a guerra eu tinha 17 anos. Foi quando os alemães atacaram a Polônia. Em 14 dias acabaram com a Polônia. Minha cidade ficou duas horas sob o regime alemão. Eles fizeram um pacto com a Rússia e dividiram a Polônia em duas partes. Uma parte pertencia aos russos e metade ficou com a Alemanha. Eu caí no lado dos russos. Estava muito bom com eles, muito melhor que com a Polônia. Porque a Polônia era muito anti-semita antes da guerra. Já não tinha meios de viver lá. A perseguição era demais. Na parede estava escrito: "não compre em um judeu porque ele é nosso inimigo". Estive em Lemberg[2], uma cidade grande da Polônia. Mas ela agora pertence à Ucrânia. Lá tem uma praça muito linda. E quando cheguei lá tinha uma placa pendurada: "pros judeus e cachorros, entrada proibida". Nós demos graças a Deus que nos livramos dos polacos. Mas não durou muito tempo. E dois anos depois disso, em 1941, os alemães, como foram sempre invasores, invadiram a Rússia. Quebraram o pacto e fomos ocupados pelos alemães. Tem uma cidade, Sokal, que era na Polônia e agora é na Ucrânia. Sempre estou chamando a atenção onde

---

1. Cidade que atualmente pertence à Ucrânia.
2. Atual Lvov, na Ucrânia.

é! Tem lá um rio que se chama Bug. A ponte dividia a cidade. Metade da cidade pertencia aos russos, metade à Polônia. Em uma noite só, quando os alemães invadiram a Rússia, no dia seguinte já ocuparam nossa cidade. Foi um desastre grande. Mas a gente não acredita que pode acontecer. Era inumano. Isso ninguém, nem a história pode contar. Quando os alemães entraram começaram a nos marcar como gado. Todos nós usamos uma faixa branca com *Maguen David* azul e o número da minha carteira. Quer dizer que o nome nós já não tínhamos mais, nós éramos que nem gado marcado. Se eles precisavam de alguém, chamavam pelo número. Começou a luta da vida. Todo mundo sofreu, até os católicos, ucranianos, polacos. Também sofreram. Mas primeiro eles queriam acabar com os judeus.

*

Com meu pai eu morei até os 11 anos. Quando eu tinha 11 anos, meu pai morreu. Morreu de leucemia. Agora, com a minha mãe eu estive até 1942. Em 42, eles tiraram todo mundo pros guetos. Pegaram minha mãe e meus três irmãos e uma irmãzinha. Levaram pro gueto de uma cidade vizinha, a nove quilômetros. Eles limparam os judeus da nossa cidade. Ficaram só três famílias: o médico, o padeiro e eu e meu marido. Ele era químico industrial. Fazia álcool etílico, 95 graus. Os alemães precisavam. Mas mesmo assim a gente não tinha liberdade. Tinha medo. Porque a fábrica onde a gente morava nessa época estava fora da cidade, em uma fazenda. Pra ir até a cidade, ao centro, eu tinha medo, porque não tinha mais judeus. E se eu apareço sem a faixa me matam. Com a faixa, a mesma coisa. Vá, explique pra eles que você ficou porque tem licença pra ficar.

Nós trabalhamos. Eu trabalhei no laboratório. Meu marido era diretor da fábrica. Isso mais ou menos até o fim de 42. Aí aconteceu que um dia, um belo dia, veio um filho de um padre ortodoxo. Ele era polícia. Era ucraniano. Ele falou pro pai dele, que veio pra matar o médico. O padre disse: "você não pode matar um homem que está salvando a minha vida". O padre já era velho. E ele disse pro filho: "vai, avisa ele pra ir embora, fugir". Ele foi, anunciou pro médico que tinha vindo pra matar ele. Mas o médico sozinho viu que não tinha mais jeito. Ele tinha orgulho. Era um médico que estudou tanto... pegou e aplicou uma injeção na veia sozinho, pra se matar. De veneno. Mas nesse momento a gente já não tem mais cabeça. Ele pôs errado, fora da veia e ainda sofreu três dias pra morrer.

*

Nossa casa era muito boa. Quando eu tinha nove anos, a casa onde nós morávamos queimou. Porque a casa era ligada com outras três casas. O fogo começou na última casa, mas a nossa foi junto. O fogo varreu tudo. Mas na Polônia tinha uma lei que todo mundo tem que por casas no seguro. Então meu pai recebeu do seguro e procurou um terreno longe de outras casas. Pegou um lugar bem no centro da cidade. E construiu uma casa muito bonita, um sobrado. Fiquei lá até casar. Logo depois que construiu a casa meu pai morreu. Ele construiu em 32 e em 33 ele morreu. Viveu um ano na casa.

Ele tinha um amigo da guerra de 1914. E esse amigo vinha todo ano visitar meu pai. Mas como meu pai trabalhava e minha mãe a cada dois anos teve um filho – éramos seis filhos, porque o sétimo nasceu depois da morte do meu pai – e não se metia nos negócios dele, meu pai não podia visitar esse amigo. Meu pai cortava os tecidos e tinha rapazes que trabalhavam na fábrica. Eles costuravam e nós vendíamos nas lojas. Roupas muito bonitas meu pai fazia. Teve um ano que logo depois do *Pessakh*... pra nós, judeus, o *Pessakh* era a maior festa. Depois dele já não se comprava tanto. Porque pra *Iom Tov* todo mundo fazia roupas novas, comprava roupas novas pra crianças, pra todo mundo. Então meu pai deixou bastante roupa cortada pros rapazes trabalharem e disse: "eu vou sair por 15 dias". Porque ele sempre prometia que ia visitar o amigo, conhecer onde ele vive. E nunca foi. E minha mãe tanto não queria, como se ela sentisse que ele vai fazer a última viagem. Mas ele queria e foi. Foi num dia, depois de dois dias ele voltou. Nós morávamos bem no centro e lá parava o ônibus. Eu estava fora de casa. Era verão ou primavera. Eu estava brincando com uma outra menina. Aí ela diz: "olha, Rosa, teu pai chegou!". "Meu pai não vem tão cedo, meu pai vem daqui a duas semanas". Aí ela diz assim pra mim: "mas é parecido com teu pai". Eu digo: "meu pai não era tão gordo!". Ele já estava todo inchado. Mas eu estava olhando pra ela e disse: "é parecido com meu pai, mas não é". Aí ele começou a me chamar e dizer: "filha, você não vem ao encontro do teu pai? Você não conhece mais teu pai?". "Pai, como você engordou!". Ele chegou mal em casa. Estava com uma bengalinha. Ele nunca usou bengala. Tinha 39 anos, era moço. Agora ele andava o dia inteiro se encostando nas paredes. Não quis demonstrar como estava doente para não assustar mamãe. Ela estava à beira de ganhar criança. E ele morrendo. Quando chegou a noite, ele deitou e não levantou mais. Vieram os irmãos do meu pai, minha mãe e levaram ele pra Áustria. Meu pai tinha saído com o amigo lá na cidade onde ele morava e foi visitar uma praça. E o ar forte das montanhas deu sono pra ele. Meu pai pegou o paletó, tirou e deitou na grama. E dormiu. Quanto mais ele dormia, o ar forte fazia dormir mais. Que nem um narcótico. O amigo foi embora pra casa e deixou ele dormir. Ele dormiu até dez horas da noite. Tinham saído depois do almoço. E o que acordou ele foi o frio da noite. Ele tomou um copo de chá. Mas não dormiu a noite inteira. Ele já estava com dor de cabeça, não se sentia bem. Voltou pra casa. E depois que vieram os irmãos e a minha mãe, foram pra Viena. Diziam que lá tinha uns médicos que curam. Mas infelizmente pra doença dele não tinha cura. Ele ficou 11 semanas doente e foi embora. Quando ele morreu, depois de um mês nasceu minha irmã. Ele ainda recomendou que pusesse o nome dele, nela. O que tiver: ou menina ou menino, que tivesse o nome dele. E pediu pra minha mãe que não fosse demais essa criança, que não maltratasse ela. Porque ele sabia que vai ser duro pra ela: sete filhos, uma escadinha, tudo pequeno. Ele morreu, mas a minha mãe fez de tudo pra salvar. Mas não teve jeito. Queria até vender a casa. Aí ele disse: "não vende a casa, senão você fica na rua com as crianças". Assim que fiquei sem pai aos 11 anos. Minha mãe, mataram lá no gueto, em Sokal.

*

Lembro que quando a gente era criança brincava muito. Meu pai mandou meu irmão mais velho pra uma cidade, Zloczov, pra estudar. Meu pai era muito religioso. Queria fazer dele um rabino e mandou ele na *ieschivá*. E quando meu pai morreu, meu irmão voltou pro enterro. Quando viu a situação, ele disse: "mãe, eu não volto mais pra lá porque da minha *Torá* você não enche a barriga das crianças. Agora sou o homem da casa". Ele tinha 13 anos. "Eu preciso estudar e trabalhar". Ele estudou e se formou contador. Nós estudávamos nas escolas públicas. E o estudo custava muito caro na Polônia. Escola pública não custava nada. Mas sempre precisava de livros, de uniformes pra criança. E ela lutou. O que nos sustentou foi o avô que nós tínhamos. Pai da minha mãe. Era fazendeiro, morava a 14 quilômetros da gente. Tinha uma fazenda, tinha gado, tinha tudo. E o avô não deixou nos faltar nada. Ele tinha terra, tinha plantações. Pro inverno, encheu o porão de batata, de beterraba. E tudo que ele tinha nos mandava. E duas vacas nós sempre tínhamos no verão. E no inverno ele tirava as duas vacas e mandava uma que dava leite. Porque no verão o gado pasta. No inverno tem que tratar. Ele achava que é muito serviço pra minha mãe tratar de duas vacas. Tem que limpar a estrebaria, jogar o esterco. Assim que o avô virou nosso pai. Até que ele morreu.

*

Vou te contar tudo. Nós morávamos no centro da cidade. E no centro só moravam judeus. Raramente se encontrava um polaco. Porque os católicos lidavam com terras. E judeus sempre com comércio, fábricas. Assim, os vizinhos eram todos judeus. Quando era sábado, ficava tudo quieto nesse centro. Todas as lojas fechadas, fábricas fechadas. Marceneiro, pedreiro, sapateiro, tudo estava fechado. Porque os judeus da Polônia eram muito religiosos. No sábado nem se riscava um fósforo. O sábado era sagrado pra nós. O judaísmo era cuidado, lá. Aqui, eu estou outra, já. Eu sinto que estou errada, mas infelizmente a guerra me estragou.

Quando os alemães entraram, nossa cidade foi bombardeada. Nós fugimos pro mato. Por umas três semanas ficamos no mato. Porque onde eu morava era uma cidade pequena, mas de cruzamento. Exércitos e tanques passavam por nossa cidade. Assim, nossa cidade ficou toda destruída. Ficaram duas ruas da cidade. Bem naquela rua onde estava a casa da minha mãe. Essa rua ficou e uma rua que cruza. Que nem um "L" ficou. O resto que era uma montanha de cruzes. Isso eu vi depois da guerra. Porque quando os alemães entraram ainda tinha um pouco de casas. Mas nós fugimos pro mato, porque chovia bombas. Quando saímos da cidade eu agarrei minha irmãzinha pequena. Tinha oito anos naquele tempo. E ela fugiu comigo. E eu me perdi da minha mãe. Eu já era casada. Mas bem naquela hora que eles começaram a bombardear eu estava na casa da mãe. Eu fugi pro lado da fábrica. Eu queria me juntar ao meu marido. Depois nós juntos corremos pro mato. Quando íamos correndo, no caminho nós encontramos pernas de homens, de mulheres, cabeças. Porque as bombas arrancaram. Cachorros, gatos. E encontrei uma mulher que jamais vou esquecer. Parece que estou vendo ela ainda hoje, uma vizinha nossa. Era uma mulher nova, acho que tinha 25 anos. Tinha uma nenê pequena. Tinha acho que um ano essa criança. Quando eu vi, a mulher estava morta e a criança mamando no peito. Eu não sabia o que fazer. Se agarrasse essa criança, não tinha certeza que cinco passos pra frente não ia cair. Não pude pegar essa criança. Até hoje tenho remorso. Como é que eu podia pegar essa criança quando estão caindo bombas e a gente não enxerga o mundo?

No mato estivemos por três semanas. Sem comer e sem poder voltar pra casa. E não sabia se tinha pra onde voltar. Porque notícias a gente não tinha.

Bem naquela noite em que chegaram os alemães eu estava no baile. Isaac, meu marido, estava viajando. Ele chegou aquela noite, cansado e disse que não queria ir nesse baile. E eu fui com minha sobrinha, filha do irmão do Isaac. E minha mãe morava perto do clube. Então eu disse: "eu não volto, essa noite vou dormir na casa da mãe". Quando chegamos do baile... o baile acabava às quatro horas. Chegamos em casa, fomos dormir. Bastou deitar, estava tão quieto, aí eu escutei aquelas batidas como de bombas caindo, bombas arrebentando. Eu levantei, abri a janela e quis escutar bem melhor como é que está. Mas minha mãe escutou que eu abri a janela. Ela veio e disse assim: "você não cansou ainda do baile? Você está esperando quem?", ela me disse. Digo: "mãe, venha cá, escute o que estou escutando". Ela acordou do sono, não via nada. Era longe de nós. Ela estava sonolenta e disse: "você ainda está ouvindo os bumbos que tocaram lá no baile.

124   MEMÓRIAS DE VIDA, MEMÓRIAS DE GUERRA

Fecha a janela e vai deitar". Eu fiz como ela disse. Deitei, mas não pude dormir. Porque eu vi que estão bombardeando. Levantei de novo e disse pra mãe: "mãe, pegue o *pegnoir* e vem comigo, agora você vai comigo, nós vamos sair na rua". Fomos pra rua principal. Não se via uma viva alma porque era madrugada. Era madrugada. A mãe disse assim: "eu estou ouvindo, estou ouvindo!". De repente escutamos passos, como estão marchando. E cada vez mais perto, ouvimos mais fortes os passos. De repente, começaram a entrar nessa rua. Começaram a passar. Mamãe perguntou o que era pra eles, em russo. E eles: "é guerra, estamos indo pro *front*". Minha mãe começou a chorar. Quando entramos em casa, nós quase quebramos o rádio. Porque não foi anunciado. Nós não sabíamos o que estava acontecendo. Só às oito horas a rádio falou que invadiram. E depois disso tudo, como eu já contei, fugimos pro mato e quando voltamos a cidade já estava metade destruída.

*

A fábrica do meu pai era em casa. Mas era uma fábrica grande. Eu lembro que meu pai era muito brincalhão. E ele mais passava conosco do que na fábrica. Porque lá tinha gente trabalhando. Ele só revisava. Ele preparava, cortava sozinho as mercadorias. Porque ele tinha medo que estragassem. Era um grande especialista. Fazia cada coisa que só vendo. Um casaco que ele me fez, eu lembro até hoje. Quando fui pra escola, todas as crianças caíram em cima de mim, de tão lindo que ele era. Era um casaco marrom com listas, uma gola de pele. Era lindo, lindo. Eu lembro até hoje. Infelizmente... ele era muito bom pra nós. Estou te dizendo: ele gostava demais... quando chegava o *Pessakh*... meu pai era muito religioso. Ele ia na sinagoga. E sábado, sempre trazia alguém pro almoço. E no *Pessakh* sempre trazia duas pessoas. Porque a *Hagadá* diz assim: "quem está com fome, que venha, que coma conosco. Escravos éramos na terra do Egito, na terra do faraó". Você acredita, eu tinha sete anos e ele me pôs na escola hebraica. Estudei um ano. Aí meu pai me pôs no Beit Yacov. Essa é uma escola religiosa só de mulheres. Quando meu pai morreu, esse irmão fazia *Seder* igualzinho ao meu pai. Ele fazia as quatro perguntas. Você conhece essas perguntas? "Que diferença tem essa noite de todas as outras noites? Outras noites nós comemos sentados ou inclinados; essa noite só inclinados". Ele fazia perguntas pros outros irmãos, pros menores. Queria que você visse como ele era. Preparava a mesa igualzinho o pai. A erva amarga nós comíamos antes de jantar, tinha *guefilte fish*, tinha a mesa. Tudo minha mãe preparava, como até hoje os judeus fazem. Eu também fazia aqui no Brasil quando eu tinha meus dois filhos vivos e meu marido. A gente lembra. Eu não sou mais criança, mas a minha infância eu lembro muito bem. Estava muito bonita.

Não éramos ricos. Depois que meu pai morreu, fomos sustentados pelo avô. Minha mãe tinha uma irmã nos Estados Unidos. Ela também mandava pacotes de roupas duas vezes por ano: no inverno e no verão. Cada mês mandava vinte dólares pra minha mãe. No pacote dos Estados Unidos vinha cada vestidinho, cortinas, até colchas ela mandava. Tinha vinte quilos cada pacote. Ela foi pros Estados Unidos antes da guerra. Minha mãe era pra ter ido no lugar dela, porque minha mãe era mais velha. Mas como minha mãe se apaixonou por meu pai, ela resolveu casar, não quis ir. Então essa tia foi com os documentos da minha mãe. Então ela disse: "eu tenho um dever com você". E ela sempre ajudou a minha mãe. Ela já não vive, também...

*

Eu lembro muito bem das primeiras vezes que estive em uma sinagoga. Eu era criança e já andava na sinagoga do Beit Yacov. Eu tinha oito anos. Ia abençoar cada mês, quando ele começava. Ia de boinas na cabeça, de manga comprida no maior calor e com meias. Nós não podíamos entrar na sinagoga com mangas curtas, sem meias ou sem boné. Como lembro! Rezávamos todos os dias. E no resto eu não ia todo sábado na sinagoga. Eu ia só no *Iom Kipur*.

Nós comemorávamos todos os dias sagrados dos judeus. Por exemplo: *Purim*, comemorava. Você sabe o que é *Purim*? É uma libertação, também. Quando saiu, na Pérsia, uma lei pra liquidar os judeus. Sempre judeus eram, coitados, os bodes expiatórios. Assim se festejava: fazia coisas, mandava presentes pro outro. E comemorava *Pessakh*, *Schavuot*, *Rosch Haschaná*. E o sábado era sagrado. Todo sábado a gente respeitava. Minha mãe rasgava papel higiênico antes pra não rasgar na hora que a gente ia no banheiro. Minha mãe não fazia nada no *Schabat*. Até o almoço já fizeram na sexta-feira. Acendiam velas. Eu acendo velas toda sexta-feira. Quando era sexta-feira minha mãe assava e cozinhava pra *Schabat*. Então eles puseram dentro do forno e fechavam o *tschalent*! Assim que, na hora do almoço, quando o pai voltava da sinagoga, minha mãe abria e tirava tudo quentinho. Era uma delícia esse *tschalent*! Eu queria que você visse! Era uma vida judaica. E faziam assim no verão. Agora, no inverno, não tinha calefação como hoje tem nas casas. Então lá precisava queimar carvão ou lenha. Tinha uma mulher, uma pobrezinha, que sabia que os judeus, no sábado, não riscam nem fósforo. Ela vinha e fazia o fogo. E ninguém falava pra ela vir. Quando ela pôs paus estava bom. Às vezes pôs dois, três, queimava num instante. E ela ia até as outras casas. Até que ela voltava e se não tivesse sinal de fogo ela começava tudo de novo. Minha mãe sempre dava pão pra ela. Aquele que nós tínhamos assado, aqueles *cookies* que faziam sempre. Mamãe dava pra ela um pedaço. Mas, no dia seguinte, ela vinha e pegava cinco *groszy*. Mas minha mãe nunca dizia

126 MEMÓRIAS DE VIDA, MEMÓRIAS DE GUERRA

"põe mais um pau de lenha no fogo". Porque o pecado seria dela. Mamãe dizia: "ela também é filha de Deus como eu; se eu mando ela fazer...". A Lei de Moisés diz isso nos Dez Mandamentos: "não farás nenhuma obra tua. Nem tu, nem teu filho, nem teu servo, nem teu boi, nem teu jumento que estão dentro de suas portas, senão serão castigados os filhos, netos, bisnetos, até a terceira geração". Então minha mãe dizia: "ela é filha de Deus; ela faz isso porque quer, mas eu não vou mandar ela fazer".

Hoje estou falando mais bonito que ontem.

*

Minha mãe me acordava sexta-feira de manhã. Às três horas ela já começava a assar *bubales* e *pletzales*. Você sabe como os ídiches fazem. E me fazia amassar bolachas, às vezes ralar batata pra fazer *bubale*. Eu pedia "mãe, deixa eu dormir". Ela dizia que "um dia você vai me agradecer, minha filha, você vai saber de tudo". E de fato. Nessa guerra, quanto me ajudou tudo que minha mãe me ensinou. Isso me serviu até hoje e por isso eu falo da minha mãe. Sou grata a ela. O que preciso – crochê, tricô, eu faço tudo. Asso as coisas. Até meus vizinhos me admiram muitas vezes. Eu tenho uma amiga, muito amiga, que não sabe fazer nada. Nem cozinhar uma sopa ela sabe. Eu sempre no *Pessakh* convidava ela, também, depois que o marido dela morreu.

O ídiche eu aprendi em casa. Essa língua é materna, se aprende em casa. O que eu aprendi na escola foi polonês, ucraniano, alemão. Francês, um pouco. Francês era só pra passar de ano. Eu não aprendi pra falar. Dessas línguas que ensinaram me serviu muito bem o ucraniano. Eu passei toda a guerra como ucraniana. Eu estava no meio dos ucranianos.

*

Na Polônia, a escola era muito boa. Nós estudávamos junto com os polacos; com crianças polonesas e ucranianas. Às vezes algumas crianças encrencavam, brigavam. Às vezes se gostavam muito. Sabe como é que são as crianças. Quando nós encrencávamos, eles gritavam pra nós: "judeu cebola". Porque judeu não come toicinho, só come cebola. Cebola é o toicinho dos judeus! E nós gritávamos pra eles: "vocês são porcos". Porque comem porco! Eu lembro tudo, lembro. Eu lembro desde quatro anos. Eu lembro tudo que passei, graças a Deus. Agora, o pior é que não lembro o que comi ontem. Agora já não tenho mais essa memória. Não gravo tanto. Então a escola era normal, como aqui, o país era igual a outros países. Só que nós, judeus, éramos perseguidos ultimamente. Eu não sei, talvez por ser uma criança eu não notasse isso. Eu só comecei a notar quando já era maior. Aí que compreendi. Porque a criança pouco entende. Mas não estava bom pros judeus lá na Polônia. Tinha aulas no sábado, mas nós não íamos na escola. Sábado não podia escrever. Mas eles não davam faltas pra nós. Eles sabiam. Porque até quando puseram umas crianças de castigo, punham atrás da porta, senão atrás do quadro-negro, senão põem de joelhos. Nós nunca fomos de joelhos. Eles sabiam que judeu não ajoelha. Só pra Deus. Um dia puseram uma criança judia pra ajoelhar. Ela foi embora chorando, chamou o pai. Queriam tirar esse professor. Porque eles se ajoelham perante uma imagem. Mas nossa religião é diferente. Porque diz a Bíblia: "não te farás à imagem de escultura; não te inclinarás a elas, não a servirás". Eu conheço toda a Bíblia também de cor. Você acredita?

*

Na minha cidade a diferença era muito grande entre as casas judias e polonesas. O porquê eu te conto. Os judeus tinham louça pra carne e louça pra leite. Na mesma panela onde se cozinhava carne, não se cozinhava leite. Nós, quando comíamos carne ao meio-dia, só às seis horas podíamos comer leite. Porque leva seis horas pra digerir a carne. Porque está escrito na Bíblia: "Não cozinharás o bezerro no leite da mãe dele". Depois que tomava leite, em duas horas já podia comer carne. Mas porque o leite é digerido em duas horas. Essa já é uma grande diferença entre as casas. Minha mãe tinha panelas esmaltadas pra carne. Eram todas esmaltadas de vermelho e essa ela sabia que é de carne. E as de leite eram azuis. Aqui nós temos panelas de alumínio. Eu, até hoje, na panela que cozinho leite não cozinho nada mais. Não digo que hoje eu sou... eu como até porco. Sempre comi porco na casa dos *goim*. E dava graças a Deus que tinha. Em tempos de guerra, não tinha porco pra comer e era pior. O que quero dizer: eu não cuido, eu como carne *treif*. Aqui não tem quem mate o boi. Porque lá os judeus tinham um *shoichet* que matava. E ele fazia uma reza antes de matar. Por exemplo, eu nunca matei uma galinha. O porquê eu te conto. Eu tenho medo. Porque eu estava nos *goim* e quantas vezes me mandaram matar? Eu dizia: "eu não mato nem uma mosca, eu não vou matar". Eu não estava acostumada porque eu sempre levava pro *shoichet* matar em casa. E lá a carne era inspecionada. Se ela tinha uma manchinha no fígado era *treif*, nós já não comíamos essa galinha. Porque *kosher*... o que quer dizer *kosher*: limpo. Eu hoje compro carne *treif* porque não tem aqui quem mate uma galinha. Compro no mesmo lugar que os brasileiros compram. Mas o que acontece: eu faço *kosher*. Porque fui ensinada. Deixo de molho uma meia-hora na água pra tirar o sangue, depois eu lavo bem, salgo e deixo uma meia-hora, uma hora com sal. E ela fica mais gostosa. E não faz tanta espuma se faço uma sopa, porque ela não tem mais sangue. Depois do sal, lavo pra não ficar salgada. Eu

128 MEMÓRIAS DE VIDA, MEMÓRIAS DE GUERRA

ainda faço como fazia na casa da minha mãe. Só que eu fazia com carne *kosher*. E aqui eu faço com carne *treif*, entende? Lá na Polônia era assim como eu estou te contando. Quer saber mais uma coisa? Minha mãe sempre deixava no forno uma chaleira cheia d'água. No inverno fazia muito frio. Então, a primeira coisa que oferecia pra quem chegava em casa era um copo de chá. Isso já era costume. Essa chaleira, se estava aqui e minha mãe cozinhava carne, ela punha uma folha de zinco alta, pra não ir vapor da panela pra essa chaleira. Senão depois ela já não podia mais jogar água da chaleira na panela onde cozinhava o leite. Então tinha essa diferença dos *kosher* e dos outros. Agora, pra *Pessakh* se usava outra louça que o ano inteiro. Essa louça se guardava lá no sótão. Isso que é judaísmo!

*

Lembro a primeira vez que vi meu marido. Quando eu cheguei perto de um teatro, ele estava lá com um amigo. Era um clube, porque teatro mesmo não tinha. E lá vieram grupos teatrais. A cidade era pequena. Nem cinema tinha. Se a gente queria ver cinema nós íamos nove quilômetros longe da nossa cidade. Mas teatro vinha volta e meia. E quando eu cheguei no caixa... o Isaac era estranho na nossa cidade. Então ele me viu e perguntou pra um rapaz que estava com ele: "você conhece essa menina?". Disse: "conheço". "Me apresenta pra ela", Isaac disse. Ele me pegou e me puxou: "Rosa, vem cá, te apresento um amigo". E Isaac quis comprar a entrada. Eu estava com mais duas amigas. E ele disse: "eu já tenho entrada pra vocês". Ele me viu chegar, pegou, correu no caixa e comprou a entrada. Ele nem me conhecia. Por que ele comprou? Ele queria sentar perto de mim. E assim conheci meu marido. Em 1939, logo depois que os russos chegaram. Ele era de Lopatin[3], uma cidade não muito longe. Ele estava trabalhando do lado onde os alemães ocuparam. Então ele fugiu de lá e veio aqui pro lado dos russos. Porque muitos judeus fugiram.

Meu casamento foi em 1941. No dia 6 de junho. Meu casamento foi engraçado. Acontece que eu trabalhava na fábrica junto com meu marido. Quer dizer, ele era diretor da fábrica, mas eu trabalhava no laboratório. Eu controlava o laboratório, fazia análises. Se via uma coisa que não estava muito boa, avisava pra ele: "tem que mudar, tem que lavar, porque senão ao invés de álcool vai virar vinagre". Sabe, porque precisava desinfetar muito bem esses barris onde fazem as fermentações. Antes de fazerem a fermentação nos alambiques, eu já dizia pra ele quantos litros vai dar de álcool. Era muito lindo esse serviço. E eu nunca tinha pensado em casar.

Acontece que meu irmão ia servir o exército. Ele era mais velho. E como eu trabalhava, ele podia servir. Mas se eu casasse, ele tinha que

---

3. Cidade que atualmente pertence à Ucrânia.

sustentar a casa. E iam liberar ele do exército russo. Eu cheguei e disse: "Isaac, vamos casar". Porque na Rússia, por trinta rublos você casava e descasava. Eu pensei: "eu vou casar hoje, amanhã posso descasar". Isaac deu graças a Deus quando eu quis casar. Depois eu fui lá no Ministério de Guerra, mostrei que estou casada e na mesma hora liberaram meu irmão do exército. Depois eu disse: "Isaac, vamos descasar". E ele disse: "eu estou bem, eu não quero descasar". Ele não queria, ele gostava muito de mim. Isso é verdade. Ninguém sabia que nós estávamos casados. No religioso nós não podíamos casar na nossa cidade. Em Lemberg meu marido tinha uma irmã casada. Então nós casamos dentro da casa dela. Veio o rabino e fez pra nós casamento em ídiche. Então os russos não sabiam. Eles queriam que entrássemos no Partido Comunista da cidade. Teve uma festa no bar que nós fomos, à noite toda. Muitos parentes e amigos, mas estou te dizendo: casamos dentro de casa. Não foi na sinagoga. Esse foi o meu casamento religioso. Quando eu voltei de lá e disse que estava casada, ninguém acreditava. Tive que mostrar o certificado porque não acreditavam que eu estava casada. Ninguém viu meu casamento. Só alguns parentes que foram avisados, foram junto. Casamos à noite e fomos festejar o casamento numa boate. Foi muito lindo. Jantamos lá e depois dançamos, pulamos. Foi muito bonito. Eu tinha uma família grande. Meu tio e uma tia foram com as crianças deles. Mas não foi muita gente. Na minha cidade eu não casei. Não queria abrir os olhos dos russos porque iam me perseguir.

*

Não me lembro bem a data, mas eu sei que a guerra começou em 1939. No outono, mas a data não me lembro. Outono podia ser setembro, outubro e novembro. Acho que foi em setembro. Os alemães chegaram, mas só por duas horas na nossa terra. Não entrou ainda o exército. Só uns milhares de soldados nas motocicletas. Mas ficaram duas horas e Deus ajudou, eles logo foram embora. Mas do que adiantou? Voltaram, desgraçados!

Na Rússia já estava proibida a religião. Mas não perseguiam. Dava pra ir rezar, mas nós sabíamos que eles são contra. Eles queriam que eu entrasse no Partido Comunista da mocidade. Como Hitler tinha juventude hitlerista, tinha juventude comunista. Então como é que nós podíamos casar no religioso? Eles não acreditavam em Deus.

Quando os russos estavam na nossa cidade, nós vivíamos na fábrica. Em cima da fábrica tinha moradas, tinha escritórios. Porque a fábrica funcionava dia e noite, três seções. Cada oito horas trocavam. Porque lá não podia trabalhar mais que oito horas. Mas acontece que você não podia atrasar um minuto, cinco minutos e já era falta. E já te

130   MEMÓRIAS DE VIDA, MEMÓRIAS DE GUERRA

multaram por isso. Às vezes eram três meses, às vezes eram seis meses de cadeia. Mas nós demos um jeito. Tinha uma caixa cheia de números. Teu número era tal, o meu esse. E essa caixa estava aberta quando nós entrávamos. Nela pegávamos esse número e púnhamos na outra caixa. Quando acabava o horário de entrada, era chaveada. Quem chegava atrasado não podia trocar o número de lugar. O que se fazia? Nunca tive falta, sabe por quê? Porque hoje eu cheguei e vi que faltam cinco minutos e você não está, eu peguei teu número e mudei o meu e o teu. Amanhã, se você vê que eu não estou, você troca o meu. E assim nós dávamos um jeito.

*

Deixa eu lembrar bem. Dia 22 de junho de 1941 os alemães entraram na nossa cidade e começou a guerra com os alemães. Eu cheguei em casa, e escutei os bombardeios. Eu te contei. Às quatro horas da madrugada. Porque na hora que eu cheguei em casa começaram a bombardear.

Nós corremos pro mato, cada um pra um lado. Eu não sabia pra onde foi minha mãe. Fiquei com o Isaac e uma irmã. E só bebíamos leite. Os colonos davam pra nós. Eles não tinham o que fazer com tanto leite. O gado pastava no mato, tinha o que comer; só nós não tínhamos. Um dia eu fiquei com muita pena da minha irmãzinha. Essa criança, eu olhei pra ela, estava branca que nem leite. E ela, coitada, queria um pedaço de pão. Ela chorava, queria a mãe. Era ainda uma criança pequena, de oito anos. Eu disse: "menina do céu, olha, dê graças a Deus, você está viva. Só Deus sabe onde está nossa mãe. Nós vamos encontrar, mas fique calma". Ela, coitada, queria um pedaço de pão, queria comer. Mas os alemães estavam em toda parte. Mas eu fui pedir um pedaço de comida. Porque os soldados não eram tão ruins. Tinha uns que eram partidários, aqueles SS. Mas tinha uns outros que só foram chamados pra guerra. Você pode ter um coração de ouro, mas você está chamado pelo bandido, está servindo a eles. Nós chegamos do mato mais perto da cidade e eu vi as cozinhas deles. Eles também eram humanos, fossem bandidos, fossem o que fossem. Eles não são Hitler quando estão sozinhos. Isaac disse: "não vai porque eles te matam". Quando Isaac virou eu já estava lá. Aí eu pedi pra eles um pedaço de pão, se eles podiam dar. Disseram que tinham pouco pão. Mas ele viu que fui amável e disse em alemão: "espera um pouquinho". Porque eu falava bem alemão com ele. Aí eu cheguei, mas fiquei de longe. Ele viu que eu tinha medo: "aqui você tem o pão". Daí ele pegou uma lata de conservas, acho que quatro ou cinco litros, mais ou menos. Encheu de sopa. E ele me pergunta se tenho colher. Eu digo: "onde eu posso ter colher? Estamos no mato, eu deixei tudo em casa, sei lá se tenho alguma coisa lá" (de fato, a cidade foi destruída). E ele me deu duas colheres. Eu peguei, saí de lá e agradeci. Quando eu levei essa sopa pras crianças, queria que você visse a festa. Todas as crianças, acho que tinha umas trinta crianças, lá no mato. Assim, foi essa a vida.

Depois saímos desse mato. Porque nós pensamos que tínhamos que ir pra algum lugar, porque a gente não podia viver que nem bicho. Esqueci de falar que, nesse mato, quase mataram o Isaac. Alemães estavam procurando uma mulher com um homem que eram de uma cidade comunista. E eu e o Isaac, dentro do mato, estávamos sentados. Eles nos acharam porque disseram pra eles que um casal de uma cidade comunista estava lá. Estava quente e o Isaac estava sem paletó. E no paletó dele tinha uma moeda de ouro. Porque o que nós podíamos agarrar nós levamos de casa. E tínhamos documentos. Eles: "peguem os documentos". Eu, ao invés de arrancar os documentos e deixar... minha irmãzinha estava lá e eu estava tão assustada. Porque eles deram um chute na bunda do Isaac, um coice, que nem cavalos. E mandaram: "as mãos pra cima" e levaram ele pro mato. Então eu peguei esse paletó e corri atrás dele. Porque eles foram dez árvores pra adiante e eu não enxergava. Eu tinha medo e, pra não perder de vista, peguei o paletó com tudo e corri atrás. E eles primeiro arrancaram de mim o paletó e começaram a limpar. Eu disse: "moço, olha aqui, ele não é nenhum comunista, nós não somos desses que você pensa". Ele tirou a moeda de ouro e levou. Pode ser que isso nos salvou, não sei. E depois ele guardou esse dinheiro, jogou esses documentos do Isaac, jogou o paletó e disse assim: "três passos pra frente". E mandou ele se virar. "Mãos pra cima". Aí eu me atirei em cima do Isaac. E gritava: "me mata junto!". Eu não sei se essa situação mexeu com ele. Porque eu estava tão assustada que eu colei no Isaac. O irmão do Isaac estava dez árvores adiante. Ele tinha medo de chegar. Viu toda essa cena. E eu gritava, gritava. Eu estava tão assustada. O alemão disse pra mim: "volta, volta!". Mas eu sabia que iam matar o Isaac naquela hora. Eu agarrei ele pelo pescoço. Eu não sei o que aconteceu, eles foram embora e eu ainda gritava, pendurada, nem me mexia do lugar. Só quando veio o irmão dele e disse: "Rosa, se acalme, eles já foram embora". Aí nós saímos de lá.

Depois disso voltamos pra cidade. Nós voltamos pra fábrica. Isso foi já em 1942. Mas depois eu fugi de novo da fábrica. E quando nós fugimos de novo, chegamos na casa de um sacristão. A casa dele era a seis quilômetros da fábrica, numa colônia. Mas nós não podíamos ficar lá. O Isaac chegou com uma carroça e nós carregamos tudo, fomos embora. Nessa mesma noite, esse sacristão voltou pra casa e veio a polícia ucraniana, com dois alemães, nos procurar: "onde que você deixou esses judeus?". Ele teve que contar. Aí vieram atrás. Como é que eu soube disso? Uma semana mais tarde, quando eu voltei, eles me contaram: "nossa, que sorte que vocês foram embora, porque na mesma noite vieram atrás de vocês; queriam forçar pra gente dizer onde que vocês estavam, mas nós dissemos que vocês foram pra Suczna". Não era verdade. E assim foi que eles perderam a pista.

Quando estávamos nesse sacristão, o Isaac foi num padre ucraniano e ele me vendeu um documento de uma mulher que estava nos Estados Unidos. E depois, o prefeito da cidade era muito amigo nosso. Ele sempre vinha na fábrica e o Isaac dava pra ele um drinque. E ele se dava muito bem conosco. Então ele me arrumou um papel pra ir pra Alemanha, a serviço. Isaac queria muito que eu fosse. Mas eu não podia ir embora com esse transporte que ia da nossa cidade, porque eles me conheciam. Eu ficava muito exposta na fábrica, vinha tanta gente. Nessa época nem os russos, nem os alemães compravam cereais. Eles queriam cachaça. Então o povo trazia batata, cereais, lenha pra tocar a fábrica e trocava por álcool. Um dia trouxeram um saco de cem quilos de batata e eu dei dois litros de álcool. E nós fazíamos vinte litros de um saco de batatas. Entende que diferença? E quando eles vinham eu ainda subia nos caminhões, tirava uma batata daqui, uma batata dali, pra fazer análise de qual está seca, qual está aguada. Então todos me conheciam. Tanto que um dia eu fui na casa desse sacristão, levar umas coisas pra guardar e quando cheguei bem na portinha vieram dois rapazes, um grande e um pequeno. E esse pequeno me reconheceu. Me pegou pelo casaco e disse pro outro rapaz: "vai chamar a polícia". E eu, como não sabia o que fazer, vi que se ele trouxesse a polícia eu estava empacotada. Eu peguei as unhas e finquei nos olhos dele. Ele queria arrancar minha pasta com todos os meus documentos. Aí entrei ligeiro, abri a porta da casa desse sacristão, joguei essa pasta: "Seu João, guarde isso ligeiro, eu logo volto". E fui atrás da casa, nos palheiros e me escondi. E só fiquei escutando, mais ou menos até a meia-noite. E esse homem não sabia o que aconteceu. E fiquei escondida, volta e meia escutando. Porque quando andam na neve faz barulho. Eu tinha medo de aparecer, porque achei que talvez ainda estivessem me esperando sair de lá. E quando tem medo se pensa de tudo. Só quando era mais ou menos meia-noite eu apareci. Eu estava tremendo que nem uma vara verde, de nervos. Estava frio, mas eu não estava com frio. Eu estava com um casaco de pele embaixo e em cima um de lã. E uma manta branca de lã também, amarrada na cabeça. Porque era inverno forte. Esse sacristão disse: "vamos entrar". E eu: "eu não tremo de frio, eu tremo de nervos". Mas do mesmo jeito eu entrei com ele na estrebaria, porque lá onde o gado fica é mais quente. Aí eu contei. Ele acendeu a lâmpada com querosene. E esquentou leite pra mim, me deu um pão. Quando acendeu a luz, vi que minhas mãos estavam ensangüentadas. Eu comecei a chorar e disse: "Seu João, veja o que me aconteceu, eu ceguei o rapaz".

*

Na colônia eu não sabia de mais judeus escondidos porque um não sabia do outro. Nem os *goim* contavam pra ninguém. Se eu estava na casa dos *goim*, eles não contavam. Eu dormi lá a noite inteira nesse sacristão, mas ele nunca contou pra ninguém.

Eu estava muito bem com esses documentos ucranianos. Quer dizer que eu podia trabalhar como empregada. Levantava às quatro horas da manhã, ia tirar leite. Cozinhava pra trinta pessoas. Sofri bastante. O Isaac estava escondido onde ficam as vacas, porque lá tinha feno, estava quente. A gente tinha cobertores. Eu dormia junto com ele. Mas de dia eu andava livre. Ia na cooperativa e levava leite. Em toda parte, todo mundo me via. E me chamava Marina. Os donos da casa sabiam que eu era judia, mas eles não iam falar pra ninguém. Porque quem escondia judeus eles matavam e queimavam todos os bens. Mas era gente muito boa essa pra quem eu trabalhei. Tinham dois meninos e uma menina. Muito queridos, todos grandes. O moço mais velho já tinha mais de vinte anos. E a mais nova tinha 12 anos. Acontece que eu trabalhei lá em um inverno e em um verão. Mais ou menos seis, sete meses. Saí de lá descalça, porque a menina usava meu sapato. Mas tudo era pouco. O que eu fazia lá? Tozava as ovelhas, lavava a lã, secava, depois penteava naqueles pentes de pregos pra endireitar e depois fiava. Fazia blusas. Fiz uma blusa, eu vou te mostrar ainda. Tenho a foto do Isaac com essa blusa que eu fiz pra ele dessa lã. Essa blusa eu fiz assim: um fio branco e um fio preto em toda blusa e os punhos eu fiz preto e a gola preta. Estava bonita, com fecho aqui no colarinho.

Com Isaac eu falava ídiche, escondido. E com o resto só falava em ucraniano. Acho que foi no fim de 43 que eu saí de lá. Saí porque aconteceu uma coisa que só acontece pra gente quando é nova. Aquele homem pra quem eu trabalhei resolveu ter duas mulheres. Ele gostou tanto de mim que quis ter duas mulheres. Eu disse: "nem pense isso, tua mulher não merece; eu jamais faria isso de trair tua mulher, porque ela é muito boa pra mim. Como é que eu podia pagar com tanta ingratidão?". Ele disse assim: "mas eu arrisco a minha vida...". De fato, se os alemães soubessem, matavam ele. Um dia eu disse: "muito bem, me espera de noite, eu te procuro". Então eu contei pro Isaac. Disse: "Isaac, nós temos que sair daqui". "Você está doida?". Eu disse: "não podemos mais ficar aqui, não tem lugar pra nós". E fomos pro mato. Fugimos de noite, sem dizer adeus. De dia choveu, de noite estava geando. Pegamos só um cobertor e com ele nos cobrimos. Mas ele estava todo molhado. De noite ele ficou que nem um couro duro. Ficamos dois dias e duas noites nesse mato. Nós dizendo: "aqui vamos morrer", dormindo no sereno. No mato, se você visse como é triste de noite. As árvores parecem que estão alcançando o céu, de tão grandes que são. No bosque, os bichos cantando, aquelas vozes de corujas. Ai, aquele medo que te dá, Deus me livre! E o Isaac disse: "vamos amanhã, va-

134 MEMÓRIAS DE VIDA, MEMÓRIAS DE GUERRA

mos pra onde meu irmão trabalhava; lá eu tenho muitos amigos, muitos conhecidos".

Nesse lugar, no outono estão colhendo batata e beterraba. Porque eram as últimas plantações que eles tinham, já tirando pro inverno. Então nós pusemos um pau pra pensarem que é enxada pra tirar batatas. Jogamos na cesta e assim andamos de dia, porque lá ninguém nos conhecia. E pensavam que nós íamos trabalhar no campo. Era longe, uns trinta quilômetros. E nós fomos pra essa outra colônia.

Quando chegamos nessa colônia, era uma fazenda. Mas no tempo da guerra não era mais. Era quase no fim da guerra. Aí nós pegamos muita palha. Fizemos um buraco embaixo e depois nos enfiamos nesse buraco. E aquela noite nevava muito. Fomos na casa de um homem e ele nos deu salame, deu pão. Comemos bem e voltamos de noite pra esse palheiro. E depois, outra vez saímos e voltamos. Esse homem disse: "Isaac, você não pode mais vir aqui porque meu vizinho escutou os latidos do cachorro de noite, quando vocês chegaram e viu vocês entrarem. Ele pode me denunciar, aí eu estou perdido. Você me diz onde está e eu vou te levar comida". E Isaac disse assim: "não se incomode, esse vizinho não vai te incomodar mais". No outro dia... só escute o que nós vivemos. Isso é de "As mil e uma noites". Nem eu acredito que isso é verdade. Chegamos na casa daquele vizinho que ameaçou e batemos na porta. Ele abriu: "o que vocês querem aqui?". Eu disse: "escute, Stefânio, você está muito bem agasalhado, dormindo na tua cama. Se você me der um pedaço de pão, vai ficar pobre? Te devo alguma coisa? Você ameaçou teu vizinho. Eu não vou mais lá, mas aqui eu venho. Você sabe que com um fósforo eu te deixava pelos ares. Pra mim tanto faz, porque ninguém me acha, eu estou escondida. Mas você iria pelos ares". Porque lá tem palheiros e você sabe como isso queima. Até a coberta da casa era de palha. Ele disse: "Não, Isaac, eu vou te dar tudo". Ele pegou pão e deu pra mim. Deu salame. Eu peguei e joguei pros cachorros dele. O pão eu disse que ia levar, mas "olha aqui o que eu faço com isso... e olha, Stefânio, última vez que aviso: eu não vou lá mais, mas na tua casa ainda volto". Nunca mais ele nos mexeu. Mas Deus nos castigou. Depois dessa, só nevava de dia e de noite não nevava. E assim nós não podíamos sair desse palheiro. Nós éramos três, porque lá nós encontramos com o meu cunhado, na casa desse amigo do Isaac. Mas já não dava mais pra ficar em três pessoas só com um tantinho de pão. Eu pesava 42 quilos quando eu saí daquele palheiro. Porque nós passamos muita fome.

*

Depois já não pude mais usar meus documentos. Porque precisava fazer um *kenkart*. *Kenkart* era assim: precisava provar que meu bisavô, meu avô e meu pai não eram judeus. Isso eu já não podia mais fazer. Os alemães exigiam esse documento em toda casa. Por exemplo: se você é católico, você também precisava *kenkart*. E em cada porta precisava escrever quantas pessoas moram na casa. Você entende? Era difícil. Eu sabia que agora corria perigo em usar meus documentos.

Quando estávamos escondidos, um dia a gente já estava quase morrendo de fome. E Isaac disse: "morrer por morrer, vamos sair e procurar alguma coisa pra comer". Nós saímos. Nós chegamos perto da casa do amigo dele. Era madrugada, mais ou menos duas horas. E esse amigo estava fora da casa. Isaac disse: "Kazie, o que você está fazendo aqui?". Ele disse: "De onde você veio?". "Eu estou morrendo de fome, Kazie, me dá uma coisa pra comer". Ele disse: "eu também tenho fome, vamos comer todos juntos. Eu não posso te dar nada, deixe que a tua mulher entre lá dentro e faça. Estou aqui fora cuidando". Porque os ucranianos estavam pra vir queimar todos os bens dele e matar a família. Porque eles eram polacos. Na Rússia matavam polacos. E eu entrei nessa casa e ele me levou numa dispensa. Tinha aqueles barris com carne de porco salgada, com repolho... sabe como é, um colono. Ele plantava, criava porcos, tinha de tudo. E eu disse assim: "Kazie, onde está tua mulher? Onde está tua família?". Ele disse: "já que eu fui avisado que vão nos matar, eu mandei meu pai levar minha patroa com os filhos pra Lopatin". Era uma cidade a 12 quilômetros. O Isaac nasceu nessa cidade. "E eu e meu filho, vamos cuidar daqui. De noite vamos cuidar pra ver se alguém se aproxima". Eles estavam armados pra matar. Em Lopatin tinha polícia e na colônia não tinha ninguém. Os ucranianos e os polacos se mordiam.

Então eu peguei a carne, lavei, molhei um pouco e tirei o sal, porque estava muito salgada. Fritei essa carne. Uma panelada que eu vou te dizer. Descasquei um balde de batatas. E comemos. Eu comi tanto... acho que na minha vida eu nunca comi tanto... hoje eu ralei duas batatas e fiz bolinhos. Você vai ver quanto sobrou de duas batatas. Aquela vez eu comi acho que cinco quilos, sozinha. De tanta fome. Eu pensei que ia estourar. E depois eu não podia me mexer de tanto que eu comi. A fome era demais. Comemos e depois o Kazie entrou e também comeu. E logo saiu outra vez. Ele tinha medo dos ucranianos.

Acontece que depois veio o pai de volta. Já tinha deixado a família na cidade. E escutei ele dizer assim: "Kazie, se eu soubesse que os russos já estão em Lopatin... a tua mulher já está com outro país; se você soubesse onde está o Isaac, ele podia estar salvo se ele pudesse passar pro outro lado... mas vamos entrar, o pai vai comer uma coisa". O Kazie tinha medo de dizer pro pai que estávamos lá dentro. Ele sabia que nós andávamos por lá, mas ele não sabia que nós estávamos há tanto tempo nesse palheiro. Mais que três semanas. Quando ele entrou e nos viu, disse: "Isaac, se você pudesse chegar em Lopatin, lá já estão os russos". Isaac disse: "de noite nós vamos pra lá". Porque a noite tem seus direitos. Todo mundo está dormindo. Mas não levou

136   MEMÓRIAS DE VIDA, MEMÓRIAS DE GUERRA

meia hora e vieram correndo dois soldados alemães em cima do cavalo e disseram: "vocês têm que abandonar as casas porque daqui a duas horas vão vir os alemães pra ocupar as casas e vão se entrincheirar aqui". Porque o *front* estava perto, de fato. Eu escutava os bombardeios, os tiros. Ainda estava a 12 quilômetros, mas já se ouvia. Isaac disse: "Rosa, nem um minuto a mais nós vamos ficar aqui". Em plena luz do dia, fomos pelos campos. Era 4 de abril de 1944! A neve estava derretendo e tomamos banho até o pescoço. Cada buraco que nós caíamos, eu vou te contar. Andamos, andamos... era uma estrada reta, pra chegar em duas horas. Nós saímos às duas horas da tarde mas só chegamos às dez horas da noite, lá. Mas espera... até chegarmos, andamos pelos campos e nem sabíamos onde é que estamos. Nós íamos pelo eco, mais perto dos bombardeios, dos tiros e tinha fumaça.

Andamos e de longe gritaram pra nós. Avistamos dois soldados, crianças, tinham 18 anos. Eram ucranianos. Já tinham matado tantos milhões de gentes que já pegavam crianças. Eles perguntaram: "vocês têm documentos?". Eu tinha passaporte russo, porque eu sabia que ia precisar. Ele pegou, olhou e disse que ainda era passaporte russo de 1940. E disse: "vocês têm armas?". Eu disse: "não temos, estamos fugindo dos alemães porque soubemos que os russos já estão perto". Foram conosco. Pelo menos com eles nós tínhamos armas. Se alguém atacasse, eles iam nos defender. E eles nos levaram até um capitão. Ele era judeu. No começo eu não sabia. Mas quando ele nos viu todos molhados e começou a entrevistar, olhou com dó e disse assim: "Vocês não vão ficar numa casa onde não tem *vojeny*". *Vojeny* quer dizer militares, em russo. "Porque podem matar vocês. Porque vocês sabem muita coisa e os ucranianos vão querer apagar vocês". E eu desconfiava desse capitão. Eu disse: "*tovarysz*[4] capitão...". Eles dizem "companheiro", *tovarysz*. Porque lá não dizem 'senhor'. Eles não são senhores. Eu perguntei se ele era judeu. Ele me disse: "eu sou judeu". Vi que ele estava muito amável. E ele sabia que nós éramos judeus. E ele estava preocupado prá nós não ficarmos onde não tem *vojeny*. E ele mandou um soldado nos levar numa casa.

Nos levaram pra uma casa onde estava um ordenança deles. E quando chegamos, ele deu ordem pra nos deixarem tomar um banho quente e trocar de roupa. Eles deram a roupa e trouxeram uma janta. Era uma comida americana, que jogavam de avião. Eles também já não tinham o que comer. Esse ordenança trouxe uma sopa quente, trouxe carne. Mas eu nem peguei na colher e *pum*! Estourou um tiro de canhão. Caiu no quintal dessa casa. Eu joguei essa colher, de susto. Os alemães estavam atacando. E ele disse "deixe que eles parem e nós vamos começar". Mas acontece que depois desse tiro caiu mais um. Nós saímos pra ver onde caiu. Na porta, quase dentro de casa. E quan-

---

4. Em russo: companheiro.

do nós abrimos a porta pra ver, veio um soldado em cima de um cavalo e disse: "boa tarde, menina!". E quando ele acabou de falar veio outro tiro de canhão e ele caiu do cavalo, morto. O capitão judeu disse: "ligeiro pro porão porque estão atacando". E a noite inteira foi aquele inferno. Eu só tremia e dizia: "meu Deus, tanto sofrimento! Já fugi, já estou com os russos e eles nos agarraram de novo!". Parecia que eles iam nos cercar e nos pegar como prisioneiros. E tinha lá um soldado tocando gaita a noite inteira e dançando. Eu disse assim: "você enlouqueceu? Você vê que estamos à beira da morte e você está dançando e cantando...". Ele disse assim pra mim: "você sabe que eu sou soldado e que se eu não morrer aqui vou morrer cinqüenta quilômetros pra frente. Então, deixe eu dançar agora, deixe eu viver agora". Você vê que coragem ele tinha? "Hoje eu estou vivo, deixa eu dançar". Eu já não respondi nada. Pensei: "ele tem razão: se não morrer aqui, vai morrer cinqüenta quilômetros pra frente...". Mas a noite passou e Deus ajudou. Os alemães acalmaram. E os russos começaram a fazer trincheiras com canhões e tanques. Não deixaram os alemães chegarem perto. E eu disse: "Isaac, nós estamos roubados; eu vou correr e falar com esse capitão judeu". Eu fui lá e disse: "capitão, o que vamos fazer? Parece que os alemães já nos pegaram outra vez". Ele disse:"não, onde nós pisamos nunca mais saímos. Mas uma coisa eu lhe digo: nós somos *vojeny*, nós estamos na guerra, nós temos que estar na linha de frente. Você corra pra trás! Vai sair agora um caminhão com feridos". Ia pra um lugar onde os russos já tinham ocupado. A gente estava bem na linha de frente. Mas eu não precisava ficar na frente, porque eu não era soldado.

Nós subimos nesse caminhão. Já estava pronto. E fomos viajar pra uma cidade a meia-hora. E veio uma esquadra de aviões alemães e começaram a atirar. Porque eles procuravam hospitais e quartéis onde tinha exército. Ai, você nem sabe! Nós fugimos como ratos. Descemos do caminhão e entramos no mato. E corremos e corremos pra trás, pra trás, pra trás. O dia todo. Chegamos num lugar que já estava quieto, longe da linha de frente. Mas só pernoitamos. Isso foi em Dubno. Depois fomos pra Rovno[5]. Já era uma cidade grande. E os russos mandavam lá. Tinha um bazar e lá compramos alguma comida. E foi outra vida. De dia parecia que não havia guerra. Mas quando chegava a noite os aviões bombardeavam. Nós vimos o inferno outra vez. Eles soltaram foguetes que iluminavam a cidade como se tivesse luzes. Porque de noite todas as janelas estavam forradas com papéis pretos pra não aparecerem, porque senão eles jogavam bombas. Mas esses bandidos davam um jeito.

Dia 4 de janeiro nós fugimos de lá. Isso vou me lembrar pra toda vida. O dia que me livrei dos alemães. Ficamos mais que seis meses

5. Dubno e Rovno atualmente pertencem à Ucrânia.

138   MEMÓRIAS DE VIDA, MEMÓRIAS DE GUERRA

em Rovno. Lá, o Isaac trabalhou. Quando nós chegamos lá a guerra não tinha terminado. Isso foi em 44. Então eles pegaram todos os homens. Nós também tivemos que nos apresentar. Tinha uma mesa comprida, cheia de soldados oficiais e faziam inquérito. Eles queriam pegar o Isaac, mas a mim não. Eu disse: "toda a guerra estou junto com ele e agora não vou me separar; eu posso ajudar muito na guerra, posso trabalhar no hospital, posso trabalhar numa cozinha, posso ajudar como enfermeira pra feridos; eu vou... quero ir junto com ele". E aceitaram me mandar. Pra fazer documentos nos mandaram numa outra mesa. E perguntaram pro Isaac: "qual é a tua profissão?". E ele disse: "técnico de fábrica". Disseram pra ele: "você já não vai pra guerra... eu estou aqui esperando uma pessoa assim. Você vai remontar vinte fábricas. Precisamos de gente qualificada pra isso e você já não vai mais pra guerra". E deram cartões pra comer nos restaurantes deles. Deram dinheiro. Fui no bazar e comprei roupa pra mim porque estava só com a roupa do corpo. E o Isaac, também. Ficamos uns meses em Rovno. Mas quando chegava a noite nós saíamos pra colônias tchecas, onde não tinha bombardeios.

*

Quando a guerra terminou, nós estávamos com os russos. Meu marido estava trabalhando nas fábricas. Estávamos em Kamienka Strumilova. Eu já estava esperando meu filho, Victor. Era uma cidade da Polônia e que agora já pertence à Ucrânia. Perto de Lemberg, próximo da minha cidade. Mas eu não fui morar na minha cidade porque lá não tinha onde morar. Estava tudo derrubado. Eu voltei pra minha casa depois da guerra. Nós estávamos numa cidade chamada Radekhov, a nove quilômetros da minha cidade. Eu fui ver o que sobrou e quem voltou lá. Porque eu sabia que cada um que sobrevivesse ia procurar o outro. Eu vi que sobrou só um "L" de casas. O resto tudo em cruzes. O centro estava destruído. As casas não tinham telhado, porque lá cobrem com folhas de zinco. A nossa casa estava em pé, mas olhei o telhado e estava uma peneira, todo furado de metralhadoras. Mas a janela tinha um vidro. Outras casas não estavam envidraçadas, mas tinham cortinas na janela. Mas eu não tinha coragem de entrar na nossa casa. Eu pensei: onde eu estava tão feliz com minha turminha, meus irmãozinhos... se entro e não encontro ninguém eu não sei se eu saio viva, de dor. E em frente a nossa casa tinha um campo de futebol. Apareceu lá uma mulher que eu conhecia. Ela trabalhava na delegacia de polícia. Quando eu era criança, todo dia via essa polaca. E ela me reconheceu. Ainda antes da guerra, um dia ela viu a sorte na minha mão: "Rosa, você não vai morrer nessa guerra, você tem vida longa; você vai viver até os 86 anos". Escute só, ela disse isso pra mim: "a morte não está marcada pra você". E quando essa mulher me viu depois da guerra, na minha cidade, gritou: "Rosa, graças a Deus você está viva! Eu te disse que você tinha vida longa, eu vi na tua mão! Lembra?". "Eu lembro, mas me diz uma coisa, não é isso que me interessa agora; eu estou viva, você está vendo, mas me diz se já veio alguém da minha família". Ela disse assim pra mim: "não". Quando ela me disse isso, me deu aquela... não sei o que me deu, aquele aperto no coração... eu senti que ia acontecer alguma coisa comigo. E ela disse depois que nem minhas pálpebras mexiam. Fiquei como uma estátua. E ela falando comigo, eu não respondia uma palavra. Senti aquele aperto no coração, eu pensei assim: "meu Deus, valia a pena sofrer tanto pra me salvar e ficar sozinha no mundo?". Quando ela viu que eu fiquei assim com os olhos vidrados, me deu um tapa na cara. Aí eu comecei a chorar. Ela me abraçou, me beijou e disse: "me perdoe, Rosa... eu pensei que você ia morrer. Chora que vai te fazer melhor". Chorei muito.

Também fui na casa da Olga, a moça que morou comigo na fábrica. Mas ela não quis sair de dentro. Era uma amiga do coração, uma ucraniana! E quando cheguei lá o marido dela estava reconstruindo a casa. Eles estavam morando no vizinho até que ele levantasse a casa de novo. E eu, burra, entrei no vizinho. Quando a Olga me viu, quase desmaiou: "Rosa, eu não tenho tempo pra falar com você. Você vai me perdoar, fique com saúde". E ela me enfiou um papel na mão. Eu já vi que a coisa não está boa. Saí andando ligeiro. Quando eu já estava a cem metros peguei esse papel. Estava escrito em ucraniano: "se você tem amor a Deus, suma daqui porque tua vida corre perigo". No dia seguinte, de madrugada, acho que às seis horas, a Olga veio a pé, nove quilômetros, me ver. Ela me agarrou, me beijou, se alegrou. Mas lá ela não podia demonstrar, por causa da dona dessa casa onde ela morava. Olga me contou que essa dona disse assim: "nós não devíamos deixar ela viva; devíamos matar e enterrar; ela vai nos entregar". Pensava que eu ia contar todos os pecados deles. Depois dessa, nunca mais voltei. Não tinha o que procurar lá. Só a morte.

*

Quando a guerra acabou era dia 8 de maio. Eu estava esperando meu filho Victor. Estava no nono mês. Estava em Kamienka, aquela cidade a vinte quilômetros da minha cidade natal. Em Kamienka ninguém me conhecia.

Ficamos em Kamienka Strumilova até que o Victor nasceu. Ele nasceu dia 25. Mas dia 8 nós estávamos dormindo e escutamos uma música tocar nas ruas. A rádio estava falando, alegria, povo gritando, chorando de alegria que a guerra acabou e Berlin capitulou. Aí nós, ligeiros, levantamos e corremos pro centro da cidade. Estavam dançando nas ruas, o povo se beijando. Um abraçando o outro sem nunca

140   MEMÓRIAS DE VIDA, MEMÓRIAS DE GUERRA

ter visto. De tanta alegria. Todo mundo estava sofrendo nessa guerra. Quando encontrava uma pessoa, de tanta alegria, mesmo que você nunca tivesse visto na vida, você agarrava e beijava. Dançavam nas ruas. Você nem imagina que alegria foi. O Victor nasceu dia 25 de maio. E 8 de maio foi a vitória. Nós ainda ficamos lá durante dois meses. Eu queria ir pros Estados Unidos. Mas não havia meios de se comunicar. Eu escrevia cartas pros Estados Unidos, mas nem a carta voltou nem eles me responderam. Porque tinha uma censura muito brava. Eu tinha lá toda a família da minha mãe. Tinha três irmãs e um irmão dela.

*

Quando saímos de Kamienka, primeiro chegamos em Katowice, na Polônia. Isso era antigamente Alemanha, agora é Polônia. A Silésia agora pertence à Polônia.

Eu estava com a criança pequena, de dois meses. Então as freiras alemãs nos recolheram num prédio. Porque não tinha lugar pra gente. Ficamos lá uma semana. Só recolhiam quem tinha criança. Esse lugar onde nós ficamos era, na verdade, em uma outra cidade, acho que a uns vinte quilômetros de Katowice. A gente ia de bonde de uma cidade pra outra. Essa cidade se chamava Boidn. Eu tenho essa cidade nas fotos. Ela agora se chama Bytom, em polonês.

Eu fui pra Polônia por quê? Porque queria me comunicar com meus parentes. Sobrevivi e estava sozinha. Tentei os Estados Unidos. Mas os russos não queriam se meter com capitalistas e bloquearam a comunicação. Então eu disse: "eu preciso da democracia, eu preciso de um mundo livre". No comunismo é tudo escravizado, você tem que fazer tudo que eles querem. Aí saímos de lá. Fomos então pra Boidn e ficamos dez meses, procurando como sair de lá. Meus parentes logo me mandaram papéis, documentos pra irmos pros Estados Unidos. Mas eu precisava registrar esses documentos no consulado americano. Minha tia dos Estados Unidos mandou um documento com os bens que ela tinha, que ela respondia por nossa chegada, que não íamos cair em cima do governo pra nos sustentar. Isso pra apressar nossa ida. Mas assim mesmo nós tivemos que esperar nossa vez. Tinha milhares de pessoas na nossa frente. E os polacos começaram outra vez os *pogrom*s. Em Kielce... tua avó vai contar também esse *pogrom*. Depois que acabou a guerra, eles pegaram, quebraram os ossos de gente. Ensacaram os judeus. Isso eu não vi, isso me contaram. Porque Kielce era longe de Boidn.

Conosco aconteceu quando era véspera do *Pessakh*. Morávamos no terceiro andar. Em frente a minha casa morava uma família polonesa. Tinha uma moça que gostava muito de mim. Ficava o dia todo comigo, brincava com meu filho. Eu saía, deixava minha criança pra ela cuidar. Ela viu que eu preparei peixe. Ela matou as galinhas pra fazer caldo pro *Seder*. Eu morava num apartamento enorme. Tinha uma sala de festa, mas eu não precisava dela. Eu estava sem móveis, sem nada. Lá, tinha muitas dessas minas de carvão. Eu comprava carvão e mandava despejar nessa sala de festas. Pra nós, dois quartos, sala, quarto e banheiro bastavam. Porque era temporário, até chegar a minha vez de viajar. Escute o que me acontece naquele *Pessakh*... no primeiro andar moravam judeus e eu no terceiro andar. Eu tinha preparado a mesa pro *Seder*. E o Isaac foi rezar na sinagoga. Victor tinha uns poucos meses. Não tinha um ano, porque com um ano eu já viajei da Polônia. Então eu deitei com ele na cama e estava dando de mamar. E alguém bate na porta. Deixei a criança na cama e corri pra ver. Quando cheguei perto da porta, eu me afastei, não abri. Tinha um vidro na porta e vi um policial com revólver na mão e um civil com uma pastinha embaixo do braço. Abri a porta e ele começou a correr pela casa toda, tirou a tampa da panela onde cozinhava o caldo. Olhou o que tinha e viu que era galinha. Mas eu não entendi o que eles estavam procurando. Depois ele viu o peixe. Então ele disse: "o que você tem aqui embaixo desse carvão?". Eu disse: "embaixo do carvão tem carvão". De repente ele sai da minha casa e entra na casa desses polacos vizinhos. Fica lá e vai embora. Perguntei pra essa moça: "diz pra mim o que eles estão procurando". "A senhora não sabe? Deixa que eu te conto: eu disse pra eles que você eu garanto, mas os outros judeus lá de baixo, não". Eu disse: "garante o quê?". "Que os judeus que moram aí embaixo pegaram uma criança polaca, trouxeram pra dentro do corredor e fecharam a porta. E esse que estava com a pasta era testemunha, ele viu isso. Porque os judeus precisam de sangue pra Páscoa...". "Você está louca? O que você está falando? Você não matou minha galinha? Nem a galinha eu matei, o judeu vai matar a criança? Você viu eu fazer sangue? Você viu alguma coisa?". "Por isso que eu falei pra eles que a senhora eu garanto". Quando isso aconteceu, eu disse: "meu Deus, não fico aqui, quero me arrastar daqui".

Fui correndo no consulado austríaco e na mesma hora me deram o visto. Eu tinha o passaporte pronto, porque eu já estava pronta pra viajar pros Estados Unidos. O consulado austríaco me deu logo o visto, mas ele disse que eu preciso de um visto de saída. Fui no consulado polonês pra ele me dar esse visto de saída. Ele disse assim pra nós: "vocês são cidadãos poloneses, vocês têm direito de construir, de negociar, de fazer tudo. Eu não dou esse visto de saída, não vou deixar vocês saírem". Eu disse: "nós já construímos e já construíram pra nós crematórios, campos de concentração... aqui não fico". Mas ele não deu visto de saída pra nós. Então eu fui no comitê judaico, o Joint. Então eles disseram que iam nos tirar da Polônia. Mas demorava uns dias. E de repente eles deram o sinal de que já está tudo preparado pra nós irmos até Cieszyn, uma cidade fronteiriça com a Tchecoslováquia. Nós fomos de trem. Na fronteira tinha uma casa onde nos levaram.

142   MEMÓRIAS DE VIDA, MEMÓRIAS DE GUERRA

Dormimos lá duas noites, até que prepararam a passagem para a Tchecoslováquia. De repente, de noite, disseram: "agora nós vamos". Nós saímos à noite, segurando um no outro. Eu tinha Victor e um carrinho de criança. Ele estava no carrinho com um travesseirinho, só que ele dormia. A primeira guarda era polonesa e já estava paga. De fato, quando nós passamos eles estavam dormindo ou fingiram que estavam dormindo ou estavam bêbados. Eles não mexeram conosco. Mas quando chegamos no lado tcheco, nos prenderam: "quem são vocês?". "Somos fugi...". "De onde vocês vêm?". "Nós estamos fugindo dos campos de concentração". "Quem são vocês?". "Não sabemos", assim nos ensinaram. "Vocês têm documento?". "Não temos nada, tiraram nossos documentos... no campo de concentração nós não tínhamos documentos". "De que país são vocês?". "Não me lembro". Todos perdemos a memória. Nós éramos mais do que cem pessoas. "Vocês estão vacinados?". "Que vacina? Nós não tomamos vacina nenhuma". E não tinham pra onde nos mandar. "Em que campo vocês estavam?". "Em Belzyce". "De que país são vocês?". "Não me lembro". Você já viu? "Onde tem documentos?". "Não temos, não usamos documentos, nos tiraram nossos documentos... já faz tempo que...". Assim eles não tinham mais aonde nos mandar. Passamos em Bratislava. Ficamos lá uns dois meses.

Depois nós fomos pra Áustria. Pra Áustria eu tinha visto. Na viagem pra Áustria, onde o trem parava tinha gente esperando com café, com leite. Trataram a gente muito bem. Até que chegamos em Viena. Chegamos em Viena e não tinha lugar pra ficar. Estava tudo destruído depois da guerra. No dia seguinte nos mandaram pra Salzburg. Ficamos lá três ou quatro meses e nada de sair a viagem. Aí nós fomos pra Alemanha. Da Áustria pra Alemanha não precisava nem de visto. Lá também não tinha lugar.

Esqueci de te contar. Eu tenho uma irmã. Quando eu estava no hospital, quando tinha ganho meu filho, veio o marido da Olga. Veio me visitar. Eu não sabia, mas minha irmã tinha pensado assim: "se Olga está viva, ela vai responder sobre a Rosa". E ela escreveu uma carta pra Olga. Ela recebeu a carta da minha irmã, mas não respondeu pra ela. O marido dela veio no hospital, porque o Isaac disse que eu estava lá. E o marido da Olga não contou da minha irmã pro Isaac. Ele veio e disse assim: "Rosa, você tanto disse que não e hoje você tem seu filhinho". Eu disse: "De que me adianta agora? Não tenho ninguém que me ajude a criar". Ele disse: "você vai ter quem te ajude: tua irmã". Eu disse: "minha irmã... me contaram onde mataram e você diz que minha irmã vem me ajudar". Ele disse: "ela está viva, bem viva". "Onde ela está?". "Na Rússia". "Como é que você sabe?". "Ela escreveu uma carta. Ela está na Rússia, trabalhando num escritório e perguntando se você está viva". De repente, ele pegou e me deu a carta. Quando olhei, nem li e disse: "é dela". Eu escrevi uma carta na mesma hora. Mas acontece que ela vivia como ucraniana. Ela tinha outro nome. Eu mandei pra Sonia Baras. Chegou, mas porque eu escrevi pra Sofia Sionska. Quando chegou essa minha carta, ela foi no escritório onde trabalhava e disse que tinha que viajar pra Polônia. Perguntaram o que ela ia fazer na Polônia e ela mostrou a carta. Mas disseram: "mas não é pra você, é pra Sonia Baras". E ela disse: "eu sou Sonia Baras". "Mas você é Sofia Sionska". Ela disse: "Não, eu sou Sonia Baras. Eu vivi com documentos falsos. Eu sou judia". Eles não sabiam. Ela era loira. Agora já deve estar branca, nos Estados Unidos. Levou três semanas até ela vir. E fomos juntas até a Alemanha. Na Alemanha nos dividimos.

*

Em Paris eu cheguei em 1947. Eu te conto como nós fomos. Eu tinha um tio que era um piloto de avião. Ele que levava comida pros soldados americanos. Ele mandou visto pra livre entrada em Paris. E nós fomos legalmente. Depois fomos no consulado americano em Paris e nos registramos. Mas também tinha uma fila enorme na nossa frente. Sonia, minha irmã, disse: "eu não vou pro Brasil". Porque o irmão do Isaac escreveu pra nós: "venham pro Brasil e daqui vocês podem ir pros Estados Unidos". Estávamos saindo do consulado americano sem esperança. E sem querer avistamos o consulado brasileiro. Isaac disse: "vamos dar uma olhada aqui, vamos perguntar se aqui também vai demorar tanto pra ir". Entramos lá, perguntaram se nós temos passaporte e na mesma hora deram visto pro Brasil.

*

Em Paris conhecemos a tua avó.

Vivemos seis meses em Paris. A primeira vez que eu vi a cidade me pareceu uma cidade muito velha, com lugares muito lindos, largas ruas, mas calçadas tão estreitinhas... até hoje é assim, uma cidade velha, com prédios velhos, lugares bonitos, muito bonitos. Paris é Paris. Em Paris tem a Torre Eiffel, tem o Museu do Louvre, tem o zoológico. Passeamos uma semana e não vimos tudo. Desistimos. Nós estávamos dormindo num hotel. Tinha coisas maravilhosas pra ver. Tenho fotos de meu filho em cima da Torre Eiffel. E tem lá uma igreja, a Notre Dame, queria que você visse. Você entra lá e não sai sozinho. Muito bonito! Se você visse a Nossa Senhora na Notre Dame, com a coroa de brilhantes... não sei como é que os alemães não arrancaram isso. Essa coroa vale... dá pra fazer acho que uma cidade com esse dinheiro. Tem lá um teatro Folies Bergère, que jamais vou esquecer. Nós morávamos perto desse teatro Folies Bergère. Os artistas do Folies Bergère moravam no mesmo hotel que a gente.

144 MEMÓRIAS DE VIDA, MEMÓRIAS DE GUERRA

O irmão do Isaac falava com a Fanny Mintz, que estava no Brasil. Ela disse que o sobrinho dela estava em Paris e eles estavam trazendo pro Brasil. Era o Mendel. Fanny escreveu pro Mendel dizendo onde nós estávamos em Paris. E nós já sabíamos onde o Mendel estava. De repente, o Mendel aparece com a Cesia lá no meu hotel. Foi muito bonito, mas nós não nos conhecíamos. Nunca tínhamos nos visto. Assim nós nos tornamos amigos.

Não trabalhamos em Paris. Os parentes nos mandavam dinheiro e de resto comemos na conta do Joint. Eu comprei lá muitos perfumes antes de vir pro Brasil, comprei cortes de seda franceses e vendi aqui. Porque disso eu fazia o dobro que me custou. Sabe como é, a gente tem que dar um jeito na vida. Mas arrumaram pro meu marido um serviço numa fazenda perto de Paris. Também numa fábrica. E até hoje me arrependo porque que nós não ficamos lá. Porque a vida lá é muito bonita. Gosto da França.

*

Quando chegamos em Santos, viajamos 21 dias no navio Formosa, um velho navio, mas que estava bom, alegre. Acho que o tempo de minha vida que eu mais descansei foi nesse navio. Só que o pior é que a criança adoeceu no navio. Mas tinha médico e ele sarou, graças a Deus.

Quando nós chegamos em Santos, eram sete da manhã. Acontece que tiraram nossos documentos e disseram uma coisa que não sabíamos o que era. Falaram em português e eu nunca na minha vida tinha ouvido alguém falar em português. Vimos que todo mundo estava descendo e a gente esperando. Porque meu cunhado escreveu que ia mandar um casal de parentes nos esperar. Quando nós chegamos, chamamos pelo nome, ninguém respondeu. Aí eu disse: "Isaac, nós temos que descer do navio". Logo o navio ia pra Argentina. Vamos descer sem documentos, vamos andar, ainda nos prendem e mandam de volta". Esse casal que vinha nos esperar errou o dia. Acharam que nós vínhamos dia 8, não dia 7. Só escute. Nós descemos do navio sem documento, um calor que quase matava. Era verão. Tiraram nossos documentos, nossa bagagem estava na alfândega, nós não sabíamos como falar. Foi quando eu vi um ruivo. Perguntei se ele falava alemão e ele disse que sim. Ele disse: "eu vou dar uma mão pra vocês". Ele foi conosco primeiro na alfândega. Aí contaram que tiraram os documentos porque tinham que carimbar nossa chegada, mas como era feriado naquele dia – dia de Santana – eles mandaram voltar no dia seguinte, às nove horas, lá na polícia marítima.

Eu trouxe uma máquina de costura, máquinas fotográficas, malas, roupas. E esse alemão foi conosco na estação ferroviária de Santos e nós despachamos tudo isso direto pra Ponta Grossa. E depois ele nos levou no hotel. No hotel nós pagamos pra ele toda riqueza que tínhamos.

Ficamos no hotel. Eu deitada no chão, no tapete. O calor era insuportável. Nós saímos do maior inverno, vinte graus abaixo de zero. E chegamos aqui com quarenta graus acima de zero. Eu não agüentava. Eu dizia: "esse povo é louco, como é que eles trabalham aqui com esse calor?". Eu não queria nem comer, não queria sair na rua. Volta e meia entrava no banheiro, tomava um chuveiro frio e deitava no chão, no tapete, pra esfriar as costas.

À noite o Isaac disse: "estou morrendo de fome, vamos descer e comer uma coisa". Entramos num restaurante. Comecei a falar com o garçom em inglês e ele não entendeu. Falei em polonês e ele não entendeu. Fiquei com raiva. Ele também fez um fiasco conosco, eu vou te contar. Primeiro trouxe uma carne velha, charque. Carne de sol eles chamam aqui. Eu dei um cheiro e disse: "estão comendo carne estragada". Depois trouxeram um feijão preto: "o que é esse barro?" Meu marido olhou pra ver como os outros comiam. Punham arroz, esse barro preto e essa carne fedida. Eu não comi. E o Isaac pegou, pôs arroz e tinha um vidro com mandioca torrada. Ele disse: "aqui tem queijo, eu gosto de queijo". Eu ainda dou risada! Ele pôs esse arroz no prato, depois ele viu que pegavam esse preto com a colher. E depois disse: "tem gosto de feijão, mas não está bom". Depois ele viu que os outros pegam e põem um pouquinho dessa mandioca seca. Ele disse: "queijo ralado eu gosto". Pôs bastante. Ele pegou o primeiro garfo, colocou na boca e ficou olhando pra mim. Não engolia. Ele saiu e cuspiu fora. E o garçom chegou perto e eu disse: "traz uma sopa pra criança, um pedaço de *chicken*!". Ele saiu, deu risada. Ele fingiu que não entendeu. Mas ele quis ver de que jeito nós nos virávamos com feijão ou carne velha. Sabe que ele trouxe pra nós uma macarronada, trouxe canja pra criança, trouxe uma salada boa, trouxe galinha assada. Ele queria ver se nós nos apegamos à comida brasileira.

*

Em Ponta Grossa, ficamos pouco na casa do irmão do Isaac. Depois que nós saímos de lá fomos pra Fanny Mintz. Ela deu mercadoria pro Isaac trabalhar. Quando ele recebia, pagava. Se não tinha dinheiro, não tinha que pagar. Ela tinha roupas, uma loja grande chamada Casa Sul América. E o Isaac vendia roupa em casa. Eu trabalhava, fazia blusas, meias de crochê, de tricô e pulôveres. Eu ganhava pra nós vivermos. E o dinheiro que ele ganhava eu guardava. Interessante, não era fácil nossa vida. E quando ele já conseguiu guardar 15 mil contos de réis disse: "Rosa, acabou minha clientela: quem quiser me pagar vem em casa me pagar; eu não vou mais trabalhar na rua". Ele começou a ir pra São Paulo e cada vez trazia rádios, canetas, relógios e vendia. Morávamos perto de quatro hotéis. E ele ia nos hotéis, vendia pros caboclos. Tudo à vista. Em dois anos compramos nossa casa. Compramos a casa, derrubamos a janela, fizemos mais uma porta, tiramos a parede, fizemos de duas salas uma loja e abrimos as portas. E assim a gente se levantou. Compramos a nossa casa, compramos um carro. Tua avó vai te contar se eu menti, se é verdade. Ela conhece essa vida, também; ela também passou por uma dessas. Meu marido pegava o caboclo e trazia em casa. Mendel também fazia assim. Depois Isaac comprou o carro e foi pro mato, pro interior, pra vender.

Eu nunca briguei com vizinhos em Ponta Grossa. Até hoje eles vêm aqui na minha casa, me querem como se fosse parente. Tinha lá um grupo ídiche. Tinha um centro israelita. Nós nos juntávamos nos *Iom Tov*, rezávamos, era muito bonito. Era uma colônia não muito grande, mas muito unida. Se alguém fazia festa, todo mundo ia junto. Nós fizemos um *bar-mitzvá*, tua avó te conta. Ela me ajudou a fazer os peixes pro *bar-mitzvá* do Victor. E por dois dias ela trabalhou junto comigo pra fazer os peixes. E feriados judaicos eram do mesmo jeito como agora. Cada um fazia na sua casa. E nós fazíamos chá sempre, três ou quatro mulheres. Cada mês nós trocávamos. Nos reuníamos muito mais na casa da Fanny Mintz. Jogávamos baralho, fumávamos cigarros. E pergunte pra Cesia se é mentira.

A gente falava ídiche. E eu te conto como é que eu falei o primeiro português. Isaac tinha comprado dois frangos. Um nós matamos e comemos. E o outro soltei no quintal. Mas as ripas estavam largas. E esse franguinho era novo e passou pro outro quintal. Eu andei procurando. E saiu uma vizinha: "D. Rosa, está procurando?". Aí eu disse assim: "meu marido vendeu o frango e ele fugiu". Ela deu risada. "Se ele vendeu não adianta procurar", ela disse. "Isso não é vender, é comprar!". "É, isso, comprou".

*

Ôi, não acendi as velas hoje! Agora já está tarde.

*

Viajei pro exterior depois de 25 anos no Brasil. Quando cheguei no aeroporto Kennedy, em Nova Iorque, estava uma tia, irmã da minha mãe, estava minha irmã, meu cunhado, um tio meu. Estavam esperando e me levaram na casa da minha tia, em Nova Iorque. Quando cheguei lá, teve briga: minha irmã queria que ficasse na casa dela em Nova Jersey e a tia queria que eu ficasse em Nova Iorque. Eu disse: "não vão brigar por causa disso. Eu vou ficar aqui um tempo, vou ficar com as duas". Eu almocei na casa da tia em Nova Iorque e fui pra Nova Jersey. Minha irmã e meu cunhado me levaram. Fiquei dois meses em Nova Iorque. Saía com eles em toda parte. Com minha irmã eu ia na boate

Figura 7: D. Rosa, o marido, seus filhos e as filhas de Cesia e Mendel (Ponta Grossa, 1957).

ídiche. Fomos numa granja de galinha, também ídiche. Passei muito bem lá em Nova Iorque. Até que meu marido se enjoou de ficar aqui sozinho, telefonou e disse que era pra voltar.

Mas você já pode imaginar como foi o encontro. Sobramos só eu e minha irmã. Não tinha mais ninguém da família toda. Pode imaginar que alegria e choro. Isso que foi nosso encontro. Eu estava muito feliz vendo eles todos. Vi que não estava sozinha. Tenho agora convite pra ir pra lá. Mas eu não sei se eu vou. Tenho muita coisa pra fazer aqui. Tem que fazer roupa pra ir lá numa festa. Umas já ficaram grandes pra mim, outra eu já não gosto. Eu não tenho coragem de ir. Eu acho que não vou. Eu tenho muita coisa na cabeça.

*

Eu sou uma judia, jamais vou esquecer. Porque sofri demais, paguei muito caro por isso. Perdi quatro irmãos, uma irmã, minha mãe. Então eu não posso renegar minha origem. Você não acha? Eu sou judia, vou morrer judia. Eu gosto dos católicos e pra mim todo mundo é igual. Mas acontece que minha religião eu não posso mudar. Não sou muito religiosa. Mas eu me lembro sempre que sou judia. Nós somos o povo eleito por Deus. Acho que por isso que nós não obedecemos muito às leis. Porque são muitas leis que Deus deu pra nós. 613 preceitos é muito difícil cumprir. Acho que por isso estamos pagando caro. Porque nós recebemos a *Torá* que nenhum povo quis receber. Mas Deus há de perdoar. E se tem de ser assim, a gente não pode mudar. Deus que manda. E nem por isso posso dizer que não há Deus. Muitas vezes já disse isso. Porque estava em grande desespero. Quando me vi muito desesperada, disse "onde está Deus?". É isso.

*

Lembro porque a gente não é gado. A gente lembra. Tem coisas que marcam muito, a gente não vai esquecer nunca. Só se, Deus me livre, me tirarem o juízo. Mas até que tenha juízo, não posso esquecer de nada. O pior que aconteceu pra mim foi agora, que perdi meu filho, perdi meu marido. Isso me dói muito. Não tenho consolo. Porque foi um companheiro da vida toda. Ele foi pai pra mim, ele foi tudo pra mim. Pra aqueles que se foram já há muito tempo eu ainda achei consolo na minha família. Mas meu marido e meu filho...

Eu me vejo como se estivesse flutuando. Tem horas que choro. Eu sou assim: eu sei fazer de tudo, mas não quero incomodar ninguém. Minha nora é muito boa: "vem morar conosco". Eu não posso fazer isso. Enquanto eu puder andar e me mexer, vou ficar sozinha. Quero dividir o que eu tenho entre os filhos e depois eu vou me sentir mais livre.

Eu vou voar.

7. D. Sara

Eu nasci em uma cidade pequena chamada Sobolew, a 85 quilômetros de Varsóvia. Com a idade de quatro anos, meus pais mudaram pra uma cidade maior que se chamava Zelechów. Lá a gente morou e cresci. Tinha mais duas irmãs. Essa época não era má: freqüentamos escolas, crescemos... Até a época em que estourou a guerra.

Eu vivi com meus pais até 1939. Quando estourou a guerra eu estava junto com eles. Tinha 17 anos. A vida se tornou muito difícil, perigosa. A ex-União Soviética prometia tanto e a juventude estava muito curiosa. E eu, a conselho de uns amigos que também iam atravessar a fronteira pra verificar em loco como era a vida lá – se pode continuar a estudar, a viver – eu saí de casa. A contragosto dos meus pais. Pedi pra me deixarem ir por duas semanas, pra matar a curiosidade. Claro que eu não pude mais voltar. Essa viagem foi muito difícil, muito perigosa. E quando cheguei lá, não tinha como voltar.

Em Zelechów, onde cresci, mudamos umas duas ou três vezes de casa. Mas a minha infância foi muito boa. No verão a gente passeava, nadava nos riachos. E no inverno patinávamos no gelo. Em casa não faltava nada. Em volta tinha bastante miséria. Mas eu não posso dizer que eu sofri nessa parte. E tinha amigas. Na escola me consideravam uma aluna boa, modéstia à parte. E sempre participava das excursões no fim do ano. Tanto assim que em 1935 fomos pra Cracóvia. Eu era a única judia que foi junto. Porque meus pais me estimularam e o diretor fez questão. Ficou gravada na minha memória pra vida toda essa viagem. Em geral foi uma vida alegre.

Naquela época, as condições de moradia eram muito simples. Não havia nem banheiro em casa. Mas, a gente não conhecia outra coisa e se adaptava. No inverno se aquecia muito bem. Aqui sentimos mais frio na época do inverno do que lá, com neve e tudo. Assim que eu posso considerar a minha infância razoável, boa.

Em Zelechów, as pessoas eram de várias camadas. Não havia gente muito rica. A maioria era mais pobre e de classe média. Classe média mais pra baixo. E muita pobreza. Mas dentro daquilo, eles lutavam, trabalhavam. Muitos alfaiates, costureiras, sapateiros, gente de todas as profissões. Tinha escolas públicas e escolas judaicas religiosas que eu não freqüentava. Meus pais não eram muito religiosos. Em casa a gente falava só ídiche, mas como eu não ia pra escola judaica, eu não sabia nem ler, nem escrever. Eu só aprendi em Paris, já na viagem pro Brasil. Fui obrigada! Não havia nem livros em polonês, nem russo; francês eu não sabia nada. Então as letras judaicas me eram mais próximas. E eu comecei a ler sozinha. Hoje leio, escrevo, mantenho correspondência também em ídiche.

Na minha cidade havia organizações juvenis de sionistas e comunistas. Eram ilegais. E outras de religiosos. Muitos *chalutzim*: aqueles que pretendiam ir pra Israel. Eles se organizavam e muitos foram. Largavam os estudos e iam pra Israel pra construir o país. Iam da Polônia, ainda antes da guerra. Eu não estava ligada diretamente a um movimento. Mas de vez em quando, junto com amigas da escola, íamos lá pra dançar, pra cantar, pra se divertir. E a gente ia no cinema, vinham conferencistas de várias organizações. Começávamos a nos interessar por essas coisas. Líamos muito. Mesmo em polonês, mas autores ídiches. Também havia traduções de Scholem Aleihem e outros mais. Jack London, Romain Rolland e Zola.

Tinha vizinhos judeus e poloneses, com quem a gente se dava muito bem. Aliás, eu me dava muito bem com os poloneses. Mais que metade da classe era de polonesas. Era um colégio feminino esse que eu ia. Eu tenho ainda uma amiga da classe na Costa Rica, com quem eu mantenho correspondência, telefono e já fui visitar.

Minha última casa ficava numa rua que se chamava Pilzudskego, em polonês. A casa era de dois quartos, cozinha e outras acomodações pra guardar as coisas. E a gente se arranjava bem. Mesmo sem banheiro junto de casa. Os homens geralmente iam pro banho público e as mulheres... olha, se mantinham muito limpas, com cabelo longo, tranças, asseadas. Eu usava tranças e não havia problema nenhum de sujeira.

*

Deixei meus pais em 39. Meu pai era inválido da Primeira Guerra. Perdeu uma vista e recebia pensão. E ele tinha licença para a venda de álcool. Não numa loja, só que dentro de um hotel ídiche. Ele vendia

Figura 8: A família de D. Sara (Zelechów, 1930). D. Sara está no centro.

sorvetes, frutas e chocolates. Era uma chocolateria. Mas na verdade ele tinha uma profissão de solteiro, ainda: tecelão. Trabalhou em Varsóvia até o casamento. E depois estourou a guerra, ele casou e já não pegou no ofício. E minha mãe era uma modista muito boa. Tinha moças que ajudavam. A gente sempre andava muito bem vestida. Então, mesmo sem ser rica, consideravam a gente rico. Mas isso não era verdade. A gente vivia bem, mas dentro das possibilidades...

Minha mãe trabalhava em casa. Eu me lembro da minha mãe trabalhando. Vinham pessoas em casa e a minha mãe era muito querida. Só que ela trabalhava muito. Não tinha ferro elétrico. Era ferro a carvão. E chegava a véspera dos feriados judaicos e ela trabalhava até altas horas da noite. O sonho dela era vir pro Brasil, porque tinha aqui duas irmãs. Mas infelizmente... nós tínhamos também família na Argentina, por parte do meu pai. E uma vez eles mandaram chamadas, mas meu pai não quis ir. E depois, quando começou a ter mais anti-semitismo, ele resolveu "tá bom, eu vou". Meu tio outra vez tentou fazer a papelada, mas aí o governo da Argentina sustou: só os pais podiam ir junto com os filhos. Os irmãos, não. Então não tinha mais meio para ir.

A família da Argentina: um tio saiu da Polônia em 1929 e depois ele levou mais um tio e uma tia. O tio não teve sorte porque o navio em que ele ia afundou. Acho que nas águas do Prata. Quase todos sobrevi-

152   MEMÓRIAS DE VIDA, MEMÓRIAS DE GUERRA

veram. Ele de qualquer maneira faleceu de uma morte muito violenta, atropelado em Buenos Aires.

*

Eu era preguiçosa. Só gostava de estudar, ler e me divertir. Hoje estou arrependida. Podia ter aprendido com minha mãe e ajudado, também.

Tinha trabalhos em que os judeus trabalhavam exclusivamente. Tinham fábricas de sapatos e botas, tinham curtumes. Eles também tinham funcionários poloneses. Mas os donos eram judeus. Esses aí estavam muito bem de finanças. O resto, alfaiates, açougueiros e relojoeiros, sobreviviam. A gente cooperava na época do frio. Pediam pra ajudar, a gente dava carvão. Toda véspera de sábado, o *Schabat*, recolhiam *chale* e outras coisas.

Eu me lembro de criança indo na sinagoga. Porque *Rosch Haschaná* e *Iom Kipur* meus pais iam na sinagoga e nós, crianças, íamos junto. Ficava com minha mãe. Porque lá onde os homens rezavam não se entrava. Até o segundo dia de *Rosch Haschaná*, em 1939, quando a sinagoga foi queimada pelos alemães.

Em casa, tudo era *kosher*. Guardávamos *Schabat*, mas não assim estritamente, como a Lei judaica mandava. Eu nem sabia... não tinha assistido *bar-mitzvá*. Porque nós éramos meninas e não sabíamos o que era *bar-mitzvá*. Só no Brasil descobri. Mas o judaísmo está arraigado em mim. Gosto muito da tradição. Depois de casada, já no Brasil, eu sempre mantinha minha casa... não vou dizer dentro da Lei, mas com toda tradição. Meu filho, nascido ainda na Polônia, logo depois da guerra, mandei desde pequenininho no *Talmud Torá*. Eu fiz questão que ele aprendesse. Ele aprendeu e hoje em dia manda no *Seder* e vai na sinagoga nas festas. E eu tenho muito orgulho disso.

A gente celebrava *Pessakh*, *Purim*, *Chanuca*. Lembro mais do *Pessakh*. Sei que o *Pessakh* coincidia com a primavera na Polônia. Então era uma revolução, porque era limpeza total. Se abriam as janelas, se revestia a casa, vestia roupa nova. Tirava caixa com louça que estava guardada durante o ano todo, porque só se usava a louça durante oito dias de *Pessakh*. Então se alguma coisa estava quebrada, eu ia com a minha mãe na loja que fazia essas louças, comprava e gostava muito desse momento. Você me lembrou. Depois os preparativos, as compras, sempre alguns convivas, parentes que vinham. São lembranças muito boas. E comidas eram sempre boas. Eu não sabia cozinhar. Mas lembrando do paladar das comidas eu comecei aos poucos e dizem que não cozinho mal. Assim como minhas amigas. As comidas praticamente eram iguais às que nós fazemos. Continuamos fazendo agora.

Eu não fui uma criança muito religiosa. Mas eu me lembro que com uns 13 anos eu comecei a jejuar em *Iom Kipur*. Então, alguma coisa dentro de mim era religiosa. Não sei dizer o que é religião. E depois aprendíamos... na escola pública polonesa, sempre tivemos aulas também da nossa religião. Então a gente ia crescendo com aquela sabedoria, aquilo já fica enraizado. Então, não sei... era mais tradicional do que religiosa.

Daqui a pouco, vamos fazer um chá?

*

Com as amigas que eu tenho, falamos sempre em ídiche. Pra manter ainda a língua viva. E inclusive com meu filho que nasceu na Polônia (ficamos um ano só na Polônia, depois fomos viajar, via Paris pro Brasil). Eu não ensinei pra ele o polonês, só falava ídiche. E meu filho, até os quatro anos não sabia falar outra língua. Porque quando chegamos no Brasil, eu não sabia falar português para poder ensinar a falar corretamente. O ídiche eu aprendi na casa dos meus pais. O ídiche nascia junto com a gente. O meio ambiente... mas com minhas amigas e na escola eu falava em polonês. E até hoje eu falo polonês, leio em polonês e mantenho correspondência em polonês.

Em Zelechów, aos sábados, as judias não iam para a aula. Então, uma colega polonesa levava pra mim a lição dada e a gente estudava juntas. E a gente tinha um elo muito forte. Mas com amigas judias, não todas, mas com muitas, falávamos só polonês na rua, fora de casa.

Nunca me senti uma criança polonesa. Eu me sentia muito bem como judia. Só depois que cresci e quando já conseguia notar o anti-semitismo crescente, eu comecei também a sofrer. Mas não me sentia mal porque era judia. Ao contrário. Até hoje em dia, não tenho complexo nenhum. Sempre que surge algum momento eu falo que eu sou judia.

Eu completei sete anos de escola. Na época havia sete anos de escola primária. Completei em 35. Depois, mais dois anos, era outro curso. Como não havia ginásio na cidade onde nós morávamos, eu prestei um exame e entrei em outra cidade. Mas era muito complicado pra viajar, pra se acomodar. Então eu não freqüentei o ginásio.

A minha idéia era... a minha família tinha planos de mudar pra Varsóvia, justamente em 39. No começo de 39, meu pai foi retomar o ofício dele, como tecelão, com a intenção de alugar uma moradia para mudarmos pra Varsóvia. Eu ia estudar e trabalhar. Minhas irmãs já eram também mais crescidas, tinham 14 e 13 anos. Então os planos eram esses. E no dia que estourou a guerra eu chorei porque senti que meu mundo ia desabar. Com todos os projetos e todos os planos. Pra mim era muito importante estudar.

Lembro da minha escola. A gente gostava muito da escola. Depois a gente voltava pra casa e fazia as lições. Gostava muito de estudar. E os professores eram todos poloneses, menos um, que dava aula de re-

154 MEMÓRIAS DE VIDA, MEMÓRIAS DE GUERRA

ligião e que era judeu. Como eu era boa aluna, os professores também me tratavam muito bem. Não sentia anti-semitismo. Tínhamos aulas de matemática, geometria, desde o começo. E ciências, geografia, história, tudo. Polonês era o básico. E também, mais tarde, alguma língua. Não me lembro bem se era francês ou alemão. E tinha educação física, canto... eu participava sempre do coral. A escola era muito gostosa. E assim a gente criava amizades. E se dava muito bem.

Na aula de religião, cada classe era separada. Quando havia aula de religião, o padre vinha pras católicas e a nossa aula era com um professor judeu. Só que tivemos também um livro de reza, que metade era em hebraico e metade em polonês. Em hebraico era difícil. A gente aprendia mais a ler sempre as traduções. E sabia muito bem a Bíblia. Tinha que aprender.

Crianças judias que se destacavam como boas alunas não tinham problema nenhum. Tinham amizades, faziam amizades. As colegas de classe polonesas vinham em casa pra fazer lições. Então não havia problemas. As crianças judias geralmente não tinham grande facilidade pra falar polonês. Então isso já criava mais distância. Mas em geral, naquela época, eu não sentia animosidade.

Lembro bem dessa amiga polonesa que contei. Que eu me lembro, os poloneses moravam uns dois quilômetros fora da cidade. E ela vinha na minha casa mesmo assim. Ela vinha diariamente. Onde ela morava era mais casa de campo, com campos a trabalhar, a semear. Lembro o cheiro dessa casa. Não sei, até hoje eu não suporto toicinho, cheiro de toicinho. Entrava lá e eu já não me sentia à vontade. Mas a família dela me tratava muito bem. E eu fiquei sabendo que durante a guerra ela, em alguns momentos, procurou ajudar algumas amigas. Mas não deu certo. Quase toda população judaica foi confinada no gueto que fizeram lá em Zelechów. E depois mandaram todos, meus pais também, pra Treblinka. Uma irmã do meio morreu de meningite. E a mais nova foi junto com meus pais.

*

Lembro dessa viagem pra Cracóvia com a escola. Foi muito boa, pitoresca. Para economizar dinheiro... a distância até a estação de trem era de 18 quilômetros. O diretor conseguiu carretas e cavalos. E nós nos apinhamos, uma turma acho que de trinta pessoas. Esses 18 quilômetros levaram três horas. Amigas foram com uniforme de escoteiras. Como era judia, eu não tinha roupas assim. Mas uma delas me emprestou um uniforme e eu parecia uma *szikse*. E depois, viajamos a noite toda, porque a distância é longa até Cracóvia. E nós paramos numa estação onde tua avó morava: Garbatka. Bom, seguimos a viagem, ficamos uma semana. Visitamos lugares... você esteve em Cracóvia? Então você conhece Wawel. Aquele palácio. Porque foi justamente um mês depois que faleceu o Marechal Pilzudski. E de manhã a gente arranjava chá, café. Morávamos numa escola pública, nos colchões. Tudo pra economizar. O almoço era organizado por umas freiras. No primeiro dia, chegamos lá e veio aquele cheiro de repolho e toicinho. Me matou. No dia seguinte foi a mesma coisa. Estava chovendo. Um homem me mandou me vestir, pôr a capa. Me obrigou a ir com ele, procuramos um restaurante ídiche. Mas quando ele perguntou quanto era e eles falaram o preço, aí eu comecei a dizer não. Aí esse homem contou a história: que eu era a única judia e que não tinha comido. Eles fizeram um desconto tremendo. Esse homem pagou e me disse: "você vai achar o caminho de volta". Me deixou sozinha e eu comi. Até hoje eu lembro o que eu pedi: *lokszen mit joh*! Caldo com macarrão! E depois nós viajamos pra fora de Cracóvia. Tinha lugares históricos. E lá numa pensão que era entre montanhas, comemos nhoques. E depois viajamos pra Wieliczka, onde se extrai sal. Como isso ficou gravado na minha memória... coisas tão lindas! Descemos 135 metros dentro da terra, em salões feitos de sal. Fascinante, fascinante! Então, essa viagem pra Cracóvia me marcou muito, me enriqueceu muito. Minha mãe teve grande mérito quanto a isso. Tanto assim que quando minha irmã do meio terminou a escola, mandaram ela pra visitar o porto, em Gdynia. Era muito longe, também: no Norte da Polônia. Eles tinham noção das coisas. A minha mãe me encorajava. Eu disse: "Mãe, uma judia, eu vou com toda turma, sozinha?". Ela disse: "Quando você vai ter oportunidade de visitar Cracóvia? É tão longe. Vá!". Isso foi em 1935.

*

Os poloneses gostavam muito de comer *guefilte fish* nas casas dos amigos e onde podiam comprar. Porque se era uma pensão, um restaurante, sempre havia um bufê onde, depois do dia da feira, que era terça, eles iam beber e comer o *hering* e peixe com mocotó. Isso era tipicamente com raiz forte. Eles adoravam. Mas depois que ficavam bêbados, aí sim, a gente tinha medo de passar perto, porque logo brotava o anti-semitismo. Então a gente tinha medo. Também nos festejos católicos, a gente tinha muito medo, porque eles enchiam as igrejas e o padre... acho que também falava coisas. E quem pagava o pato? Você conhece essas histórias? Nunca te contaram isso?

*

A guerra começou dia 1º de setembro de 1939. Os alemães chegaram em Zelechów logo depois de 12 dias.

A maioria dos judeus era muito ingênua. Pra não dizer ignorante. Inclusive nós. Nenhuma imaginação podia chegar a prever essa tragé-

156 MEMÓRIAS DE VIDA, MEMÓRIAS DE GUERRA

dia que aconteceu. Por isso, muitos que podiam, deveriam ter emigrado. Ficaram e aconteceu o que aconteceu.

Os alemães chegaram na nossa cidade à noite. À tarde toda já estavam atirando de todos os lados. Era uma cidade que as casas eram a maioria de madeira. Estavam queimando. Nós ficamos atrás da casa, escondendo a cabeça e o corpo. E a noite toda assim. Quando foi de manhã, tudo ficou silencioso. Porque chegaram e ocuparam a cidade. A cidade não era grande. E logo começaram a perseguir os judeus. Dos religiosos cortavam a barba e levavam pra trabalhar forçosamente pra limpar a roça. E depois cada vez piorava a situação. Então, a juventude... muitos dos jovens começaram a procurar atravessar a fronteira para o lado da União Soviética. Mas passaram uns dois meses e muitos voltaram. Porque a decepção foi muito grande. E infelizmente voltaram e foram pra Treblinka. Muitos dos que eu conhecia.

Os alemães sabiam quem era judeu com a ajuda dos vizinhos poloneses. E grande parte dos judeus, especialmente os religiosos, usava vestes que já indicavam quem era e quem não era judeu. Mas infelizmente, e durante a guerra toda, se não fossem os poloneses, muitos teriam sobrevivido. E mesmo quando acabou a guerra, quando alguns vieram de volta pra essa cidade, foram mortos. Eu tenho contato com algumas pessoas que ainda estão vivas em Israel. São testemunhas que me contaram.

*

Eu não tenho a data precisa em que foi construído o gueto em Zelechów, porque eu já não estava lá. Em 1942 já foram deportados todos pra Treblinka.

Fui pro lado soviético com meus tios e três filhos deles. Junto com muitas outras pessoas. E um polonês levava a gente por uns caminhos complicados, pra não cair nas mãos da guarda fronteiriça. Minha tia carregava uma cabeça de uma máquina de costura Singer, pesada. E chegamos em Brest-Litovsk. Era uma cidade polonesa. Agora pertence à Bielo-Rússia. Lá era uma coisa... muita gente, de toda a parte. Famílias todas dentro das sinagogas, nas ruas. E já era outono: frio, chuva. Nós fomos pra uma sinagoga pra pernoitar, não havia nem como entrar.

Ficamos alguns dias em Brest-Litovsk e seguimos pra Grodno. Grodno era também uma cidade bonita. Agora deve ser também da Bielo-Rússia. Meu tio e o meu primo mais novo eram marceneiros. Tinham fábrica na Polônia. Produziam janelas e portas para construções. Bom, então eles conseguiram achar um quartinho, o que era muito difícil. E em Brest-Litovsk minha tia não conhecia ninguém e naquela época não precisavam de costureira. Era só miséria. A comida era muito escassa. E eu morei com eles algum tempo, algumas semanas. Na hora que eles iam fazer a refeição, eu saía de casa pra não tirar da boca deles. E andava sempre com fome.

Por acaso, eu encontrei em Grodno uma prima do meu pai. Ela morava em Varsóvia. O marido dela trabalhava como "roentingentista", tirava chapas de raio X. Ele era justamente de Grodno. A mãe dele e a irmã moravam lá. E eles estavam instalados lá, também. E eu estava na rua com a minha tia, procurando um banho público, quando essa prima do meu pai me encontrou: "o que você está fazendo aqui?" Ela me conhecia desde criança. "Estou aqui, mas estou infeliz". Contei pra ela. Ela pediu desculpas pra minha tia e me levou pra casa dela. Ela morava com os sogros e me fez tomar um banho que nunca na minha vida eu vou esquecer como fiquei feliz! Ela arranjou pra mim um trabalho manual na casa de uma costureira, uma senhora viúva. E uma moradia perto da casa dela, com outra velhinha que alugava um quarto. Lá onde trabalhava eu ganhava almoço e uns trocadinhos. Desses trocadinhos eu deixava de almoçar um dia, ou jantar e eu conseguia juntar pra levar meu primo ao cinema. Passamos o inverno naquele lugar. Fomos obrigados a receber documentos russos. E eu resolvi pedir um documento temporário, pra três meses. Olha, não sei... minha cabeça. A gente não podia ficar lá naquela cidade. Porque essa cidade era perto da ex-fronteira com a Polônia. Então antes foi meu tio com a família pra uma cidade muito pequena, em uma região chamada Polesie Janöw Poleski. Eu fiquei sozinha. Aí comecei a receber cartas dos primos que foram pra Janöw: "vem aqui, pelo menos você vai estar junto conosco, venha aqui". E eu, um belo 1º de maio – me lembro desse dia porque é o dia do meu aniversário – viajei a noite toda. Tinha que trocar de trem em Brest-Litovsk. Eu fui na estação numa escuridão, estava perto da onde me indicaram. Quando um trem parou, perguntei pro condutor se é esse trem que vai pra lá, pra Janöw. E ele disse que não, que o trem foi embora. Eu sem dinheiro, sem ter onde ficar, tinha que esperar 24 horas. Quando cheguei em Janöw, vi que eles moravam num quartinho muito pequeno.

Em Janöw, eu não achava trabalho, não tinha o que fazer, não tinha o que comer. A saudade me matava. De repente, o governo soviético deu uma chance para aqueles que querem voltar aos territórios que pertenciam antes à Polônia. Eu tentei, mas isso foi uma cilada. Eu fui, me registrei, entreguei meus documentos. Eu não sabia ainda falar russo naquela época. Isso foi de 16 pra 17 de junho. Em 17 de junho eles bateram na porta de madrugada, onde eu dormia com minha amiga e me tiraram da casa. Fui presa e me levaram pra Drohiczyn[1]. E durante as noites eles chamavam pra depor. "Você é uma espiã!". Eu só sabia dizer que eu não tinha culpa nenhuma. Eles sentavam pra comer no meio da noite sanduíches e eu com fome. Só chorava. E tinha

1. Cidade que atualmente pertence à Polônia.

158   MEMÓRIAS DE VIDA, MEMÓRIAS DE GUERRA

mais cinco moças comigo. Lá, ficamos quatro meses. O tratamento dentro da prisão era muito duro, a fome era tremenda. Pedacinho de pão precisava dividir pra três refeições, pelo menos. Bom, um belo dia começaram a chamar as detentas. Chamaram primeiro uma moça, ela voltou chorando. Foi condenada a cinco anos de campo de concentração. Mas não tinha de que acusar! Chamaram outra, também cinco anos. Depois chamaram a mim: três anos. Voltei sorrindo. Eu ganhei uma pechincha. Fui condenada por passagem ilegal da fronteira. Depois de quatro meses fomos transferidos para Baranovichi[2]. Lá já era miséria. Uma cela que não cabia mais ninguém. Cheia de mulheres ladras e nós, que éramos presas políticas. Ficamos dois meses. Aí eles formaram um comboio e levaram a gente pra Sibéria. A viagem durou mais que três semanas. Não davam pra beber no caminho. Davam sardinha salgada, isso sim.

Quando cheguei na Sibéria, ficamos antes num campo de quarentena. Porque no caminho muitos ficavam com sarna. Então andavam no frio, pelados, cheios de remédio. Depois transferiram pra outro campo de concentração. Lá era um campo de concentração de cinco mil pessoas. Entre elas só 800 homens! Que eram muito cotados. Nasceram até crianças, lá. As mulheres brigavam por um homem lá. Pela primeira vez na vida eu ouvi falar o que eram lésbicas. Isso era a realidade. Era Novosibirski, estância Jaya. Tinha barracões enormes pra duzentas pessoas, em prateleiras. Cada um tinha um colchonete. Tinha fábrica de roupas pro exército. As máquinas, cada uma fazia um detalhe até dava naquele agasalho. Uma fazia manga, outra costurava a manga. Como eu demonstrei que eu sabia fazer alguma coisa, mais tarde me puseram pra controlar a qualidade: ver se a manga não estava pra lá, às vezes pra cá. A minha função era corrigir esses detalhes. Então às vezes trabalhávamos 12 horas durante o dia e 12 horas a gente revezava durante a noite. Um frio... neve, até! Frio da Sibéria. Mas o pedaço de pão que a gente recebia era conforme a meta que a gente conseguia fazer. No meu caso, eu não tinha uma meta muito rígida. Recebia 700 gramas de pão. Carne, não.

Nesse campo eu fiquei um ano. Eu saí em 1941, quando estourou a invasão da Alemanha na União Soviética. Era dia 22 de junho. E o governo soviético deu anistia para cidadãos poloneses e acho que eu saí em setembro do campo. Não podíamos voltar mais pra perto da Europa porque havia guerra. Tínhamos que viajar pra Ásia Central. E eu e mais umas moças, sozinhas. A gente tinha medo. Nós decidimos entre ir pro Uzbequistão, Tadjiquistão ou Cazaquistão. Então fomos pro Uzbequistão.

Nesse campo de concentração de tanta gente, em Novosibirski, tinha muitos criminosos. E tinha mulheres que fizeram aborto e a pes-

---

2. Cidade que atualmente pertence à Bielo-Rússia.

soa que fez. E tinha mulheres dos comunistas de anos e que foram eliminados. Fizeram uma limpeza em 37 e 38. Todos aqueles comunistas idealistas foram mortos. Muitos idealistas que não podiam viver na Polônia porque eram perseguidos tinham vindo pra Rússia. E ocupavam postos. Stálin mandou limpar. Eu tenho muita literatura a respeito disso. Depois, prenderam as mulheres que eram as esposas. Não mataram as esposas, mas mandaram pra campos de concentração.

*

Eu me lembro de alguns casos de anti-semitismo em Zelechów, a cidade onde cresci. Mas não me afetou diretamente. E tinha gente boa, também. Tanto assim que durante a guerra eu tenho amigos que foram salvos por poloneses. Tem três ou quatro famílias que eu conheço. Moram em Herzliyya[3]. Não se deve generalizar, mas nós sabemos bem que a maioria era anti-semita. Senão não teria morrido tanta gente. Os alemães não sabiam no começo quem era judeu e quem não era. Foram os poloneses que indicaram. Principalmente nos últimos anos, depois que Hitler, pelo rádio, falava os discursos dele, inflamantes. E tinha, claro, partidos anti-semitas e inclusive leis anti-semitas começaram a surgir contra o abate *kosher* e outras coisas.

*

Em Novosibirski ninguém lembrava dos feriados judaicos ou católicos. Porque o governo soviético era ateu, não se cultivava. Ao contrário, era proibido. Mas eu me lembro que na época do nosso Ano Novo, de *Rosch Haschaná*, nós só lembrávamos, mas não podíamos festejar. Não tínhamos nem como comer. Mas quando saímos do campo de concentração, chegamos no Uzbequistão, na Ásia Central, sim. Na colônia de judeus de Buchara, eram muitos religiosos, tinha sinagogas e os judeus *aschkenazim*, que tinham vindo da ex-Polônia, se organizavam em *minian*. Jejuar, nós jejuávamos sempre. Porque não tinha o que comer. Mas mesmo assim eu me lembro de *Iom Kipur*. Eu deixei de comer. Eu achava que se eu, durante quase o ano todo, estava jejuando, por que naquele dia eu ia quebrar? Deixa jejuar, quem sabe Deus ajuda.

Eu saí do campo no final de 41. Porque assim que estourou a guerra, uns meses mais tarde, o governo polonês no exílio, na Inglaterra, entrou em acordo com a União Soviética para libertar todos os poloneses. Como a gente já não podia voltar pra Polônia, então nós tínhamos que ir pra Ásia Central.

*

3. Cidade de Israel.

160   MEMÓRIAS DE VIDA, MEMÓRIAS DE GUERRA

Não pense que eu escolhi ir pro Uzbequistão! Foram os russos que indicaram pra ir. E pra empreender qualquer viagem tinha que ter uma licença por escrito. E eles encaminharam pro Uzbequistão. Era guerra, não tinha opções. Fiquei no Uzbequistão desde 42 até o final de 45. Voltei pra Polônia em 24 de dezembro, véspera de Natal.

No Uzbequistão, comecei a trabalhar. E conheci algumas pessoas de uma família de Kharcov[4], uma cidade russa perto do Mar Negro. Uma senhora trabalhava numa escola cuidando da limpeza. Eu me engajei pra limpar uma, duas classes, pra poder receber um cartãozinho pra comprar pedaço de pão. Essa cidade era Tashkentera. E fui pra lá porque uma colega do campo de concentração já estava lá e queria que eu fosse. Fiquei alguns dias num quartinho. O chão era de terra. Era uma barraca de madeira, não tinha nem com o que me cobrir. E fui procurar trabalho. E aí comecei nessa escola. Conheci o diretor, que era uzbeque. Falava russo. Ele me deu trabalho numa biblioteca. Como ninguém vinha tirar livros pra ler, eu tinha muito tempo pra ler jornais e, aos poucos, fui aprendendo por mim mesma. E convivendo com pessoas. Trabalhei lá até a véspera do meu casamento. Assim, a gente fazia amigos pra passar esse tempo ruim.

Conheci meu marido em 43, na casa de uma amiga. Ela falou pra mim: "Sara, vem cá! Nós encontramos por acaso um amigo da Polônia!". Mas eu não fui. Isso foi no fim da semana. No domingo ele veio visitar outra vez essa amiga e o marido. Eu passei lá na casa deles. Foi no primeiro instante! Ele morava com o irmão e a cunhada a meia hora de trem, em Kattakurgan. E quando vinha, se arriscava muito, porque não tinha licença pra viajar. E não podia ir de uma cidadezinha pra outra sem licença. E às vezes o trem não parava naquela estação. Aí pulava no meio. Porque era uma subida, quando o trem diminuía. Eu também, já depois de casada mudei pra lá. E eu me lembro, eu também cheguei a pular. Caí, machuquei, arranhei, mas ao mesmo tempo me levantei, mostrei que estou viva. Depois, já tinha mais prática. Nós namoramos desde outono de 43 e casamos em 14 de maio de 44.

Eu tinha notícias da guerra através do rádio e da imprensa. Mas, como diziam, na Rússia tinha dois jornais. Um era o *Pravda*. "Pravda" é "verdade". E tinha também o Izwietzti. "Izwietzi" é "notícias". Então, como se dizia, no jornal *Pravda* não tem "izwietzti" e no *Izwietzti* não tem "pravda". As notícias vinham conforme o quartel-general determinava. A verdade, só muito mais tarde começamos a saber. Mas no começo foi um fracasso atrás do outro. E isso eles não transmitiam. Mas depois ficamos sabendo das atrocidades e das matanças, mas em doses ainda pequenas. Eu fiquei sabendo da verdade na época que consegui contato com meu primo, que sobreviveu nos *partisans*. Ele faleceu há 14 dias atrás. Ele me escreveu. Mostrei essas cartas pra

4. Cidade da Ucrânia.

você. Ele estava escrevendo que todos da parte dele e que os meus, também... dos meus, ninguém. Esse primo estava nos bosques da Ucrânia. E depois ele e mais dois primos e um grupo lutaram contra os alemães. E depois do término da guerra ele foi pra Kiev. E trabalhou lá. E com a esperança de voltar e a gente se encontrar. E a gente acabou se encontrando só no Brasil. Porque eu fui pra Polônia, foi pra Alemanha, depois Itália. E depois ele veio pro Brasil, uns meses antes de mim. E eu cheguei em 1947. Em novembro de 47 cheguei no Brasil.

*

No Uzbequistão, as casas não eram casas. Pareciam choupanas. E as pessoas vinham de todos os lados: da Ucrânia, da Bielo-Rússia. Fugitivos de Moscou, Leningrado, da *Latvia*[5], da Estônia, de todos os cantos que a União Soviética tinha anexado. E a gente tinha vizinhos, mas não entabulava muita amizade. Eu era muito arredia. As pessoas eram pessoas legais, mas um não podia ajudar muito o outro. Porque havia fome, havia insegurança. Mas mesmo assim eu fiz algumas amizades com russos e gregos. Todo mundo falava russo. Não se falava muito. Só quando você já tinha certeza, convivia, aí então falava, desembuchava, chorava.

Eu tenho o meu *ketuba*, o contrato de casamento. Foi escrito à mão. Foram mais que dez pessoas assistir. Eu já morava naquela pequena estação de trem com o irmão do meu marido, já casado, com uma criança pequena e sogro dele. E nesse lugar, Kattakurgan, fomos na casa de um religioso, fizeram *khupá* e toda a cerimônia. Meu marido ofereceu vinho. Porque lá tem uvas deliciosas e a produção de vinho estava boa. E pão-de-ló. Não sei onde eles conseguiram comprar. Eu me lembro que quando tomamos o trem para viajar justamente essa distância de meia hora, eu chorava tanto como no dia em que estourou a guerra. Porque era um papo muito sério. Sem meus pais, sem minhas irmãs, sem um membro qualquer da família, só esses alguns amigos. Conhecia meu marido há alguns meses. Mas eu sabia que era uma pessoa boa, decente. E ia dar esse passo. Então, aquele dia foi muito triste pra mim. Em vez de alegria, sentia uma incerteza, algum receio do que vinha. Mas felizmente eu tive no meu marido um companheiro pra vida toda. Muito dedicado. E o casamento em si, depois da cerimônia nós fomos na casa da minha amiga onde nos conhecemos. Cada convidado trouxe um pratinho de alguma coisa. E saiu uma festinha. Depois de algumas horas, todo mundo acompanhou a gente até a estação de trem. Sem termos licença, conseguimos por outras vias subir nesse trem. E naquele dia o trem parou na estação! Então esse foi o meu casamento. E dois anos mais tarde, quando já estava na Polônia e

5. Letônia.

162 MEMÓRIAS DE VIDA, MEMÓRIAS DE GUERRA

nasceu meu filho, o homem que fez nosso casamento fez a circuncisão do meu filho e a festa pra ele. Coisas da vida. Coincidência. E nós ficamos na Polônia um ano...

*

Quando voltei pra Polônia, na minha cidade não podia nem arriscar a ir porque matavam. Matavam os sobreviventes por medo de que iam querer recuperar as casas ou alguma coisa. Muitos sobreviventes foram pra Lodz. Lá se concentrava a colônia, os escritórios que registravam os sobreviventes, pessoas que iam pra Alemanha e esperavam os vistos. Os seus avós estiveram na Alemanha. No ano em que fiquei em Lodz, depois que meu filho nasceu, eu vivia só chorando. E ainda aconteceu o *pogrom* de Kielce, antes de eu sair da Polônia[6]. Mas nem eu voltei pra Zelechów, nem meu marido voltou pra cidade dele, na fronteira com a Alemanha. Naquela região também chegaram a matar uma ou duas pessoas. E eu precisava de uma cópia de uma certidão de nascimento pra dar entrada no passaporte. E uma polonesa que veio de Zelechów me providenciou. Não havia ainda consulado brasileiro. Mas dois irmãos do meu marido tinham chamado pros Estados Unidos. De qualquer maneira não podíamos viajar pra lá porque tinha cotas. Então, tínhamos que esperar não sei quanto tempo. E quando eu consegui contato com meus parentes aqui do Brasil, mesmo não havendo consulado na Polônia, nos deram vistos de saída. E fomos pra Paris e lá tinha um consulado brasileiro. E obtivemos visto. Mas esperamos dez meses e meio, porque pararam de dar visto pros judeus. Quem se convertia conseguia logo o visto. A política era linda aqui no Brasil!

*

Quando a guerra acabou foi uma alegria imensa. O povo delirava de alegria. Eu estava em Nagornaya, no Uzbequistão. Acompanhando as notícias sabíamos que estava chegando o desfecho. Foi 8 ou 9 de maio de 1945.

Depois da guerra, eu cheguei na Polônia no inverno. A tristeza foi tão grande durante o ano que eu estive na Polônia, que não me lembro. Apagou da memória. Só depois, em Paris, nós tivemos uma permanência muito boa. Encontramos amigos conterrâneos de Zelechów que se interessaram muito por nós. Encontrei um primo da minha mãe que me ajudou a conseguir uma quitinete no Quartier Latin, perto da Sorbonne.

6. O *pogrom* de Kielce (Polônia) aconteceu em 1946, quando foram atacados 150 judeus que haviam retornado para a cidade.

D. SARA

E eu saía com meus amigos que me levavam no cassino de Paris, Folies Bergère. Era jovem, queria ver. Meu marido não podia me acompanhar porque tínhamos um filho pequeno, com um ano. Foi uma época muito boa.

Nós chegamos em Paris em fevereiro. Eram dias de carnaval. Eu nem sabia o que era isso. Porque na Polônia só os católicos festejavam carnaval nos salões, com bailes de máscaras. Isso era pra quem tinha dinheiro. E os judeus tinham medo do Carnaval. Agora, em Paris, eu ia com um primo. Lá encontrei duas famílias de primos da minha mãe que me receberam magnificamente. E ajudaram muito. Me levaram pra casa do outro primo e as ruas estavam cheias de gente dançando, pulando, eu não entendia nada. E ficamos até outubro de 1947, quando o Joint levou a gente pra Le Havre. Tinha um navio velho, de carga e que levou 32 dias da França até o Rio.

Em Paris, eu passeava, andava, ia diariamente no jardim com meu filho. E meu marido aprendeu a costurar casacos de couro. Nesse ofício, cada um fazia algum detalhe. Ele sabia costurar as mangas e o colarinho. E ganhava dinheiro. Foram meses muito bons. Mas quando começaram a dar os vistos, resolvemos seguir viagem. Eu estava muito carente, queria ter uma família mais próxima. No caso, duas irmãs da minha mãe moravam aqui, por isso viemos. As duas já estão falecidas.

Eu não freqüentava a sinagoga em Paris, mas conheci a grande sinagoga. Depois, em 1980, ainda fui num *bar-mitzvá* nessa sinagoga. Meu marido ia nas festas, ia em *Kol Nidrei* e, no dia seguinte, na reza pelas almas, o *Izkor*.

Meus vizinhos eram franceses. A vizinha mais próxima me ensinava a falar. Pegava um objeto e eu repetia. Me ensinou a fazer maionese. Desde aquela época! Era muito simpática.

A vida em Paris nem posso comparar. Em primeiro lugar, achei meus amigos conterrâneos que cuidavam de mim como se fosse irmã. Me davam tanto carinho! E depois, o ambiente. O povo francês naquela época era muito simpático. E se a gente perguntava aonde ir, mostrando um papelzinho porque não sabia falar, eles levavam pela mão, explicando. Então a vida em Paris tinha abundância de tudo. A vida e a comida eram muito diferentes do ano que passei na Polônia depois da guerra, um ano de luto, de grande tristeza. E em Paris já foi um tempo de esperança e perspectivas de um futuro melhor.

*

No Brasil, sempre morei em São Paulo. Pra dizer a verdade, no começo eu sofria muito. Porque a diferença era muito grande entre a vida em Paris e em São Paulo. Mas aqui a segurança era total. Nós alugamos uma casa que não tinha nem fogão a gás, nem elétrico. Era um fogãozinho a carvão.

164 MEMÓRIAS DE VIDA, MEMÓRIAS DE GUERRA

Meu marido logo começou a trabalhar. Montou uma marcenaria. E assim que começou a trabalhar a situação econômica começou a melhorar. Ficamos dois anos nessa casa e já alugamos outra melhor. E aqui também encontrei muitos conterrâneos que deram muito carinho, como se fossem da minha família. E os parentes receberam muitíssimo bem. E a gente foi se adaptando, aprendemos a falar, a ler. Meu filho foi crescendo. E entre meu filho e minha filha foram oito anos. Na verdade, estava tão amargurada com o Holocausto que eu não queria ter mais filhos. Só que a gente foi amadurecendo. Eu vi que não era bom pra meu filho ser o único. E quando ela nasceu eu fiquei muito contente. Ele tem o nome do meu pai e ela tem o nome da minha mãe.

A minha primeira casa foi no Bom Retiro. Hoje é rua Dr. Leonardo Pinto. Bem junto à rua Newton Prado. Como meu filho era pequeno, meu marido saía pra trabalhar, vinha almoçar e eu era dona-de-casa. E me sobrava muito tempo. Então eu lia, passeava, visitava minha família diariamente. Convivia muito bem com meus primos. Freqüentavam minha casa com as namoradas. Começou uma vida mais ou menos normal. Ninguém tinha medo de voltar de bonde pra casa de madrugada. A vida era pacata, muito melhor. Minha rua era uma pequena e, no começo, eu só pedia a Deus pra ninguém tocar minha campainha. Porque eu não sabia falar e tinha muita vergonha. Mas a gente foi conhecendo os vizinhos. Cumprimentava mas não dava pra conversar. Mas as poucas palavras que eu pronunciava já diziam: "ai, a senhora fala muito bem!". Encorajavam. Bem diferente dos tempos atuais, em que cada um vive e não conhece nem os vizinhos do próprio prédio.

Eu cheguei e minha família daqui era muito religiosa. Então, quando chegava o *Pessakh* era tudo estritamente pela Lei. E as primeiras noites festivas eu passei com eles. E no Ano Novo, *Rosch Haschaná*, meu marido ia rezar na sinagoga. Eu não ia rezar na sinagoga mas em *Iom Kipur* eu jejuava. Eu jejuo em todo *Iom Kipur*. Eu gosto muito da tradição de acender velas na sexta-feira. A casa fica iluminada e lembra a tradição e o passado. Agora, nos últimos anos, é na casa do meu filho. E procuro sempre o mesmo menu, a comida, manter essa linha. Ano passado, quando eu estive em Israel, minha nora falou: "A senhora pensa que vai fugir e não tem obrigação nenhuma? Por favor, mande, discriminando direitinho, o menu pro *Rosch Haschaná* e pro *Iom Kipur*".

*

Depois que eu cheguei no Brasil, levei muitos anos pra poder organizar uma viagem. A primeira foi pra Argentina, onde moravam duas irmãs do meu pai com as famílias. A festa foi muito grande. Eu, meu marido e minha filha com cinco anos fomos de navio e ficamos mais de um mês. Encontramos conterrâneos com quem eu já tinha contato.

D. SARA

Porque nossos conterrâneos, depois da guerra, começaram a editar um boletim de Zelechów e um livro pra lembrar. Era o *Izkor*, o livro da cidade. Vou te mostrar! O boletim era mensal. Mandavam pra todos os países onde existia colônia de Zelechów ou uma pessoa sequer. Quem dirigia era um tio da minha amiga da Costa Rica e tinha colaboradores de Israel, do Panamá, da França e daqui, também. Eu tomei parte ativa. Era tesoureira. Cobrava dos conterrâneos um pagamento pelo boletim. E despachava pros Estados Unidos, pra administrarem e editarem esse boletim. E sempre vinha no boletim cotado o dinheiro: tanto do Brasil, tanto da Argentina... Então, através desse boletim, as pessoas sabiam que eu sobrevivi, que estava no Brasil. E saía meu endereço e mandavam fotos. Quando cheguei pela primeira vez na Argentina, saiu no jornal em ídiche, dizendo que estão convocando os conterrâneos para um banquete em homenagem a mim, ao meu nome de solteira. E tenho uma foto com tanta gente: meus dois tios foram comigo. E toda vez que eu ia pra Argentina, sempre faziam reuniões.

E a mesma coisa era em Paris e nos Estados Unidos. Quando eu fui em 1980, fiquei hospedada numa conterrânea, no Brooklin. Tinha amigos em Chicago e Israel. Era uma colônia razoavelmente grande. Mas a geração está acabando e sobraram poucos. Posso contar nos dedos.

De objetos da infância eu não tenho nada. O que sobrou é essa correspondência que recebia no campo de concentração e depois, na Ásia Central. Tenho algumas cartas. E de resto eu consegui algumas fotos que estavam aqui com minha família. Meus pais tinham mandado. Se você quer ver esse retrato no meu quarto... é simples, mas dê uma espiada.

*

Quando eu vivia na Polônia, mesmo no meio de um ambiente às vezes de anti-semitismo, eu me sentia patriota. Porque fui educada na escola e os poloneses são patriotas. E eu me sentia bem. Depois da guerra, depois que a gente constatou a triste realidade, eu me tornei um pouco mais religiosa. Acho que foi um protesto contra o anti-semitismo. Porque depois que voltei pra Polônia, na rua de Lodz, eu estava conversando com uma conhecida, sobrevivente também, em ídiche. E duas senhoras polonesas, do nosso lado, falaram bem alto: "De onde surgiram? Pensei que todas tivessem morrido e de repente apareceram". Eu, sem medo, briguei com elas. E me agarrei à tradição e resolvi criar meus filhos dentro da realidade judaica. Hoje em dia sigo ainda alguns preceitos, mas não sou muito religiosa.

*

Olha, esses dias que nós conversamos me fez voltar todo o passado. E se durante tantos anos eu não quis lembrar nada, agora parece que foi gratificante. Eu só lamento se falei alguma bobagem ou falei demais. Mas, geralmente, uma pessoa de certa idade não consegue medir as palavras. E por isso peço perdão...

Parte III

Diálogo entre Amigos

8. Matrizes da Memória

As narrativas dessas histórias de vida são como convites para que o ouvinte acompanhe os memorialistas em suas trajetórias rumo ao momento ora compartilhado. "Meu nome é Rosa. Eu nasci na Polônia, numa cidade chamada Cholojov. Nasci em 1922. Agora estou no Brasil. Estou aqui com o neto de uma amiga minha, a Cesia...".

Desde os mais remotos quadros espaço-temporais habitados às horas em que nos encontramos para recolher suas lembranças, cada narrador enfrenta, de modo singular, a tarefa de unir o princípio ao presente. Panoramicamente, diríamos que a família perdida na guerra rege a autobiografia de Cesia. A memória de D. Elka se dobra sobre imagens repletas de beleza. Mendel conta sua vida como a biografia de um trabalhador. D. Rosa narra passagens épicas, em que a ameaça de morte é reveladora de sua coragem. E, finalmente, as memórias de vida de D. Sara são tecidas à luz do que ela nomeia tradição.

Foi Simônides de Céos (cerca de 556-468 a.C.) quem definiu os dois princípios que, para os antigos gregos, regiam a memória: as imagens que são lembradas e a maneira como são organizadas[1]. Por aquilo que conta um memorialista e pela maneira como conta, ele atribui uma personalidade à sua autobiografia.

Novamente Benjamin:

verdadeiras lembranças devem proceder informativamente muito menos do que indicar o lugar exato onde o investigador se apoderou delas. A rigor, épica e rapsodicamente,

---

1. J. Le Goff, *História e Memória*, p. 440.

170 MEMÓRIAS DE VIDA, MEMÓRIAS DE GUERRA

uma verdadeira lembrança deve, portanto, ao mesmo tempo, fornecer uma imagem daquele que se lembra, assim como um bom relatório arqueológico deve não apenas indicar as camadas das quais se originam seus achados, mas também, antes de tudo, aquelas outras que foram atravessadas anteriormente[2].

O trabalho da memória resgata preciosidades depositadas em camadas profundas da subjetividade dos narradores, não sem fazer emergirem grãos mais tardiamente sedimentados pelas experiências no mundo. As imagens reconstruídas pela narração ganham tonalidades conferidas pelo atual relacionamento dos memorialistas com o passado.

DIVISÕES DO TEMPO

Os percursos desenrolados pelas narrativas não são lineares. As narrativas avançam e recuam sobre a linha do tempo vivido. O passado lembrado envolve suspensões: cada instante é vivido como um "agora", esses "agoras" rompendo a continuidade da história[3]. A memória transborda as margens espaço-temporais em que fluem os acontecimentos vividos.

Chama a atenção como nossos narradores operam divisões sobre o tempo vivido.

Apoiada sobre as lembranças narradas por velhos paulistanos, Ecléa Bosi[4] verifica que a infância costuma ser larga, composta por ampla gama de nuanças afetivas das pessoas e dos lugares. É custoso passar à juventude. Quando o faz, o memorialista geralmente assume um caminhar mais desenvolto. Na idade madura, o passo é rápido sobre acontecimentos que se repetem, empobrecidos. A velhice é o momento do trabalho da memória.

Nossos memorialistas tinham entre 15 e 22 anos quando suas aldeias e cidades foram ocupadas por soldados alemães. As recordações dos anos vividos nesses lugares nos conferem, na maior parte das vezes, a impressão de um tempo que corre todo uniforme: a convivência com os pais e irmãos, a familiaridade com a paisagem das cidades, a permanência da vizinhança e a proximidade de um acervo de hábitos, rituais, vestes, saberes e idioma que, em alguma medida ameaçados, conferem relevo à comunidade judaica.

O tempo é compassado pela escola, pelo lazer, pelos trabalhos em que os memorialistas tomam parte e por datas sagradas do calendário judaico. São acontecimentos por meio dos quais as lembranças assentam sobre o rotineiro, sobre um cotidiano largo.

2. W. Benjamin, *Obras Escolhidas II*, pp. 239-240.
3. Idem, "O Narrador...", em *Obras Escolhidas I*, pp. 197-221.
4. E. Bosi, *Memória e Sociedade: Lembranças de Velhos*.

MATRIZES DA MEMÓRIA 171

Há, porém, acontecimentos extraordinários. Tão vivas são as significações neles concentradas que acabam por constituir marcos temporais nas biografias. Quando narrados, o pêndulo continuado das recordações é interrompido pelo badalo que demarca os anos vividos em um antes e um depois.

Ficaram, para Cesia, a viagem do irmão para Varsóvia e a mudança da casa em que a família viveu a maior parte dos anos.

D. Rosa recorda o incêndio de sua casa, quase contemporâneo à morte do pai e ao seu casamento, quando deixou a casa materna para viver na fábrica em que trabalhava o marido.

O pai de D. Elka é a pessoa mais encarecida de sua biografia. O dia em que foi alertada de que não mais tinha idade para permanecer o tempo todo ao seu lado se oferece como referência temporal às lembranças.

Lembranças cujas evocações são marcos temporais das biografias sugerem que a memória é regida por uma temporalidade própria. Não encontra referência cronológica nos calendários. Antes, é compassada pela experiência.

Em meio às lembranças de D. Elka, outra referência temporal é o casamento. São porém incipientes as recordações da casa para onde mudou com o marido. Ela foi logo destruída pelo bombardeio à cidade.

Nas lembranças aqui reunidas, a experiência de ruptura biográfica desfaz as distinções entre o que seriam memórias da infância, da juventude, da maturidade e da velhice. O rompante da guerra é a mais nítida demarcação do tempo nas histórias de nossos memorialistas.

Cesia conta: "Mas em 1939 apareceu a guerra e eu não tive juventude. Eu acho que estou mais jovem agora do que naquele tempo. Eu acho que perdi toda a juventude e chegou agora, tarde, na terceira idade".

MEMÓRIA ESPACIAL

Quando a memória está ocupada com os anos vividos na Polônia, as paisagens em que viveram nossos depoentes assumem dimensões espaciais bem determinadas.

O mapa com que Cesia nos presenteara antes da passagem por Garbatka é uma reconstrução visual de sua cidade. Enquanto recorda, Mendel também convida a batermos de porta em porta em seu passado, relacionando os sobrenomes das famílias que moravam em sua rua.

A distinção entre os ofícios de judeus e poloneses traça as plantas das recordações de D. Elka, D. Rosa e D. Sara. Em suas cidades, o centro era habitado por judeus dedicados ao comércio e à manufatura. Em seu entorno viviam os poloneses, geralmente ocupados com o cul-

172 MEMÓRIAS DE VIDA, MEMÓRIAS DE GUERRA

tivo de alimentos. Os efeitos dessa distribuição ganham desdobramentos. Se as recordações de D. Rosa ganham o amparo de uma memória acústica que ecoa o silêncio dos sábados no centro de Cholojov, uma memória olfativa leva D. Sara a recordar o aroma de toicinho exalado pelas casas mais periféricas de Zelechów. Diversos são os aspectos do mundo sensível que informam estes quadros espaciais.

O mapa sonoro esboçado por D. Rosa ganha contornos mais precisos quando os depoentes nos contam as práticas idiomáticas dos moradores de sua cidade. Mendel lembra que os judeus apenas conversavam em ídiche, porém a escola marcava o lugar em que era obrigado a falar o polonês. D. Elka enfatiza, não sem alguma ironia, a restrição do ídiche à vida familiar: "Se eu falava ídiche na cidade? Quando falava com papai na cidade, sempre".

É preciso que as lembranças melhor definam a escala em que estão mapeando o espaço.

Cesia dimensiona: "Quando eu ia pra uma cidade a uns 15 quilômetros de Garbatka, pra ver meus primos, a minha mãe me levava na estação e chorava porque eu estava viajando. Era desse jeito".

D. Elka: "Todo ano nós viajávamos. Ia a família toda, menos papai: mamãe e os filhos. Íamos viajar a uns cinco quilômetros de Siedlce. Passávamos férias lá, ao ar livre".

A aderência entre a memória de gente e a memória espacial ganha força quando as lembranças se ocupam com tempos de pouca mobilidade. São condições em que o recordar conta com apoios vigorosos do mundo sensível. Reconstruir o passado implica vê-lo, cheirá-lo, escutá-lo.

*

Nossos memorialistas dividem com nitidez os lugares em que viveram. Os sobrenomes dos vizinhos, suas ocupações, os idiomas de suas conversas e os rituais religiosos em que tomam parte separam um mundo judeu de outro, não-judeu.

Se um primeiro olhar sugere uma rígida oposição entre dois universos estanques, mais complexo torna-se o mundo quando as lembranças penetram os movimentos da vida cotidiana. Com as aproximações e as interpenetrações entre judeus e poloneses, as justaposições são superadas por contradições. As trocas de influências e os choques então gerados são traduzidos por encontros ora cordiais, ora opressivos entre os habitantes das cidades.

Por meio desses encontros e desencontros surgem jeitos de viver que colocam em diálogo as heranças do passado e as exigências do mundo contemporâneo.

Comecemos pelas casas das famílias de nossos memorialistas. As divisões operadas pela memória espacial estão fundadas sobre a vida doméstica. São elas as mais finas granulações nas imagens genéricas das aldeias e das cidades[5].

LEMBRANÇAS DO TRABALHO

As narrativas dos tempos precedentes à guerra são reveladoras de uma proximidade entre a casa da família e o ofício dos pais de nossos memorialistas. O lar e a oficina, o lar e o pequeno comércio, conviviam sob um mesmo teto. Inexistia o hiato que, no mundo contemporâneo, separa a vida mais informal, compartilhada junto aos parentes e aos amigos, do mundo do trabalho.

Às vésperas do *Pessakh*, as casas de D. Sara e D. Rosa ficavam cheias de gente interessada em encomendar novas vestes para a ocasião. Porém, absorvida pelos estudos e pela vida cultural da cidade, D. Sara pouco participava do trabalho da mãe. D. Rosa lembra que o pai passava mais tempo com os filhos do que na fábrica. A participação da figura paterna na vida familiar imiscui-se entre as etapas da confecção de roupas. O ofício e a vida familiar pulsam consonantes, ressoando um sobre o outro.

No cotidiano doméstico evocado por Cesia, o mundo do trabalho penetra por cantos diversos. No quintal, o pai cuidava da rês abatida, cujo couro aguardava o inverno para ser vendido e cujo pernil, vetado aos hábitos *kosher*, seria igualmente negociado. Ao comércio também se destinava a gordura dos gansos alimentados pelo pai. A casa reservava um espaço ao armazém que, então, solicitava a participação de toda a família. É como a aprendizagem de um tino comercial que Cesia recorda a abertura de um segundo armazém, agora junto ao passeio dos ricos veranistas.

Do couro ao sapato, as lembranças de D. Elka refazem as etapas da produção que tinha lugar na oficina de seu pai, acentuando aquelas nas quais ela podia tomar parte.

Mendel conta-nos outras tarefas da criança na oficina do pai sapateiro. Cabia ao menino endireitar os pregos e buscar a água para amaciar o couro. Durante as caminhadas que eu e minha tia fizemos ao seu lado pelas ruas de Budapeste, um percurso diário nos colocava diante de uma loja de artesanato. Em sua vitrine repousava a escultura de um sapateiro em seu ofício. Em uma dessas passagens meu avô entrou na

---

5. Este trabalho, alinhado à Psicologia Social de Solomon Asch, toma os fatos sociais como resultantes das interações psicológicas, das experiências de cada homem com outros homens. Não de seu somatório, mas de seu relacionamento estrutural: "a interação produz uma quantidade de objetos, posições e relações de grande duração, compreensíveis apenas em termos de seu contexto e funções sociais". Ver S. Asch, *Psicologia Social*, p. 153.

174 MEMÓRIAS DE VIDA, MEMÓRIAS DE GUERRA

loja e trouxe consigo a estatueta. A pequena figura finalmente conferia alguma tangibilidade às lembranças de quem jamais teve em mãos um retrato da família perdida na guerra. É como trabalhador que Mendel lembra do pai.

Todos os memorialistas dão às mãos a lembranças de seus pais para adentrarem na teia de relações econômicas de suas cidades. O pequeno comércio convidava, para a casa, gente que acabaria por dispersar para o mundo público a mercadoria desenhada sob os olhos da criança. Se para os mais novos a porta da casa materna é abertura para a cidade, esta transcendência recebe o impulso de alguma convivência com o ofício dos adultos. Memórias da família e memórias do trabalho vêm atravessadas umas pelas outras. A casa, a oficina e o comércio coabitam o centro geométrico do mundo reconstruído pelo lembrar.

*

Geralmente, é como brinquedo que as crianças participam do trabalho dos mais velhos. A brincadeira é experiência de liberdade: propicia a apropriação de novas habilidades e a inserção em relações humanas orientadas por valores e saberes que, lentamente, serão digeridos e assimilados.

Eu ainda era criança quando meus avós fecharam sua loja de roupas no Bom Retiro, cenário de incontáveis tardes de menino. Da porta ao fundo da loja, onde eles costumavam ficar, era preciso atravessar uma imensidão de vitrines, prateleiras, vendedores e fregueses que conformavam uma atmosfera grandiosa. Algumas vezes reunia coragem para subir ao sótão escuro e misterioso, onde meu avô fazia a sesta em meio ao pó que envolvia as mercadorias e de onde a loja se descortinava, toda alcançada pelo olhar. Mais freqüentemente, limpava pacotes e prateleiras com o espanador de penas e sentava à mesa de meus avós para desenhar. Por toda a loja, espalhavam-se o que pareciam ser enormes blocos de madeira, cheios de arestas e vértices pontiagudos, pouco convidativos aos movimentos da criança. Apenas recentemente, passeando pelo Bom Retiro, um *dejavú* trouxe a compreensão do que terão sido: "sobre esses balcões as roupas eram desdobradas aos olhos dos fregueses!".

Se para nossos depoentes a revelação do mundo dos ofícios recebe apoio parental, outras portas igualmente se abrem à entrada das lembranças de Mendel nesse universo. Os trabalhos que o menino realizava nas ruas, às margens da iniciação familiar, obedecem a um regime diverso daquele que orientava sua participação no trabalho dos pais.

A autobiografia de Mendel, já o dissemos, é a memória de vida de um trabalhador. É o único memorialista cujas lembranças abrangem vivências da pobreza imediata. O menino, criativo e habilidoso, traba-

MATRIZES DA MEMÓRIA 175

lhava sem a companhia do adulto, mais absorvido pelo ganho do que pelo brinquedo, pela carne do que pelo símbolo. São atividades, essas nas quais ele se lança, cujas imagens nos chegam mescladas com os trabalhos realizados durante a guerra. Neles, o campo das iniciativas atrofia e o fazer se converte em uma sucessão de movimentos mecânicos, brutos, obedientes e alheios ao fim a que se prestavam.

O fio condutor dessas recordações de Mendel é a relação entre os esquemas corporais e o suprimento de necessidades que o relógio biológico não deixa esquecer. A memória encadeia esforços pela sobrevivência. Em Kozienice, Mendel recolhia vidros e pontas de cigarros pelas ruas e viajava como caixeiro em um caminhão de mercadores. Construído o gueto, participou da construção de um canal e fazia a faxina para os soldados alemães. Nos campos de concentração, construiu fábricas, estradas e trabalhou em uma linha de produção de munições. Finda a guerra, experimentou, em Paris, as tarefas de costureiro e comerciante de produtos contrabandeados. Finalmente no Brasil, dedicou-se ao comércio de roupas. Na autobiografia de Mendel, o fazer equivale à salvação.

Para Hannah Arendt[6], a vida ativa abrange três dimensões. A ação é a atividade exercida diretamente entre os homens, por meio de atos e palavras. O trabalho abrange o ato humano e, igualmente, seu produto, cuja permanência transcende uma vida individual. De outra ordem é o labor, ato por meio do qual são supridas as necessidades primárias do organismo. Seus produtos são incorporados e metabolizados pelo processo vital. O labor morre com o homem.

Ocupada com tempos de carência material, a narrativa de Mendel muitas vezes não pode retomar os trabalhos como tradição, ensinamento ou projeto voltado a horizontes mais longínquos. As imagens por meio das quais são retomados os trabalhos põem mais à prova os músculos do que as idéias. "Eu não tenho profissão, Fernando. Estava na escola, mas eu lograva meus pais. Falava que eu ia pra escola e ia juntar vidros. E eu ia vender esses vidros pra ganhar pão, alguma coisa".

É como labor que Mendel reconstrói sua biografia.

Sua narrativa inclui momentos de parada, em que o memorialista experimenta alguma admiração pelos feitos agora evocados: a ousadia do menino ("era o único judeu que trabalhava no meio dos motoristas poloneses"), a habilidade e a resistência do prisioneiro de guerra ("Eu fui um trabalhador que pegava logo o serviço, que aprendia. Nós trabalhamos quatro pessoas em cada lata. E onde eu trabalhava terminava antes o serviço") e a reconstrução material nos anos que sucedem a guerra ("eu acho que hoje não daria pra fazer esse trabalho").

Em nossa viagem à Polônia, houve uma noite em que, exaustos, sentamos para "fazer hora" em um restaurante de Cracóvia. Almoçára-

6. Cf. *A Condição Humana.*

176   MEMÓRIAS DE VIDA, MEMÓRIAS DE GUERRA

mos tarde, de modo que aquele pouso mais se destinava a uma última conversa antes de nos deixarmos vencer definitivamente pelo cansaço. Meu avô insistia para eu comer alguma coisa e o incômodo experimentado diante de minha recusa por muito tempo habitaria suas lembranças da viagem. Naquela ocasião, ainda à mesa, recordou de um episódio vivido quando tinha oito anos. Sensível à carência material da família, houve um dia em que comprou o pintinho que um amigo lhe oferecera. Durante um período, alimentou-o às escondidas. E vendeu-o, já uma galinha, a uma rica senhora de Varsóvia, por fabulosos cinco *zloty*, então entregues ao pai. Primeiro ganho daquele que viria a ser um próspero comerciante.

Há momentos em que o passado narrado parece libertar a consciência para uma comunicação com virtudes pessoais. Mesmo sobre um tempo de degradação podem frutificar recordações moralmente altas.

LEMBRANÇAS DA RELIGIÃO

Nos anos vividos na Polônia, D. Rosa comparecia diariamente à sinagoga. Ainda lembra, rindo, das roupas usadas nessas ocasiões. Cesia e D. Sara acompanhavam os pais, especialmente em feriados judaicos. Mendel freqüentava uma *ieschivá*. E D. Elka evoca a beleza do templo de sua cidade e da voz do cantor cujos timbres o preenchiam.

É, porém, na vida doméstica, mais do que no espaço público, que residem as mais vivas recordações de hábitos, valores e rituais por meio dos quais o judaísmo orientava o cotidiano. A memória familiar, toda repassada pelo trabalho dos pais, com igual força acentua a aproximação da criança à tradição religiosa.

Cesia reconhece a aprendizagem gerada pelo acompanhamento dos estudos e das rezas do pai. E D. Rosa lembra dos preparativos para o *Schabat* que ocupavam a sexta-feira.

Com exceção da casa de Mendel, onde apenas a mãe mantinha hábitos *kosher*, nas casas dos demais memorialistas vigorava a lei dietética judaica. É pelo alimento que as recordações mais nitidamente diferenciam o que eram casas judias e polonesas.

Igualmente, muitas são as lembranças dos feriados judaicos que nossos narradores escolhem para contar. *Purim* ficou, para Cesia e D. Rosa, como um dia de celebração junto à vizinhança. Outros dias sagrados são evocados como momentos em que a família de Cesia se reconstituía com a visita do irmão que vivia em Varsóvia. Ela ainda recorda o *Seder*:

Na Páscoa era gostoso. Tinha uma louça especial pra nós três, eu e minhas duas irmãzinhas. Nós tínhamos uma mesinha especial com três cadeirinhas. E a gente comia lá nessa mesinha, sempre. E isso mesmo eu fiz pras minhas filhas quando eram peque-

MATRIZES DA MEMÓRIA 177

nas. Eu copiava muito da minha casa. Porque fui muito arraigada com isso. Então eu ainda fico feliz quando eu consigo fazer alguma coisa igual.

Ainda hoje, por ocasião de *Pessakh* e *Rosch Haschaná*, Cesia prepara um jantar em sua casa. Minhas mais antigas lembranças dessas ocasiões revelam, à cabeceira da longa mesa, a figura de meu avô. O extremo oposto confere lugar aos netos que, em tempos mais recentes, têm se interrogado, jocosamente, pelo dia de sua diáspora para assentos mais centrais. Esse momento ainda não veio. O tempo, que passou para os netos, igualmente tratou dos pais e dos avós. As lembranças de Cesia reservam um canto que continua a acomodar apenas os mais novos.

Do *Pessakh*, ficaram para D. Sara os cuidados com a casa. Quando, em meio à louça destinada apenas àqueles dias, algo se quebrava, a menina se deliciava com os passeios e compras nos quais acompanhava a mãe. As lembranças de D. Rosa conferem nitidez a figuras familiares. Após a morte do pai, o irmão assume seu papel nas celebrações do *Seder*.

As memórias de vida de D. Rosa, excetuando os momentos em que se ocupa com lembranças da guerra, são todas repassadas pelo conhecimento da Lei judaica e por discussões sobre a *Torá*. Suas lembranças ensinam a origem e a significação de preceitos e rituais: a dietética *kosher* ("...está escrito na Bíblia: 'não cozinharás o bezerro no leite da mãe dele'"), o convite do pai aos menos abonados para que comessem em sua casa ("...a *Hagadá* diz assim: 'quem está com fome, que venha, que coma conosco. Escravos éramos na terra do Egito, na terra do faraó'") e a história de *Purim* ("É uma libertação, também. Quando saiu, na Pérsia, uma lei pra liquidar os judeus"). Enquanto lembra, D. Rosa revela o nascedouro da tradição mantida viva em sua história. Um cabedal de discussões sobre as leis judaicas é posto em diálogo com vivências pessoais, aproximando sua autobiografia de um *Talmud* pessoal. Se essas referências acentuam a orientação de heranças bíblicas e a inserção de sua história em uma cadeia de tradições, igualmente funcionam como recursos da consciência para lidar com acontecimentos que, de outro modo, fugiriam ao alcance da compreensão.

LEMBRANÇAS DA ESCOLA

As escolas são os meios cujas recordações mais intensamente evocam a aproximação direta entre nossos memorialistas e outros moradores de suas cidades. Os acontecimentos nelas vividos pelas crianças apóiam a discussão sobre a convivência entre judeus e poloneses.

178 MEMÓRIAS DE VIDA, MEMÓRIAS DE GUERRA

D. Elka tinha pouco contato com meninas polonesas de sua classe. Ficou gravado o dia em que o pai de uma colega polonesa, insatisfeito com o fato de a diretora ser uma judia, levou a filha da escola. D. Rosa recorda que as crianças judias não compareciam às aulas aos sábados, porém não recebiam falta. A consideração pela tradição religiosa também é sugerida pelo fato das crianças judias jamais receberem o castigo de ficarem ajoelhadas, como era imputado aos demais alunos. Ela ri quando conta sobre as formas infantis assumidas pelas desavenças entre judeus e poloneses.

As palavras de Mendel igualmente revelam o mal-estar dessa convivência. Ele se afasta do microfone: "...posso falar tudo?". Então, prossegue, narrando as brigas entre meninos judeus e poloneses, as quais nomeia como guerras. Esta antecipação da guerra gera enigmas sobre a infância. Mendel nos oferece, bem humorado, as *ieschivás* como contraponto: "agora, na escola ídiche, sabe como é que é, nós brigávamos como dois ídiches". Desde então, retornando às desavenças entre meninos judeus e poloneses, como discernir o que terá sido próprio ao universo infantil do que terão sido indícios do porvir?

Recolhendo lembranças da escola, D. Sara pouco se recorda de algum anti-semitismo, ainda que ressalte alguma distância entre alunas judias e polonesas. Ficou impressa em sua memória a viagem de formatura para Cracóvia, quando a condição de boa aluna permitira ser a única criança judia a participar da empreitada. Os sábados de ausência da escola, lembrados por D. Rosa com desconforto, trazem à D. Sara a figura de uma colega polonesa que vinha a sua casa trazer-lhe as lições do dia.

Cesia carrega vivas evocações de sua participação na vida escolar. A separação das colegas polonesas, que anunciava as aulas de religião, ainda machuca as lembranças. A memória tateia a exclusão experimentada pelas crianças judias, porém acaba por agarrar-se a imagens outras, todas penetradas de afetos: as vestes ("...um aventalzinho, às vezes só preto, abotoadinho, com bolsinhos, bonitinho".), os professores ("Tinha um professor que gostava de um canto. Eu andei ontem, fiz *cooper*, eu cantei essa canção. Eu juro por Deus!"), as poesias ("as poesias polonesas eram lindas, lindas, lindas, muito profundas, românticas"), o coral ("Eu cantava no coro. Me chamaram e eu saí do coro, sozinha com a bandeira: 'que viva o 3 de maio!'") e mesmo a rígida disciplina ("Você ia ao banheiro, não podia atrasar um minuto, senão você ia no canto pra ficar ajoelhado uma meia hora. Ou senão, com tabuinhas, batiam na palma da mão. Mas com tudo isso era gostoso").

Não apenas nas escolas, Cesia e D. Sara circulavam entre conterrâneos convocados pelas lembranças para compor o cotidiano. D. Elka, Mendel e D. Rosa são memorialistas cujas lembranças escolares mais reforçam a separação: a efêmera participação entre poloneses acentuava o anti-semitismo e confirmava o pertencimento ao mundo judaico.

MATRIZES DA MEMÓRIA 179

ECOS DA GUERRA SOBRE A MEMÓRIA DA INFÂNCIA

É preciso considerar que todos os memorialistas sublinham, em alguma medida, a participação de conterrâneos poloneses e ucranianos nas agruras impostas aos judeus de suas cidades.

Para a criança, conforme dissemos, são as vivências concretas que mais concentram significação[7]. Lembranças de partidos e leis anti-semitas, de discursos e do sentimento antijudaico, ganham força na memória quando repercutem sobre o cotidiano. É nesse âmbito da experiência que as idéias, os feitos e as palavras encontram tradução.

A contínua ameaça aos judeus de Garbatka não incidia diretamente sobre a menina Cesia. É pelo testemunho do sofrimento de seus pais que a exclusão toma forma entre as recordações: "Eu era sempre alegre. Mas em casa eu estava sempre triste, só ouvindo meus pais terem medo do anti-semitismo".

O conselho da mãe para que a filha sempre cativasse a afeição das pessoas, proferido no momento em que a guerra as separou, repercute, retrospectivo, sobre as lembranças de Cesia: "Em Garbatka, eu tinha amigas judias, mas tinha também muitas amigas polonesas. Eu tinha muito boas amigas. Eu me sentia bem com elas e elas comigo. Eu era judia e o anti-semitismo era muito grande lá. Mas eu especialmente não sentia muito. Porque eu me adaptava a cada um. Como hoje".

D. Sara conta sobre "anti-semitismo e raiva" que existiam em Zelechów, mas não escolhe um episódio preciso para narrar.

É de maneira mais vaga e menos direta que Cesia e D. Sara abordam a segregação e a ameaça aos judeus.

*

A idealização da infância marca, em alguma medida, as lembranças de velhos.

É o caso da memória gastronômica de Mendel: "E lá tinha doces, uma padaria de doces, Fernando, doces assim eu nunca comi na minha vida, de tão bons. Lá tem os melhores doces do mundo".

As recordações das cidades de D. Rosa, igualmente às de Mendel, abrangem traços superlativos. São, porém, precisos, pontuais. Não se espalham sobre toda a paisagem do quadro infantil. Antes, são assombradas pela ameaça ao mundo judaico.

É preciso reconhecer, sobretudo nas autobiografias de Mendel e D. Rosa – depoentes cujas lembranças mais fortemente evocam o anti-semitismo existente em suas cidades – que os anos vividos na Polônia são insistentemente entrecortados por imagens da guerra. Irrompem

---

7. E. Bosi, *Memória e Sociedade: Lembrança de Velhos*, p. 74.

180   MEMÓRIAS DE VIDA, MEMÓRIAS DE GUERRA

súbitas, como que reproduzindo o brusco impedimento do mundo à participação dos narradores.

Mendel, já o dissemos, passa repetidas vezes dos movimentos da criança aos trabalhos forçados do prisioneiro. Em sua autobiografia, a cidade natal, como a de D. Rosa, é invadida por soldados alemães, sem que as lembranças da infância a tenham habitado. Ela começa: "Agora eu vou contar minha história da minha vida. Quando começou a guerra eu tinha dezessete anos. Foi quando os alemães atacaram a Polônia".

Para esses memorialistas, é custosa a demora do pensamento sobre a infância. Os passos apressados em direção aos anos da guerra são como a turbulência das águas que estão prestes a despencar do alto de um despenhadeiro. É sobre acontecimentos da guerra que querem falar estes memorialistas. Nova espera para contar possivelmente perpetuaria a tirania de imagens que não tomam forma nas palavras. O que tem sido esta vida senão a guerra?

É preciso, ainda, apontar a expectativa, por parte desses narradores, de que nosso interesse repouse somente sobre os anos de guerra. Esta equação redutora de suas histórias de vida tem recebido fomentos sociais que ameaçam estereotipar a condição do sobrevivente. A participação do entrevistador pode atuar como lastro que convida a memória para um repouso sobre terras que têm sido atravessadas a passos largos.

*

Quando estão ocupadas com lembranças da infância e da juventude vividas na Polônia, Cesia e D. Sara reconstroem imagens coesas, geralmente pouco porosas aos anos de guerra.

As margens que limitam o fluxo dos acontecimentos vividos recuam e oferecem alguma calmaria para que a memória trabalhe ciosa sobre aqueles anos: o ir e vir do cotidiano não se deixa interromper.

D. Sara começa sua narrativa colocando-nos a par das condições em que separou-se dos pais, como quem estabelece os limites temporais do que primeiro irá narrar.

Cesia barra o acesso dos anos da guerra ao conjunto de imagens da infância: "Depois, quando bombardearam Varsóvia, meu irmão voltou pra casa. Trouxe tifo. Mas isso veio depois... já era o tempo da guerra".

A periodização do tempo realizada por estas memorialistas é reforçada pela atribuição de um colorido mítico[8] aos anos vividos na Polônia. Neles residem a virtude e a felicidade.

---

8. O que chamamos mitificação é definido por Le Goff (1996): "Para dominar o tempo e a história e satisfazer as próprias aspirações de felicidade e justiça ou os temores face ao desenrolar ilusório ou inquietante dos acontecimentos, as sociedades humanas imaginaram a existência, no passado e no futuro, de épocas excepcionalmente felizes ou catastróficas...". J. Le Goff, op. cit., p. 283.

MATRIZES DA MEMÓRIA   181

Quando Cesia conta sobre Garbatka, tudo é beleza: o melhor ar da
Polônia, os bosques maravilhosos em que cantarolava enquanto colhia
frutas e flores inexistentes em outros lugares. E recorda a educação
recebida:

> Minha mãe sempre deu uma boa educação. Deus o livre se eu abrisse as pernas
> quando ficava sentada. Sempre minha mãe batia: "fecha". E outras coisas: quando não
> andava direito, com postura, também. Eu estava muito feliz. É isso.

São tempos muitas vezes contrapostos à idéia de progresso. Cesia
e D. Sara destacam a simplicidade das moradias, a ausência de banheiro, torneiras e chuveiros no interior de suas casas. Nada disso porém
traz lembranças de algum desconforto. É pelo desconhecimento sobre
outros jeitos de viver que essas memorialistas explicam a felicidade
então experimentada. Cesia arremata:

> Pode ser que eu não soubesse de outra vida, porque quando passava avião lá em
> cima eu não acreditava que tinha gente dentro. Quase não via carro. Acho que se não
> tivesse guerra ia até hoje estar lá.

O passado extraordinário marca a gênese de suas experiências no
mundo. Pelos olhos da criança é que nos chegam tão benevolentes
imagens. Se as recordações terão que enfrentar a passagem dos anos e
a perda deste mundo, há momentos em que o pensamento repousa sobre um passado que, por preceder os anos da guerra, parece anteceder
a invenção do tempo. Ele é habitado por traços vividos como inatos à
existência: "O ídiche nascia junto com a gente", observa D. Sara.

São momentos em que as narrativas mais se aproximam de um
reviver por meio de imagens-lembrança bergsonianas: o passado parece conservar-se com alguma pureza. Quando o trabalho da memória
retoma esses mesmos quadros, porém iluminados pelos acontecimentos que os sucederiam, a narração não se faz sem ambigüidades. Cesia
e D. Sara assumem novas perspectivas sobre o que contaram até então.

Cesia explica por que não quis voltar à Polônia com o marido, a
filha e o neto:

> Porque eu acho que se eu visse minha casa, onde eu nasci, onde eu fui criada, pra
> ver essas mesmas paredes, eu não ia agüentar. Eu senti que ia me fazer mal. E não
> queria ver poloneses de lá na minha frente. Porque de tantas amizades que a gente
> tinha, com amigas na escola e tudo, mas eram amizades falsas.

D. Sara opina, como que desvendando as recordações:

> Não se deve generalizar, mas nós sabemos bem que a maioria era anti-semita.
> Senão não teria morrido tanta gente. Os alemães não sabiam no começo quem era
> judeu e quem não era. Foram os poloneses que indicaram.

182 MEMÓRIAS DE VIDA, MEMÓRIAS DE GUERRA

Esse desvelamento do passado é acompanhado por sua ressignificação.

A participação das crianças judias entre polonesas gera enigmas disparados pela convivência de relações ora igualitárias, ora opressivas. Se nossos memorialistas reconhecem os riscos da generalização e do agrupamento de tantas gentes sob a pecha de "os poloneses", é porque as lembranças lhes oferecem rostos e vozes que pedem para ser nomeados. Há momentos em que a comunicação com vivências concretas vale como uma desconstrução de estereótipos e incrementam a compreensão de experiências que não se fazem sem ambivalências.

Como ir à escola, cantar o hino polonês, louvar os feitos dos reis e a autonomia do país se, em casa, os pais choram as ameaças de um mundo que não pode ser experimentado como seu? Como abraçar um passado que mais projeta uma ameaça?

*

As formas assumidas pelas narrativas não são inexoráveis às imagens lembradas.

Narradores que mais vivamente reexperimentam participações igualitárias se lançam ao trabalho de proteger as lembranças desses anos, isolando-as da violência da guerra. Outros, para quem a vivência do anti-semitismo parece ter sido mais direta, imiscuem imagens da infância e da corrosão de seu universo: os anos vividos em cidadezinhas polonesas parecem contaminados pela opressão e pela violência que a guerra viria a acentuar.

Os abalos gerados por uma ruptura biográfica pedem saídas diversas à memória dos anos que a antecedem.

LEMBRANÇAS DO PRINCÍPIO DA GUERRA

Lembro do dia em que minha avó retirou a pintura de Garbatka da parede de sua casa e revelou-me seu verso. O outro lado da tela, permanentemente voltado à parede, encerra outra pintura de autoria do mesmo amigo.

*

As narrativas de nossos memorialistas parecem atribuir a determinados acontecimentos as marcas do que terá sido início da guerra.

Do pai de D. Elka ficaram imagens do dia em que foi levado ao trabalho vil pelos alemães.

Figura 9: Sem título (Icek Cymerman, s.d.).

D. Rosa ri quando lembra que a mãe, na noite em que começou o bombardeio a Cholojov, julgou que ressoava, aos ouvidos da filha, o som dos bumbos do baile de onde acabara de chegar.

É pelo quintal da casa, aberto para o trigal que abrigara as brincadeiras de criança, que Cesia vê a guerra adentrar em suas lembranças:

> E de repente começou a guerra. De verdade. A gente tinha um quintal bem grande. No nosso quintal chegaram alemães que iam pra fronteira russa com caminhões. Rapazes alemães, soldados. E naquela época a gente não sentia que ia ter uma matança de judeus. E começaram a paquerar a gente... eu, minha irmã. No quintal, perto da nossa casa tinha bancos pra sentar. E sentavam, a gente conversava. Esses alemães traziam chocolate pra gente. Eram assim, gente boa. Nós pensamos que isto era a guerra.

São estágios embrionários estes em que as lembranças da guerra não apagaram o campo de algumas iniciativas frutíferas e de relações aparentemente cordiais. Enquanto a guerra assume formas ainda cabíveis no cotidiano, as palavras agarram aquilo que resiste como apoio à memória e que a vivência de uma ruptura biográfica irá roubar-lhe. Desde então, faltam recursos lingüísticos à elaboração do vivido.

D. Rosa assim descreve a ocupação alemã de sua cidade: "Foi um desastre grande. Mas a gente não acredita que pode acontecer. Era inumano. Isso ninguém, nem a história pode contar".

184 MEMÓRIAS DE VIDA, MEMÓRIAS DE GUERRA

Cesia recorda Bergen-Belsen: "São umas histórias que a gente não pode imaginar. Quem não participou junto não sabe. Não pode saber, não pode nem imaginar que era pra ver tantos mortos na vida". Discutindo a impossibilidade de intuição daquilo que foge ao plausível, D. Sara justifica o fato de poucos judeus de Zelechów terem emigrado antes da guerra. Como julgar ingênuos aqueles a quem seriam reservados acontecimentos que ainda hoje não se deixam abraçar pela consciência?

*

Para alguns memorialistas, a perda da casa pontua o início da guerra. A casa de D. Elka, já o dissemos, foi destruída em um bombardeio.

Quando do confinamento dos judeus de Garbatka ao gueto, a família de Cesia teve que abandonar sua casa, passando a viver com outra família.

Caso diverso foi o de Mendel. O gueto de Kozienice circunscreveu a casa de sua família. O mesmo teto passou a abrigar gente vinda de outras cidades.

Quando a moradia deixa de valer como abrigo à vida familiar, sua significação é desfeita. Tampouco persistem suas aberturas quando, em seu entorno, o caminhar é cerceado por limites intransponíveis e as palavras, por necessidade, apenas podem referir-se à miséria, à doença e à morte.

A perda da casa acompanha um processo mais amplo de impedimento do mundo aos nossos memorialistas.

D. Elka, D. Rosa, Mendel e Cesia presenciaram os bombardeios alemães às cidades em que viviam. Deixaram as casas em que ainda viviam e dirigiram-se para áreas rurais, menos sujeitas aos ataques. São instantes de cancelamento do cotidiano. Outras serão as formas e as cores por meio das quais as cidades voltarão a brotar entre as lembranças.

Do retorno a Kozienice, Mendel lembra das casas saqueadas por aqueles que ali permaneceram. E, em Garbatka, tudo fora roubado de um dos armazéns da família de Cesia.

D. Rosa retrata os pormenores do momento do bombardeio a Cholojov: a separação da mãe, a corrida com a irmã mais nova em direção à fábrica, corpos humanos, animais, casas, enfim, o lugar despedaçado, um mundo disperso.

Afastada de Siedlce, D. Elka recebeu notícias do fogo que destruía a cidade. Sua recordação vem atravessada pelo testemunho do marido, que tentava aproximar-se da paisagem esfumaçada, de onde vinha gente em sua direção. Adiante, D. Elka finalmente retornaria:

E assim chegamos e vimos nossa casa: não tinha mais nada. Eu só tinha um casaquinho com saia. Com isso eu fugi, com isso eu fiquei. Só que a casa da minha

MATRIZES DA MEMÓRIA

mãe estava inteira. E eu subi lá, encontrei todos. Eles ficaram escondidos em um jardim. Tinha um jardim lindo na nossa cidade. Era bonito, maravilhoso.

Em 1942, ano em que os alemães chegaram a Cholojov, os judeus foram transferidos para o gueto de uma cidade vizinha. Apenas receberam licença de permanência as famílias do médico, do padeiro e do químico industrial, marido de D. Rosa. O casal passou a viver na destilaria, sem no entanto poder aproximar-se da cidade.

Entre nossos memorialistas, apenas Cesia e Mendel viveram em guetos. Deles ficaram imagens de privações ao organismo, assassinatos, torturas e a visão de corpos dilacerados.

Mendel narra o que restou de comunicação do gueto com o entorno: os habitantes da cidade aproximavam-se da linha demarcatória para entregar pães aos judeus confinados. Benevolência que fundava o câmbio negro de alimentos no gueto.

Cesia ultrapassava, clandestina, os limites impostos aos judeus:

Eu saía como uma polonesa do gueto. Bem vestida como uma polonesa. Escondia meu cabelo crespo porque na Polônia se conhecia uma judia pelo cabelo crespo. Eles sempre tinham cabelos lisos. Eu saía de tarde. Até passei por uma escola onde estavam todos os nazistas. Mas com rosto bem escondido em um lenço, na cabeça. Não sei se era sorte, se não era sorte, não sei se é o destino da gente. E passei bem. Eu trazia coisas. Costurava e me pagaram um pouco.

As raízes não se deixam arrancar impunemente. A resistência, porém, mal pode ser percebida quando a memória se ocupa com tempos de abalo das iniciativas. São condições que eximem os seres humanos de responsabilidade sobre a própria existência. Desde então, suas sondagens sobre o que os teria levado a sobreviver recorrem à sorte e ao destino: encontram sentido no sobrenatural.

*

As lembranças do gueto conservam as últimas imagens dos familiares de Cesia: a captura do pai ("meu pai estava rezando de manhã, antes de tomar café e pegaram ele pra Auschwitz") e a benção da mãe no momento da separação ("pra eu poder cativar simpatia de todo mundo"). A figura do irmão ganha relevo em uma celebração de *Purim*:

E eu me lembro no gueto, quando a gente estava dançando, meu irmão falou pra parar um minuto: parar porque já passaram trens pra Auschwitz. A gente viu que acenderam velas dentro dos trens. E como nós morávamos no gueto, na frente da estação, a gente viu. E meu irmão falou pra fazer um minuto de silêncio para dar o respeito a essa gente. Ele não sabia que também estaria lá. O meu irmão era desse jeito. Era chefe do hospital. Só ele podia sair de gueto.

Ao contar, Cesia antecipa o cumprimento das previsões do rabino sobre o irmão.

186 MEMÓRIAS DE VIDA, MEMÓRIAS DE GUERRA

Onde a guerra toca, a memória recolhe um mundo minguante.

*

D. Elka e D. Sara deixaram suas cidades, rumo ao território soviético, no início da ocupação alemã.

É como fuga que D. Elka lembra o cruzamento da fronteira. A viagem é descrita em seus pormenores, todo o tempo ameaçada. Ela ri quando recorda o barco lotado e as escapatórias dos oficiais da fronteira. Com o início da guerra, não houve tempo para que a família de D. Sara realizasse o projeto de mudança para Varsóvia, onde ela continuaria os estudos. A emigração, a contragosto dos pais, é a retomada possível desse projeto.

Em 1941, por ocasião da invasão alemã, o governo de Stálin prometeu anistiar aos imigrantes ilegais que então viviam em seu território. Sem que suspeitassem da emboscada, D. Elka e D. Sara se cadastraram para o retorno. Foram presas e deportadas para a Sibéria.

*

Quando as narrativas conduzem para longe das cidades dos memorialistas, um jeito de viver esparrama-se pelo caminho.

O desmanche do cotidiano pela guerra abrange a quebra de objetos que, possivelmente, poderiam conservar alguma marca do mundo interrompido.

D. Sara levou para o território soviético as fotografias de sua viagem de formatura feita a Cracóvia. Quando presa, deixou com uma tia as valiosas lembranças que, porém, acabariam desfeitas no incêndio de um gueto.

Cesia lembra, minuciosa, da máquina de costura e de um retrato da mãe ainda jovem levados para o gueto. Também de objetos de prata enterrados pelo pai para serem recuperados após a libertação.

Muitos dos objetos que ocupam as lembranças de D. Elka dão relevo à figura paterna: o rádio, as cortinas trazidas de Varsóvia para cobrir as janelas da sala de sua casa e a coleção de discos dos melhores cantores daquele tempo. Quando empreendeu a travessia de Siedlce para o território soviético, o pai a presenteou com sapatos feitos em sua oficina. Ficou na memória esta última imagem da figura paterna. O pacote surrado, molhado e pesado, outrora arrastado pelas mãos e agora carregado como lembrança, toma parte em sua epopéia.

D. Elka manteve-se abraçada a este bem que, em alguma medida, traduzia materialmente a figura do pai. São evocações que hoje aquecem sua biografia como um último instante de encontro com tão prezada figura. Os sapatos ultrapassavam os limites do protocolar, concentrando a significação de uma experiência vivida.

MATRIZES DA MEMÓRIA

187

Ecléa Bosi escreve sobre estes objetos que, ao largo do sentimento estético ou de sua utilidade, conferem uma identidade às pessoas, uma posição no mundo:

São estes objetos que Violette Morin chama de objetos biográficos, pois envelhecem com seu possuidor e se incorporam à sua vida: o relógio da família, a medalha do esportista, a máscara do etnólogo, o mapa-múndi do viajante. Cada um desses objetos representa uma experiência vivida. Penetrar na casa em que estão é conhecer as aventuras afetivas de seus moradores[9].

A forçada mobilidade gerada pela guerra obrigou estas histórias de vida a deixarem para trás também estes objetos. Saímos da biografia de D. Elka sem saber quando foi perdido o presente do pai ou quando dele se desfez.

A memória de Cesia ainda hoje folheia a agenda da escola preenchida com poesias escritas pelos professores e por sua mãe.

O despojamento material que acompanha uma ruptura biográfica prejudica a vivência do mundo como extensão da existência do narrador. Não há bem que tenha resistido à experiência da guerra. Os objetos biográficos dos sobreviventes, nossos memorialistas, foram postos em cacos. Restou a companhia de suas reminiscências.

DIALÉTICA DO ENRAIZAMENTO

Em seu clássico ensaio "O Narrador", Walter Benjamin expõe razões pelas quais a arte de narrar teria florescido no meio artesão[10]. O sistema artesanal propiciava as condições para o encontro entre experiências de longa data do mestre sedentário e as vivências de aprendizes migrantes, oriundos de distantes paragens. A fonte da narração consiste, justamente, na experiência (*Erfahrung*) compartilhada e incorporada pelos ouvintes. Ela acentua a participação dos homens em organizações coletivas e desenham a cadeia da tradição.

Com o desenvolvimento dos modos de produção capitalista passa a vigorar uma modalidade diversa de experiência (*Erlebnis*), marcada pela vivência solitária, cada homem recluso em sua história pessoal. O sistema fabril pouco considera o que sejam as experiências do trabalhador e acaba por dissipar o vínculo entre a identidade dos homens e sua origem. Onde cada qual conta por sua função produtiva sucumbe a memória, musa da narração. A aceleração burguesa da sociedade e a supremacia da informação fizeram desaparecer a distensão psíquica necessária à escuta. Pela falta de ouvintes declinou a arte de contar

---

9. E. Bosi, *Memória e Sociedade: Lembranças de Velhos*, p. 441.
10. W. Benjamin, "O Narrador", em *Obras Escolhidas*, vol. I, pp. 205-206.

188 MEMÓRIAS DE VIDA, MEMÓRIAS DE GUERRA

histórias, assim se agravando a interrupção dos vínculos dos homens com os meios coletivos[11].

Não casualmente o tema do desenraizamento foi pautado por Simone Weil (1943) a partir de sua experiência como operária em linhas de montagem fordistas. Seus escritos concretizam o isolamento gerado pela produção fragmentada e que reclama o afastamento dos homens uns relativamente aos outros.

As lembranças de nossos memorialistas sugerem que as pequenas cidades em que viviam antes da guerra obedeciam a um ritmo desacelerado. A casa aparece como centro da memória desse período, residência de recordações do trabalho e de rituais de algum modo ligados à religião. Os ofícios mais aproximavam do que dispersavam as gentes. Igualmente, um sopro à tradição coletiva era conferido por meio de costumes e rituais que inseriam a vida familiar em um grupo mais amplo, cujo passado assentava em tempos bíblicos.

Meios que garantem algum núcleo de enraizamento oferecem alicerces à memória. São condições em que a narrativa pode reconstruir um cotidiano. Debruçadas sobre tempos em que a vida social esteve assim estruturada, as lembranças sedimentam sobre as malhas finas da memória. Nessas condições, as imagens podem ser ciosamente construídas, contadas em seus pormenores e matizadas por ampla gama de afetos associados às pessoas, aos lugares e aos acontecimentos.

*

A afinidade entre a narração e o trabalho artesanal, para continuarmos com Benjamin, deve-se ao fato de que a arte de narrar envolve uma coordenação da alma, do olhar e das mãos que é própria à produção artesanal. A voz e os gestos moldam o vivido, tal qual as mãos do artesão imprimem suas marcas sobre as peças que produzem.

Nesta medida, lembranças dos sapatos conferem relevo aos pais de Mendel e D. Elka, seus produtores. Igualmente, a mãe de D. Sara conhecemos por meio das roupas que costurava. E D. Rosa desfia um casaco feito pelo pai: "Era um casaco marrom com listas, uma gola de pele. Era lindo, lindo. Eu lembro até hoje".

*

Meios em que reconhecemos estes núcleos de enraizamento podem, no entanto, ser penetrados pelo anti-semitismo, como nos revelam as memórias de vida de Mendel e D. Rosa. Ainda que não tenham sido diretamente atingidas, Cesia, D. Elka e D. Sara também fazem referência à ameaça e à exclusão aos judeus.

11. J. M. Gagnebin, *Walter Benjamin*.

MATRIZES DA MEMÓRIA

As tradições com as quais se vinculam nossos memorialistas ora é consistente, ora é ferida pelas ameaças que lhes são dirigidas. Meios promotores de enraizamento podem conviver com entornos que os oprimem. Escreve Le Goff:

> por um lado, a tradição é com certeza história e, mesmo que transporte os despojos de um passado longínquo, ela é uma construção histórica relativamente recente, uma reação a um traumatismo político ou cultural e, na maior parte dos casos, aos dois simultaneamente; por outro lado, esta história lenta que encontramos na cultura "popular" é, com efeito, uma espécie de anti-história, na medida em que se opõe à história ostentatória e animada dos dominadores[12].

Uma tradição coletiva é um trabalho de resistência da memória comunitária frente à ameaça de refreamento da comunicação com o passado.

Outra não é a origem do idioma ídiche[13]. Antes que as Cruzadas e a peste os conduzissem para o Leste, os judeus alemães mantinham vivas as heranças culturais e idiomáticas de um mundo hebreu-aramaico original. Simultaneamente, o anseio de participação na vida política e econômica os conduzia ao encontro com outras culturas e idiomas. Para os judeus, o hebraico, idioma sagrado, era o mais importante instrumento de transmissão dos valores às novas gerações. Em contrapartida, a participação na vida material reclamava o domínio do alemão, cuja impureza lhes era repugnante. Para escrevê-lo, acabaram por adotar os caracteres aramaicos. Em sua origem, o ídiche é este alemão com hebraísmos. Os movimentos migratórios para o leste fariam com que a ele se integrassem elementos eslavos.

É como fruto da tensão entre a tradição e os meios que ameaçam suprimi-la que Meyer Kutchinsky aponta a razão do nascimento da nova língua: "o anseio de isolamento espiritual-cultural e desenvolvimento econômico de parte do judeu da Diáspora, o qual recebe uma resposta contrária do meio circundante – assimilação cultural e isolamento econômico"[14].

Esta dialética dos distintos encontra afinidades com a contradição entre meios enraizantes e desenraizantes. A luta, diria Le Goff, nutre a tradição que, desde então, é ressignificada como resistência e ganha novas traduções.

Entre nossos memorialistas, o conflito repousa mais intensamente sobre seu relacionamento com a religião. Há momentos em que a experiência da guerra é retomada como um impulso à fé, a crença divina

---

12. J. Le Goff, op. cit., p. 70.
13. M. Kutchinsky, "Introdução", em J. Guinsburg (org.), *O Conto Ídiche*, pp. 5-9.
14. M. Kutchinsky, op. cit., p. 5.

190 MEMÓRIAS DE VIDA, MEMÓRIAS DE GUERRA

como antídoto frente ao esfacelamento da tradição. Inversamente, porém, a elaboração da experiência da guerra parece não se fazer sem que a mesma fé seja posta em discussão.

Mendel observa: "Mas olha, Fernando, o que eu passei e o que eu vi acontecendo com nossos patrícios, com crianças judias, então eu disse: 'olha, pra mim não existe Deus'. Não sei se devo dizer isso pra você. Religião foi o povo que inventou". E adiante: "Eu não digo que não existe Deus, mas religião quem inventou foi o povo. E é uma coisa boa, porque se não tivesse religião ia ser pior ainda, porque iam matar muita gente. E essa religião é um freio".

D. Rosa reconhece os ferimentos causados sobre a fé: "Quando me vi muito desesperada, disse: 'onde está Deus?'. É isso". As perdas imputadas pela guerra são porém fundadoras de vigorosos vínculos com o judaísmo. O saber e o sentimento religiosos são traduzidos em costumes e rituais todos transformados: "Aqui eu estou outra, já. Eu sinto que estou errada, mas infelizmente a guerra me estragou".

A tensão entre a fé e o ceticismo arrisca imobilizar. É no exato instante da libertação dos campos de concentração que Cesia passa a comunicar-se com o enigma desperto: "Quando saí do campo de concentração pelo portão e eu vi minha liberdade sem ninguém, não acreditei mais em nada. Mas agora a gente fica mais de idade e pensa: será que tinha Deus?". Ela esmiúça:

> Eu fui uma criança religiosa. Não desses religiosos fanáticos. Mas que eu nasci uma judia, meus pais eram judeus, as raízes eram judaicas de anos, anos, anos, anos atrás. Então eu me sentia, também. Depois enfraqueci com isso bastante, quando eu vi o que aconteceu na guerra. Tudo isso é muito misterioso. Só que eu enfraqueci porque meu pai estava rezando de manhã, antes de tomar café e pegaram ele pra Auschwitz. Então eu não sei o que posso te falar. Quando acabou a guerra, eu estava pensando que não ia ter filhos. Não queria ter porque estava tão revoltada contra tudo! [...]Francamente, não sei o que te dizer. Fui criada assim e de repente fiquei revoltada ao contrário. E assim mesmo, quando acontece alguma coisa, estou pedindo a Deus pra me ajudar. Você compreendeu? Então é uma coisa misteriosa, confusa, não sei o que te dizer.

A repetição da imagem do pai sendo capturado enquanto rezava gera angústias diante das quais vem o clamor por compreensão. "Por que meu pai? Por que crianças? Por que minha mãe? Por que minhas irmãs?". Perguntar tem função libertadora. É um desafio ao absurdo[15].

Nos tempos bíblicos, Jacó lutou com o anjo. Desde então, passou a chamar-se Israel. O sentimento angustiante pede um nome para o que emerge do choque da guerra sobre a condição judaica.

---

15. Ressalta Moacyr Scliar que questionar é parte da condição judaica. Sua origem remonta aos profetas bíblicos e se estende ao judeu da Diáspora, para quem o ato de perguntar representa a única alternativa diante de lugares e coisas que lhe pareciam estranhos. M. Scliar, *A Condição Judaica: das Tábuas da Lei à Mesa da Cozinha*, pp. 8-11.

MATRIZES DA MEMÓRIA   191

Cesia nomeia "tradição" seus hábitos atuais de promover jantares de *Pessakh* e *Rosch Haschaná* e de acender as velas no *Schabat*. Mais comunicam com o passado recentemente interrompido do que com os tempos bíblicos. "Só conheço três gerações do judaísmo. Comigo mesmo, meus pais e meus avós. Nunca estudei em escola religiosa". É em nome dos pais que Cesia mantém alguns rituais que outrora terão favorecido a comunicação com tempos mais remotos. A bênção que guarda consigo é a última fala de sua mãe. São heranças que conformam sua Bíblia pessoal.

Igualmente, D. Sara chama "tradição" a forma como incorporou a religião aos dias atuais. Está ligada à sabedoria, ao conhecimento da história do povo judaico, mais do que ao cumprimento de preceitos e leis.

D. Elka reforça a impressão de que os feriados judaicos celebram aqueles que foram perdidos na guerra. Ela conta sobre essas ocasiões: "Tudo que faço é igual a quando minha mãe fazia em casa. Às vezes a gente esquece. Eu telefono pra sua avó, ela telefona pra mim. Aí eu falo: 'minha mãe fazia assim, minha mãe fazia assim'. Como minha mãe fez eu também faço".

Esta memória empenhada com a reprodução de um fazer e com a reconstrução de uma atmosfera doméstica assume afinidades com uma lenda que, entre os antigos gregos, atribuía a Simônides de Céos o nascimento de uma técnica mnemônica. Contava-se que Scopa, figura pertencente à nobreza da Tessália, oferecera um banquete em que Simônides esteve presente, cantando um poema. O poeta já deixara a casa quando o teto veio abaixo, despencando sobre o anfitrião e seus convidados, deixando irreconhecíveis seus cadáveres. Ao lembrar a ordem em que estavam sentados, Simônides pode identificá-los e entregá-los aos parentes[16].

Degustando o passado, D. Sara oferece aos filhos os rituais de *Pessakh* da casa materna: "Eu não sabia cozinhar. Mas lembrando do paladar das comidas eu comecei aos poucos e dizem que não cozinho mal".

*

Quando examinam os encontros entre um mundo judeu e outro não-judeu, as memórias de vida ganham complexidade: uma cultura revela a outra, seus choques geram afetos angustiantes, suas mútuas influências geram novos jeitos de fazer e pensar o mundo, ressignificando-se e mesmo dessignificando-se mutuamente.

Imagens da experiência totalitária da guerra arriscam arrancar a memória de nossos depoentes do campo das contradições. Ameaçam

16 J. Le Goff, op. cit., p. 440.

192 MEMÓRIAS DE VIDA, MEMÓRIAS DE GUERRA

a dialética entre condições enraizantes e desenraizantes que moldava as lembranças de suas participações sociais. E impõe a vivência vertiginosa de uma ruptura biográfica. A guerra os abate, sem que saibamos o que poderá permanecer.

*

Muitas são as testemunhas dos acontecimentos narrados por Mendel quando ele se ocupa em narrar suas passagens por campos de concentração: "Mas nós não ficamos em Auschwitz. Não saímos dos vagões. Em Auschwitz, tinha uma orquestra que estava tocando música e nós vimos lá os crematórios". É a partir de um lugar ocupado por muitos homens que Mendel reconstrói essas imagens: "Neuengamme era um campo de concentração pra onde eles levaram fugitivos. Então pegaram a gente e colocaram um sinal de enforque. Nós já estávamos esperando".

As silhuetas dos homens que habitam essas lembranças não ganham, porém, nítidos contornos. Não sabemos quem foram aqueles com quem Mendel trabalhou, com quem caminhou por 150 quilômetros desde Radom ou com quem saltou do trem que ia para Bergen-Belsen. O impedimento do campo das iniciativas e das palavras impede que os homens se conheçam uns aos outros.

A narrativa de Mendel aproxima-se do que sugere Primo Levi sobre a memória dos primeiros dias dos prisioneiros dos campos: "...um caleidoscópio de personagens sem nome nem face, mergulhados num contínuo e ensurdecedor barulho de fundo, sobre o qual, no entanto, a palavra humana não aflorava. Um filme em cinza e negro, sonoro mas não falado"[17].

Ocupada com fenômenos perceptivos, a psicologia da Gestalt sugere que a nitidez de uma figura é fundada em seu contraste com o fundo que a rodeia. A forma se constitui pelo entorno que a conforma[18]. Os homens que habitam as lembranças da passagem de Mendel pelos campos de concentração estão submersos na indiferenciação. A atrofia da vida política, definida por José Moura Gonçalves Filho como humilhação social, transforma o mundo dos homens em um fundo sem figuras[19]. Na ausência do contraste pela ação e pela palavra, não há perfil que se perfaça. São condições em que a memória de gente passa a ser povoada por sujeitos ocultos.

---

17. P. Levi, *Os Afogados e os Sobreviventes*, p. 54.
18. S. Asch, *Psicologia Social*, pp. 50-52.
19. Cf. J. M. Gonçalves Filho, *Humilhação Social: um Problema Político em Psicologia*; Idem, *Passagem para a Vila Joanisa: uma Introdução ao Problema da Humilhação Social*.

MATRIZES DA MEMÓRIA 193

Em meio às lembranças de Mendel, um único homem, no campo de Neuengamme, ganha contorno por meio do que faz. Sugere a Mendel que arranque o sinal de enforque costurado à sua roupa.

*

Desde seu início, a autobiografia de Cesia é marcada pela viva evocação de pessoas. As lembranças não medem apreço enquanto descrevem e trabalham para tornar cada figura singular. A passagem pelos campos de concentração é um parêntese em seu jeito de contar. As recordações resistem contra o afogamento no anonimato. Nessa medida, contam com a presença constante de conterrâneos, especialmente Gucia, cuja companhia é o cumprimento de um pedido da mãe no momento da despedida.

São, porém, efêmeros os personagens que habitam estas imagens da guerra. Basta que as lembranças ameacem lapidá-los para que a violência interrompa o rememorar: uma conterrânea dá à luz no campo de Pionki, porém sua sobrevivência reclama a morte do recém-nascido; outra conhecida adentra às recordações ao ter a perna ferida no trem para Auschwitz e um rapaz cujo pulmão é perfurado reúne as últimas forças para clamar por vingança. Em meio à inumana paisagem, ficou para Cesia o apagamento do que ainda restava de graça e beleza no mundo: as moças que, em Hindenburg, escreviam poesias à luz da lua, a artista de Viena que contava peças de teatro e outra que cantava a Ave-Maria para um soldado nazista.

Um episódio, ocorrido no campo de Hindenburg, junto a um soldado *wehrmacht*, ficou gravado:

> Eles paqueravam só com os olhos. Eu tinha um sapato e levei esse sapato pra um desses moços alemães. E só com os olhos mostrei onde está. E ele me trouxe todo dia sanduichinhos de pão preto alemão com manteiga. E pôs numa prateleirinha bem atrás de onde a gente ia no banheiro. E ele, com os olhos, só com os olhos, falou que está lá. Não se podia falar. E às vezes ele trabalhava pertinho. Ele era um *wehrmacht*, um soldado de mais idade. Ele uma vez rimou uma coisa no meu ouvido: que já não vai demorar muito e que a liberdade e a primavera vão chegar.

A violência cancela nomes e rostos. Inversamente, o esboço da palavra ameaça cancelar a violência[20].

A narração é por isso vital para aqueles que viveram experiências de guerra. Contar representa um esforço em vigiar e domesticar os acontecimentos testemunhados.

Ao recordar os tempos em que sua sobrevivência esteve mais ameaçada, nossos memorialistas – em maior medida aqueles que passaram por campos de concentração – são absorvidos por aquilo que

20. J. M. Gonçalves Filho, *Passagem para a Vila Joanisa...*, p. 106.

194 MEMÓRIAS DE VIDA, MEMÓRIAS DE GUERRA

viram e ouviram de outros homens. Prostram-se diante de ocorrências cujas decifrações despertam a necessidade compulsiva de ver[21], de recolocar-se diante de imagens que fogem à capacidade de compreensão. Resta um caráter mormente descritivo a estas narrativas, atentas que estão ao sensível. A experiência permanece como um lastro que precipita o sobrevivente em uma permanência naquele presente. O trauma o persegue, conferindo à narrativa um caráter compulsivo: contar é como reviver o ocorrido. Como o evento-limite justamente se marca pela impossibilidade de comparação com quaisquer outros acontecimentos, sua narrativa, desprovida do apoio metafórico, assume um caráter literal[22], nem sempre favorável à elaboração traumática. São testemunhos característicos de situações de extremo desenraizamento.

*

Em suas recordações da passagem pela Sibéria, D. Sara retrata um panorama das paisagens física e humana, onde apenas ganha destaque uma judia de Brest Litovsk que adotou-a como filha.

D. Rosa atravessou a guerra com o marido, vivendo com identidade ucraniana e percorrendo colônias rurais. Aproximando-se e distanciando-se do *front*, seu recordar alterna situações de pavor e desafogo. São lembranças que transitam entre pessoas que encarnam a vida ou a morte. A figura de um soldado russo que toca gaita e dança diante da expectativa da morte é solitária comunicação entre as duas condições.

*

As recordações dos anos da guerra, especialmente por Cesia, Mendel e D. Rosa, pouco obedecem ao ritmo social que rege outras lembranças. O calendário religioso, a escola, o trabalho e a cidade deixam de compassar as lembranças. A pele e o estômago é que passam a fazê-lo. O tempo social é absorvido por um tempo visceral.

Entre nossos memorialistas, apenas D. Elka encontra, no trabalho, um marcador social do tempo vivido durante a guerra. As lembranças de sua passagem pela Sibéria desenham uma rotina que gera estranheza e desperta o riso porque toda preenchida por afazeres desprovidos de qualquer história em sua vida: o cuidado com os porcos e a limpeza do bacalhau, cuja técnica inventou e foi imitada.

*

21. Idem, ibidem, pp. 106-107.
22. M. Seligmann-Silva, "A História como Trauma", em A. Nestrovski, *Catástrofe e Representação*, pp. 91-98.

Quando o cotidiano é bruscamente interrompido, o passado se oferece como um mosaico de acontecimentos extraordinários. Sobretudo nas autobiografias de Cesia, Mendel, D. Rosa e D. Sara, a transposição para os anos da guerra é acompanhada por uma aceleração da narrativa. A memória sobrevoa, pouco encontrando pouso seguro em campos intersubjetivos.

Se uma desagregação da memória acompanha o desenraizamento, diríamos que uma dialética entre a memória e a impossibilidade de lembrar parece corresponder à dimensão psicológica da tensão entre o enraizamento e o desenraizamento.

9. Memória e Resistência

Das lembranças dos anos da guerra, saímos todos exaustos. Durante os depoimentos, foi este um momento em que alguns memorialistas interromperam suas narrativas e solicitaram que continuássemos em outra ocasião.

Essa parada não se reduz a uma trégua à memória. Sugere o reconhecimento de que outro será o trabalho de rememorar os anos que sucederam a guerra. Na galeria de fotografias dispostas nas paredes e na estante da casa de minha avó, os retratos dos vivos e dos mortos ocupam molduras distintas.

INCONSISTÊNCIAS DO MUNDO

Cesia e Mendel, que passaram por campos de concentração, somente ao final da guerra foram libertados. Viveram alguns meses em campos de sobreviventes no norte da Alemanha. Neles é que se tocam suas memórias de vida.

Mendel viajou de Böhme, onde vivia, a Bergen-Belsen, à procura de parentes:

> E lá estavam a Cesia e a amiga dela. A Cesia se aproximou e eu falei: "vocês estão vivendo aqui como no campo de concentração; vocês devem ir com a gente pra Böhme". A Gucia, amiga da Cesia, disse: "Vai você, Cesia, e me escreve uma cartinha. Se for assim conforme o Mendel está dizendo, aí vou pra lá". E a Cesia foi e a outra chegou mais tarde.

198 MEMÓRIAS DE VIDA, MEMÓRIAS DE GUERRA

Cesia recorda o mesmo episódio:

o Mendel veio e me fez uma proposta: "lá está tão bom, comidas, tudo tem de monte:
patos, leitoas...". Lá eles iam nos alemães arrumar as coisas. Alemães tinham medo e
davam tudo, tudo, tudo. Eu falei pra Gucia: "sabe, Gucia, eu não sei se eu vou, porque
sozinha com ele...". Aí a Gucia disse assim: "você vai e se fica bom você vem me
buscar". Eu fui de bicicleta pro campo do Mendel.

Para esses dois sobreviventes, as recordações dos dias seguintes à
guerra privilegiam o que foi a recomposição do corpo extenuado. Foi
pelo alimento que Mendel reconstruiu um grupo de convivência: "Eu
mato todo dia uma leitoa. Não como uma leitoa. Vamos repartir".

A reconciliação com um organismo que novamente pode ser experimentado como próprio conta ainda com paisagens acolhedoras,
como as descritas por Mendel e Cesia quando contam sobre o campo
de sobreviventes em Böhme. São sítios que oferecem descanso, um
respiro ao menos provisório.

Às lembranças dos mortos e dos piolhos de Bergen-Belsen, Cesia
contrapõe o branco do avental usado no hospital que havia no local e
onde, já liberta, trabalhou como voluntária.

Também as memorialistas que não passaram por campos de concentração reservam às lembranças um momento de descanso após deixarem os campos de trabalho forçado e a vida sob a clandestinidade.
Quando a guerra chegou ao final, D. Elka, D. Rosa e D. Sara já viviam
em cidades onde experimentavam alguma segurança.

Três anos antes, D. Elka e D. Sara foram libertadas da Sibéria,
porém sem que pudessem retornar à Europa ocidental. D. Elka passou
a viver em território soviético. Dele ficou o cotidiano todo acidentado
com o filho que veio a falecer enquanto o marido lutava pelo exército
polonês. D. Sara teve tempo para aprender o russo enquanto trabalhava em uma vazia biblioteca no Uzbequistão. Casou-se antes do final da
guerra. E D. Rosa, cruzando a linha do *front*, chegou com o marido ao
território soviético. Um ano antes do final da guerra iniciara sua trajetória por cidades onde ele trabalhava e ela aguardava o primeiro filho.

*

Entre esses memorialistas, apenas D. Elka e D. Rosa acabaram
por retornar às cidades de origem.

Dessa passagem, ficou para D. Elka uma visão da intimidade
deflorada. A casa em que vivera com seus pais, intacta, coberta pela
mesma pintura e povoada com os mesmos objetos, era agora ocupada
por outras famílias.

D. Rosa encontrou toda destruída sua cidade. Restaram umas poucas casas, incluindo aquela que pertencera a sua mãe. Faltou-lhe coragem para entrar. Ficou para D. Rosa o reencontro com a conterrânea

MEMÓRIA E RESISTÊNCIA

que acabou por revelar que nenhum familiar voltara à cidade. Anos antes, a mesma senhora prenunciara a sobrevivência de D. Rosa, lendo as linhas de sua mão: solitária promessa que pode cumprir-se.

Nesse retorno, D. Rosa mal pode conversar com Olga, sua antiga companheira da fábrica. A cidade, outrora impedida aos judeus, agora os ameaçava por seu testemunho sobre a responsabilidade de alguns habitantes sobre o destino imposto à comunidade judaica. "Depois dessa, nunca mais voltei. Não tinha o que procurar lá. Só a morte".

Alegando os mesmos motivos, D. Sara esclarece porque jamais voltou a Zelechów.

O temor do retorno à cidade natal desde então Mendel trouxe consigo. Em nossa viagem à Polônia, andava assustado pelas ruas de Kozienice e Garbatka. E condicionou nossa visita à promessa de que, naquelas cidades, passaríamos apenas algumas horas.

Após a guerra, D. Rosa viveu alguns dias em Katowice, buscando um visto de saída da Polônia que lhe foi repetidamente negado. Restou, como alternativa, uma saída clandestina por Bratislava. Desses dias ficou gravado o diálogo entre fugitivos e policiais da fronteira:

"Quem são vocês?". "Somos fugi...". "De onde vocês vêm?". "Nós estamos fugindo dos campos de concentração". "Quem são vocês?". "Não sabemos", assim nos ensinaram. "Vocês têm documento?". "Não temos nada, tiraram nossos documentos... no campo de concentração nós não tínhamos documentos". "De que país são vocês?". "Não me lembro". Todos perdemos a memória. Nós éramos mais do que cem pessoas.

A sobrevivência, insistentemente condicionada, agora exigia o abandono do que, porém, permanece irreversível: o testemunho sobre a história que lhe é própria.

*

Muitas são as lembranças que traduzem este impedimento do mundo aos movimentos dos sobreviventes.

Libertada dos campos siberianos, D. Sara foi obrigada a permanecer na Ásia Central. No Uzbequistão, o trem em que viajava a Kattakurgan, onde vivia o futuro marido, desacelerava, porém se recusava a frear na estação que era seu destino. O desembarque dependia da destreza da saltadora.

Na Itália, o trem que conduzia D. Elka e o marido durante parte da viagem, da Alemanha a Israel, foi impedido de prosseguir pelo exército inglês. Foram obrigados a retornar.

Mendel e Cesia, que seguiram rumo a Paris provisoriamente, em busca do visto para o Brasil, ali permaneceram além do tempo previsto, sem conseguir viajar ao país de Getúlio Vargas.

Sobre um mundo obstruído, que insiste em reiterar seu impedimento, as lembranças vagam sem assentamento em quadros estáveis e

200   MEMÓRIAS DE VIDA, MEMÓRIAS DE GUERRA

parecem buscar um lugar em que o sobrevivente possa enxertar sua existência. As narrativas sobre esses tempos não se deixam acompanhar por exames sobre as perdas imputadas e o sofrimento psíquico então gerados. Não há território desde onde possam ser enfrentados os males da guerra. O desenraizado é como alguém que vagueia pelo deserto: apenas à sombra pode tratar as queimaduras que lhe acometem.

D. Sara observa: "A tristeza foi tão grande durante o ano que eu estive na Polônia, que não me lembro. Apagou da memória. Só depois, em Paris, nós tivemos uma permanência muito boa".

Tomando os ensinamentos da psicologia da Gestalt, diríamos que a sobrevivência a uma guerra desfaz certas configurações: suas réstias são rescaldos da memória. O grupo familiar, a casa e a cidade, as promessas e os projetos foram todos desmanchados. O passado interrompido mais se assemelha a um tecido esgarçado, cujos fios estão soltos: puído o vivido, rompe-se o equilíbrio dos pontos que, desde então, aguardam novas amarras.

O pós-guerra oferece, aos sobreviventes, condições pouco favoráveis à refiguração. Ela é assim descrita por José Moura Gonçalves Filho:

muitas vezes na natureza, como também na cultura, vem o desastre: as belas organizações, uma vez desfeitas, não se formam mais, pois já não contam com as condições apropriadas e os acasos favoráveis de sua fundação original. Mas um outro desastre também deve ser considerado: o de um processo de figuração desde o princípio coartado – uma vontade por figurar desde o início bloqueada[1].

Outro não é o tema de algumas canções entoadas nos guetos, nos dias que antecederam a deportação para campos de concentração.

O esquema tradicional das canções de ninar sofre um revés: deixam de assegurar o retorno dos pais:

Dremlen feygl oyf di tsvaygn,
Shlof, mayn tayer kind,
Bay dayn vigl, oyf dayn nare
Zitst a fremde un zingt:
Lyu – lyu – lyu – lyu
Z´iz dayn vigl vu geshtanen
Oysgeflokhn fun glik,
Un dayn mame, oy dayn mame,
Kumt shoyn Keyn mol nit tsuri.

Pássaros estão sonhando
nos seus ramos,
Durma, minha querida
criança,
Junto a seu bercinho, no
seu ninho
Sinta-se uma desconhecida que
canta:
Lá – lá – lá –lá
Aqui seu berço trancado
em alegria
E sua mãe, ah sua mãe,
já nunca mais voltará

(Poema escrito no gueto de Vilna, por Lea Rudnitska)

1. J. M. Gonçalves Filho, *Passagem para a Vila Joanisa...*, p. 43.

MEMÓRIA E RESISTÊNCIA 201

O retorno à casa é igualmente improvável:

Gehat hob ikh a heym,	Um dia eu tive uma casa,
Itst hob ikh zi nisht mer.	não a tenho mais.
A shpil geven far zey	O plano deles foi
Mayn untergang,	destruir-me.
Ikh zukh itst a naye heym,	Imagino um outro lar,
Nor shver – oy zeyer shver	mas me pesa – pesa demais
Un kh'veys nisht vu un kh'veys	Não sei onde – nem quanto
Nisht af vi lang.	mais tempo.

(poema escrito no gueto de Cracóvia por Mordechai Gebirtig)[2]

ACOLHIMENTOS DO MUNDO

É em Paris que as lembranças de nossos depoentes interrompem sua errância pela Europa e voltam a ocupar-se com algum cotidiano.

Nessa cidade, D. Elka, D. Rosa e D. Sara – todas acompanhadas do marido e do primeiro filho –, reencontram primos e tios que ali viviam. As palavras não medem apreço e gratidão por gente que tantos cuidados a elas dispensaram.

É um carinho familiar este que D. Elka experimenta quando conta que os primos tudo providenciaram para tornar um quarto de hotel sua casa.

Para quem sofre os traumatismos do despojamento humano e material de uma guerra, a companhia de parentes é revigorante. A reconstrução que a vida reclama mobiliza um mutirão. Ele conta com gente que ofereça a comunidade de um passado recente e algum acolhimento de pressentimentos sobre os anos vindouros.

Igualmente, outros familiares seriam decisivos para as viagens dessas memorialistas ao Brasil.

*

Enquanto permaneceram em Paris, não trabalharam as três memorialistas. O cotidiano narrado vem todo preenchido pelos cuidados aos recém-nascidos filhos. Organizações assistenciais e parentes asseguravam a moradia e o alimento, como que liberando a existência para um plano desinteressado, em que os intentos de sobreviver já admitiam a convivência com a contemplação de um mundo até então desconhecido. As lembranças desses dias nos conduzem por incursões pela cidade que, desde então, aparece sob perspectivas diversas.

D. Elka constantemente se deslocava ao encontro dos familiares e recebia suas visitas. Diverte-se ao lembrar as soluções encontradas

2. R. Igel, "Canções dos Guetos: Resistência Espiritual", *Revista Shalom*, pp. 71-79.

202 MEMÓRIAS DE VIDA, MEMÓRIAS DE GUERRA

para comunicar-se no então incompreensível idioma. A chegada de D. Sara a Paris aconteceu em meio ao carnaval: a abundância da festa se derrama sobre a memória de sua estada na cidade. Já D. Rosa conta seu espanto diante de velhos e belos edifícios, largas ruas e estreitas calçadas, em que mal podia caminhar. Através delas percorre o recordar, conduzindo as recordações por pitorescas paisagens. Ela nos guia: "E tem lá uma igreja, a Notre Dame, queria que você visse. Você entra lá e não sai sozinho. Muito bonito!".

A satisfação experimentada por essas memorialistas enquanto recordam os meses vividos em Paris lembra o que Benjamin considera como a capacidade de perder-se:

> Saber orientar-se numa cidade não significa muito. No entanto, perder-se numa cidade, como alguém se perde numa floresta, requer instrução. Nesse caso, o nome das ruas deve soar para aquele que se perde como o estalar do graveto seco ao ser pisado, e as vielas do centro da cidade devem refletir as horas do dia tão nitidamente quanto um desfiladeiro[3].

As recordações das forasteiras nossas depoentes penetram as aberturas que lhes são oferecidas pela cidade, tomando parte em sua paisagem física e humana. São tempos cujas lembranças sugerem alguma liberdade para aproximar-se de pessoas jamais vistas, para experimentar seu idioma e seus hábitos alimentares, para se deslocar e tomar iniciativas que confiram algum impulso ao viver. Resumindo, liberdade para perder-se em um mundo desconhecido, para sofrê-lo e poder estranhá-lo.

Ao contar como encontrou tão solícitos e carinhosos primos, sem que deles tivesse o endereço ou o telefone, D. Elka quer reconstituir todos os passos de sua jornada. Esta disponibilidade para relacionar-se com um mundo diverso mobiliza recursos psicológicos capazes de aproximar as lembranças de uma dimensão política outrora esquecida: o reconhecimento de si próprio passa pelo outro.

As trajetórias do pós-guerra narradas pelos memorialistas mapeiam uma diáspora. Viveram ou passaram pelo Brasil, França, Alemanha, Estados Unidos, Canadá, Argentina, Chile, Costa Rica, Uzbequistão, Eslováquia, Austrália, Israel, Áustria e Itália. Esta dispersão oferece à memória relacionamentos em que o outro é mais outro e que melhor delineiam a construção da identidade daquele que narra. Por meio de experiências de estranhamento o desenraizado parece aproximar-se do que restou de seu passado.

O reencontro de D. Elka com o marido, casualmente ocorrido na Varsóvia do pós-guerra, quando se dirigiam para lados opostos do pla-

---

3. W. Benjamin, *Obras Escolhidas II*, p. 73.

MEMÓRIA E RESISTÊNCIA

neta, faz notar, em termos concretos, que há encontros que vêm por meio de desencontros.

Quando perder-se leva a encontrar-se, algum enraizamento, ainda que incipiente, parece ser favorecido. É de modo involuntário, como vítimas de guerra, que D. Elka, D. Rosa e D. Sara vivem o que descreve José Moura Gonçalves Filho:

> Agarrados a um mundo acreditaríamos que, se deixássemos de possuí-lo, deixaria de ser nosso, deixaria de ser e, desprendendo-nos dele, também deixaríamos de ser, desprenderíamo-nos de nós mesmos. Mas, paradoxalmente, a experiência de nosso ser no mundo, em algum momento, depende da experiência de ser além no mundo: nossa inerência pede transcendência para que o homem seja homem e para que o mundo seja mundo, o meio de nosso enraizamento e não de nosso enterro nele[4].

*

Dedicados às lembranças dos dias vividos em Paris, Cesia e Mendel decidem trabalhar em regime intensivo, de modo a não mais depender das refeições fornecidas por entidades assistenciais. Igualmente, optam por aguardar pelos vistos de entrada no Brasil, onde vivem os tios de Mendel, a viajar para os Estados Unidos ou Canadá, de onde parentes de Cesia estão chamando.

Não apenas os parentes que vivem em Paris, as possibilidades de trabalho e o governo de Getúlio Vargas parecem ter reclamado a permanência desses memorialistas na cidade por um período maior do que o previsto. São tempos cujas lembranças revelam o reingresso dos narradores em algum campo de decisões e escolhas, ainda que orientados pelas exigências psíquicas e materiais que a vida então impunha.

Apenas quando da estada de suas lembranças na cidade é que Cesia interrompe a narrativa para discutir os males da guerra:

> E o que posso te dizer? Que adorei? Não sabia nem o que era adorar. Porque a gente ficou sozinho, sem pais, sem irmãs, sem ninguém. A gente não podia esquecer isso. E quando cheguei em Paris nem sabia em que planeta eu estava, não sabia de nada, o que ia acontecer, nada.

O trabalho de elaboração que ocupa a vida dos sobreviventes de guerra envolve construções que carecem de assento em um mundo imprevisível, porém receptivo a suas ações, a sua vontade. Desde então, as recordações desses dias comunicam os sobreviventes com tempos que o precederam e em que o campo de escolhas atrofiara, restando optar entre a vida ou a morte.

Um episódio, ocorrido em um dos campos de concentração onde Mendel esteve, permanece emblemático como a derrocada moral gerada pela guerra:

4. J. M. Gonçalves Filho, *Passagem para a Vila Joanisa...*, p. 35.

204 MEMÓRIAS DE VIDA, MEMÓRIAS DE GUERRA

Eu tinha um amigo, Fernando, e com esse amigo fiz uma sociedade: a comida que um trouxer nós vamos repartir. Não o que ganhasse dos alemães; mas o que trouxesse de fora. Porque nos levavam fora do campo pra trabalhar. E eu trazia batatas que roubava. E cozinhava a batata. E dava metade pra ele e outra metade ficava pra mim. Depois, eu não sei, acho que fui no banheiro, voltei e a minha metade ele também comeu. Esse foi o companheiro de campo de concentração. Não é papo, é verdade tudo isso que eu estou falando. Porque a gente lembra dessas coisas. E eu falei pra ele: "Que que você fez aí? Eu que trouxe aí e você pegou e comeu minha metade?". E ele: "Eu tinha fome". "Eu não tenho fome?", falei pra ele. Esse homem me perguntou: "você não faria o mesmo?". Eu disse "não" e ficou por isso.

Freqüentemente, recordações sobre a resistência daqueles que sobreviveram à guerra empenham discussões de caráter moral. No dia do bombardeio a Cholojov, em meio à fuga empreendida, D. Rosa deparou-se com o corpo de uma mulher já falecida, em cujo seio mamava a filha:

Eu não sabia o que fazer. Se agarrasse essa criança, não tinha certeza que cinco passos pra frente não ia cair. Não pude pegar essa criança. Até hoje tenho remorso. Como é que eu podia pegar essa criança quando estão caindo bombas e a gente não enxerga o mundo?

Mendel lembra do médico, homem já idoso, que dele aproximou-se instantes antes da fuga do trem que rumava a Bergen-Belsen: "E eu pulei daquele vagão. E tinha lá um rapaz que pulou junto comigo. E eu não pude pegar esse médico porque ele já era velho, ele não agüentava isso que nós agüentamos".

As deliberações possivelmente assumidas durante a guerra aparecem, em meio às lembranças, como atos de resistência diante da iminência de morte. São decisões às quais a sobrevivência hoje é devida. A reconstrução dessas imagens, porém, não se faz sem que ofereça uma percepção diversa do vivido. A atual habitação de um campo moral, desde onde o memorialista refaz o passado, faz ver como escolha o que até então fora tido como contingência de uma guerra. Atribui valor ao que fora experimentado como fato necessário. A recordação de uma fuga sem ao outro socorrer de algum modo revela a responsabilidade do memorialista sobre o que agora é percebido como deliberação sobre o mundo. Os ferimentos desde então gerados parecem abertos pela contradição entre o que foi a vida como necessidade e a liberdade para lembrá-la, contá-la e pensá-la.

As recordações da duradoura permanência em Paris remetem nossos memorialistas aos tempos de retomada de sua participação em um campo de possibilidades. São dias que emergem da sobrevivência aos imperativos categóricos da guerra. Permitem retomar o mundo como hipótese e a história como práxis.

*

Cesia e Mendel, que chegaram a Paris com o propósito de conseguir vistos para o Brasil, não encontraram o aconchego familiar que acolheu as demais memorialistas. Suas recordações se entregam à reconstrução material para a qual pouco dispõem de parceiros. Esse percurso não se faz sem estranhamentos, especialmente quando os ganhos do trabalho passaram a depender de seu ritmo de cerzir. As lembranças tomam parte em um modo de produção em que a fabricação separou-se do comércio, fragmentando o que outrora fora o fazer-e-vender.

Nas histórias narradas por estes dois memorialistas, aproximações fraternas e calorosas de outras pessoas viriam a ocorrer apenas no Brasil. Em Ponta Grossa, puderam reingressar em um círculo judaico e reencontrar valores então descobertos latentes. Um centro de encontros e rezas era o espaço da pequena comunidade. Outra não é a idéia contida em *Bneit Knesset*, termo hebraico para sinagoga e que, literalmente, significa "casa de reunião". O centro multiplicava os contatos entre as pessoas e incrementava seu estar no mundo.

Foi intensa a vida social de que participaram os memorialistas enquanto habitantes de Ponta Grossa. As lembranças de Cesia, Mendel e D. Rosa são repletas de jantares dançantes, festas de aniversários, encontros para cozinhar, rezas, aulas de português, chás, jogos de cartas e reuniões de mulheres, na casa de uma tia de Mendel, para conversar e fumar cigarros.

Cesia conclui sobre este período: "Ponta Grossa foi pra mim o primeiro passo que me libertou de muita tristeza, muita angústia. Claro, sempre faltava alguém na família, mas Ponta Grossa nunca vou esquecer. Ponta Grossa inteira parecia minha casa, compreendeu?".

*

Chama a atenção o especial apreço de nossos memorialistas por pessoas que um dia revelaram, por meio de seus atos, consideração por seu passado.

D. Elka, recordando tempos em que já vivia em São Paulo, conta sobre o amigo que comprou as bolsas por ela e pelo marido fabricadas. Em certa oportunidade, quando os três viajavam de carro, foram flagrados sem as notas dos produtos. D. Elka e o marido dormiam no banco traseiro: "Ele parou e falou pra esse fiscal: 'me mostra que multa eles têm que pagar, mas não acorda essa gente... essa gente é sofrida. Eu que pago a multa deles'. E ele pagou a nota. Eu nunca vi isso... não esqueço dele. Tem vezes que lembro dele".

Entre as pessoas mais encarecidas da biografia de Mendel e Cesia está o sócio e amigo ponta-grossense que, conhecedor da origem do casal, não mediu esforços para ajudá-los.

Era como trabalhador, buscando fregueses, que Mendel circulava pela cidade e convivia com outros moradores: "Chegava lá de manhã cedo e o pessoal estava tomando chimarrão. Eu entrava no meio, tomava chimarrão, fumava cigarros de palha". Ele recorda os rotineiros encontros com gente da cidade: "E falavam: 'ô, chegou lá o judeuzinho!' Eu dizia: 'sou judeuzinho, mesmo'". Finalmente, lembra do amigo barbeiro: "E quando eu fechava a loja, nós sentávamos, abríamos uma garrafa de cerveja, ficávamos bebendo e eu contava dos acontecimentos da Alemanha e da Polônia".

As pessoas que de algum modo se interessaram pelas experiências atravessadas pelos narradores sugerem uma existência que não mais reclamava a renúncia ao passado, mas que nele passava a beber.

É com sabor amargo que Mendel aponta, irônico, o apelido por meio do qual acabou conhecido na cidade: "É, essa vida foi gozada, né, Fernando? Rei dos gringos".

*

O fato de Cesia e Mendel, D. Rosa e D. Elka terem aberto suas primeiras lojas no Brasil, nas casas em que viviam, parece conjugar uma tradição familiar às condições materiais atravessadas naqueles dias.

Desenvoltas, as recordações de D. Rosa fazem a obra de sua casa em Ponta Grossa: "Compramos a casa, derrubamos a janela, fizemos mais uma porta, tiramos a parede, fizemos de duas salas uma loja e abrimos as portas".

Outros, porém, foram os tempos e os lugares em que bastava atrair a freguesia. Nos primeiros anos de Brasil, Mendel, como o marido de D. Rosa, passou a viajar para comprar e vender mercadorias. A reconstrução material que a vida exigia não podia esperar.

PEREGRINAÇÕES

Se o reconhecimento de sua história por pessoas conhecidas no Brasil vale, em alguma medida, como assentamento da existência do sobrevivente de guerra, ainda mais robustos parecem ser os encontros com aqueles que sofreram o mesmo mal. Já vivendo no Brasil, os memorialistas empreenderam algumas viagens em que puderam reunir-se a outros sobreviventes, muitos deles seus conterrâneos.

São momentos narrados como alguma atenuação do fardo solitário do passado. Para Ecléa Bosi, a memória individual é mais fiel do que a social enquanto a percepção imediata oferece alguma contenção às distorções: o fenômeno foi visto. Inversamente, a memória grupal permite um confronto e uma correção das narrativas individuais: o quando e o como dos acontecimentos espelham um olhar que é do grupo.

Após a guerra, viajando de navio, Mendel deparou-se com um antigo companheiro de trabalhos forçados, já um senhor, a quem mal pode reconhecer: "ele disse: 'olha, eu não tenho filhos e você vai ser meu filho' ".

Em sua primeira viagem aos Estados Unidos realizada após a guerra, Cesia participou de um evento em que reencontrou antigos amigos de Garbatka e companheiros dos campos de concentração. Ela é sabedora dos benefícios do grupo para a elaboração dos males da guerra: "Eu até hoje estou pensando: se eu tivesse uma irmã pra quem chorar, pra quem contar, pra quem falar... uma única irmã se eu tivesse nesse mundo pra lembrar, pra ter lembranças de casa, com quem falar, com quem lembrar e me ajudar... não tinha, não tinha". Desde a guerra, inúmeras foram as viagens realizadas aos Estados Unidos: "E eu gostava de ir pra lá por uma razão muito grande: por que me conheciam da minha casa. Conheciam minha mãe, conheciam meu pai, conheciam muito minha casa. [...]. E falavam que a minha mãe era assim um tipo moderno, que ela lia sobre a Inquisição da Espanha e contava pra gente".

Cesia conta o ritual em que toma parte em suas viagens: "Essas amigas que eu tenho hoje em dia em Miami, algumas são de Garbatka, algumas dos campos de concentração. A gente se lembra. Você pode ficar na mesa e contar anedotas num jantar de meus amigos. E no fim, a sobremesa é campo de concentração e as mães e os pais. Por isso eu vou pra lá".

Em nossa viagem à Polônia, presenciei o ímpeto com que meu avô procurava o nome de uma irmã na lista telefônica das cidades aonde chegávamos.

A mãe de D. Elka também ganha relevo quando ela recorda o reencontro com gente de sua cidade em uma cafeteria de Israel. É a fala do dono que ela repete: " 'Aqui ninguém paga. Se eu vejo a Elka aqui, ninguém paga. É por minha conta'. Ele adorava minha mãe. Quando ele vinha em minha casa, ele podia sentar com minha mãe e falava e contava. Eu não sei, ela tinha um espírito jovem".

D. Sara ainda guarda o recorte de um jornal ídiche publicado quando de sua primeira viagem para a Argentina. Um anúncio convocava os conterrâneos de Zelechów para um banquete em sua homenagem, ainda com o sobrenome de solteira.

Estas reuniões revigoram a comunidade entre aqueles que a guerra dispersou. São ocasiões em que o sobrevivente participa de meios habitados por pessoas que sabem quem foi ele em tempos remotos e ajudam a restaurar traços de uma identidade desfeita. A cumplicidade então experimentada possibilita a participação política em uma memória social.

Essas peregrinações pelo mundo são viagens de enraizamento.

(RE)CONSTRUÇÃO FAMILIAR

Finda a guerra, numerosos foram os casamentos entre sobreviventes dos campos de concentração.

Mendel esclarece: "Fernando, isso aconteceu por causa de duas coisas: perdemos as famílias, ficamos sozinhos e cada um que tinha possibilidade, que tinha idade, que podia casar, casou. Então esse povo que sobrou da guerra, cada um queria casar com uma que sobreviveu a essa guerra. Foi por isso".

O vazio do mundo experimentado no pós-guerra de que nos falam Cesia e D. Sara, depoentes que casaram apenas após a guerra, parece ser a aridez de um mundo já não povoado por pessoas que as conheceram tal como foram. Desfeitos estes vínculos comunicativos com o passado, restam aqueles que atravessaram semelhante experiência de ruptura biográfica. Somente aquele homem ou aquela mulher, que igualmente viveu o desastre, é capaz de oferecer algum abrandamento à solidão do sobrevivente: viveu na pele a renúncia forçada de um modo de ser, de existir e de viver.

Acontecimentos que não podem ser prontamente assimilados e cujas vivências são marcadas pela incompletude de sua compreensão pedem o apoio de outros olhos e ouvidos, sediados nas memórias de outras gentes. Não sem motivos, as autobiografias de nossos memorialistas são todas penetradas pelo testemunho de outros homens e mulheres espoliados.

Durante a guerra, já libertados da Sibéria, D. Elka e o marido se separaram: ela viveu na Ucrânia enquanto ele incorporou-se ao exército polonês. Foi casual seu reencontro em Varsóvia, após a guerra: nada sabendo sobre a chegada de D. Elka, no dia seguinte ele rumaria para a Ucrânia, ao seu encontro. Ouvindo as impressões da memorialista, igualmente acessamos o que viveu o marido nos meses em que estiveram separados: a luta no *front*, a ameaça da perna amputada que um sonho veio curar e os dias de liberdade por ele vividos em Varsóvia incorporam-se a sua narrativa. Quando escutamos sobre seu reencontro, participamos do acontecimento sob as duas perspectivas: o vivido e o ouvido se reúnem para compor uma comunicação mais vigorosa com o passado.

A inserção da experiência vivida como pessoal em um campo intersubjetivo favorece sua elaboração. Diríamos que, para alguns memorialistas, o casamento representou um primeiro ingresso de sua história em uma memória social. Nos anos que viriam, esse engajamento seria parte de sua luta.

*

As recordações do casamento significam, para Cesia, um momento de revelação da solidão: "Ninguém tirou fotografia, ninguém tirou

MEMÓRIA E RESISTÊNCIA 209

nada, não tenho nada. Foi bonito, mas pra mim foi muito triste. Não tinha nem pai, nem mãe, não tinha ninguém". Viajamos com as recordações de D. Sara para a cidade onde seria realizado seu casamento, ainda no Uzbequistão:

> Eu me lembro que quando tomamos o trem para viajar justamente essa distância de meia hora, eu chorava tanto como no dia em que estourou a guerra. Porque era um papo muito sério. Sem meus pais, sem minhas irmãs, sem um membro qualquer da família, só esses alguns amigos. Conhecia meu marido há alguns meses.

Se os casamentos pretendiam remediar a solidão, naqueles momentos mais arriscaram acentuá-la.

A mútua exclusão entre as duas épocas da biografia do sobrevivente de guerra é acompanhada pela oposição entre as pessoas que as habitam: a família construída após a guerra carrega, em alguma medida, a ausência de pais e irmãos. A participação social de quem vive assombrado pelo desenraizamento insiste em revelar a história interrompida. Os antigos moradores de Zelechów, cidade natal de D. Sara, chegaram a editar um livro em homenagem à memória da cidade. Foi nomeado *Izkor*, a reza judaica para os mortos.

Os nascimentos dos filhos de Cesia, D. Rosa e D. Sara são narrados como um preenchimento do mundo. Como a mais consistente filiação do presente ao passado.

D. Rosa recorda as noites de *Pessakh*:

> Tudo minha mãe preparava, como até hoje os judeus fazem. Eu também fazia aqui no Brasil quando eu tinha meus dois filhos vivos e meu marido. A gente lembra. Eu não sou mais criança, mas a minha infância eu lembro muito bem. Estava muito bonita.

D. Sara deu o nome dos pais aos filhos nascidos após a guerra. Orgulhosa, narra a participação do filho nos rituais do *Seder* como revelação da manutenção da tradição.

E D. Elka não esconde o sorriso ao contar que as filhas e os netos se deliciam com receitas outrora saídas das panelas de sua mãe.

Esta reunião do presente ao pregresso comunica os filhos e netos dos memorialistas a seus pais e irmãos desaparecidos. São vínculos que oferecem alguma superação às erosões geradas pela guerra: doam nova significação aos quadros perdidos e retomam algumas de suas promessas.

Esse remédio para os males da experiência de guerra não se administra sem efeitos colaterais. A condição de avó permite a Cesia acessar uma nova perspectiva sobre o passado. A compreensão que propicia, porém, insiste em ferir e gerar novos enigmas:

> De um lado, estou muito feliz com vocês. E do outro lado, quando eu me sinto assim bem com alguma coisa, eu sofro. Agora eu sei o que é um neto. Minha mãe tinha

210 MEMÓRIAS DE VIDA, MEMÓRIAS DE GUERRA

dois netinhos de quatro e seis anos. Minha irmã casou muito nova, com 18 anos. Eu sei agora o que é um neto. Se um neto quer um pouquinho de água e não tem, quer um pedacinho de pão e não tem... a minha irmã já estava sem marido, estava sem nada. Minha mãe estava sem marido, sem ninguém. Não tinha homens. Não tinha nada. E como é que minha mãe... não sei, às vezes penso: será que ela não morreu? Tomara que ela tenha morrido antes. Está vendo meus pedidos?

Posso então entender a frase típica dessa avó judia, algumas vezes a mim proferida: "dói o amor que sinto por você". Dor da mútua interpelação entre o verso e o reverso de sua existência no mundo.

Acontecimentos por meio dos quais o sobrevivente continuamente retoma sua condição de ser humano fazem, igualmente, retornar as angústias dos seres humanos[5]. Condições favoráveis a novos enraizamentos parecem remeter, em alguma medida, à experiência de desenraizamento.

Novamente, cabe a Cesia a palavra:

E eu agüentei tudo isso, Fezinho. E eu ia saber hoje que um neto vai me entrevistar e gravar essa história? Eu sonhava com isso? [...] Só que as feridas da minha família ficaram. E não querem se fechar. Não vão cicatrizar nunca. E nessas entrevistas eu também não queria deixar tanta tristeza, tanta angústia. A vida continua.

O enfrentamento do evento traumático envolve uma reciprocidade entre as construções do passado e do presente[6].

O DIREITO À NARRATIVA

Após a guerra é que foi costurada a teia de relações entre nossos memorialistas.

Cesia e Mendel, como foi dito, casaram-se na Alemanha. Em Paris, conheceram D. Elka, moradora do mesmo hotel.

Conta D. Rosa que encontrou Cesia e Mendel ainda em Paris, um contato mediado por parentes de ambas as partes que já viviam em Ponta Grossa. A lembrança de Cesia, narrada informalmente, é diversa: apenas no Brasil teria conhecido a amiga.

D. Elka e D. Sara tornaram-se amigas no Bom Retiro.

Quando Cesia e Mendel mudaram para São Paulo, novamente passaram a ser vizinhos de D. Elka e, por seu intermédio, conheceram D. Sara.

D. Rosa mudou de Ponta Grossa para Curitiba, onde vive nos dias de hoje.

*

5. P. Levi, *Os Afogados e os Sobreviventes*, p. 39.
6. A. Nestrovski e M. Seligmann-Silva, "Apresentação", em A. Nestrovski; M. Seligmann-Silva (orgs.), *Catástrofe e Representação*, p. 9.

MEMÓRIA E RESISTÊNCIA

As memórias que nos foram narradas pouco tocam o passado vivido naquelas que são as atuais cidades de nossos memorialistas. Do Brasil, temos lembranças de Ponta Grossa de Cesia, Mendel e D. Rosa. Igualmente, da família do marido de D. Elka, com quem ela viveu em Santos quando de sua chegada. Apenas D. Sara que, no Brasil, sempre morou em São Paulo, lembra um tempo em que a cidade não se encontrava usurpada pela violência.

Recordar este tempo é como fotografar um alguém pouco afastado, cuja imagem foge ao campo focal. A mudança para a cidade onde vive atualmente o memorialista parece fundar o presente. São quadros espaço-temporais que, após o percurso de toda uma história de vida, aparecem como familiares: habitados por imagens de pessoas e lugares que, mais ou menos transformados, permanecem entre nós e entre os quais permanecemos, memorialistas e ouvinte.

São tempos de trabalho. Sua memória aproxima-se do que Ecléa Bosi define como o recordar da idade madura, em que o passo rápido caminha em meio a uma pobreza de acontecimentos:

a monótona sucessão das horas, a estagnação da narrativa no sempre igual pode fazer-nos pensar num remanso da correnteza. Mas, não: é o tempo que se precipita, que gira sobre si mesmo em círculos iguais e cada vez mais rápidos sobre o sorvedouro[7].

É este, igualmente, o tempo em que os filhos crescem, a casa esvazia, a loja fecha as portas e companheiros se vão. Já outras gerações poderão ocupar-se em narrá-lo.

Quando a memória se dobra e toca a vida contemporânea gera a impressão de um afastamento.

D. Elka remete ao seu casamento para informar sobre o presente: "...pra mim fizeram um vestido azul, porque eu tinha olhos azuis. Hoje eu já não sei de que cor eles são". E adiante: "A gente vive quanto pode, não? Depois tem que ir, deixar pra outros o lugar. Vem a nova geração. E assim vai a vida e tem que se conformar".

D. Rosa: "Eu vou voar".

D. Sara: "Eu só lamento se falei alguma bobagem ou falei demais. Mas, geralmente, uma pessoa de certa idade não consegue medir as palavras. E por isso peço perdão".

Mendel: "Eu não tenho boa conversa, mas sei explicar tudo que é possível. E expliquei".

Cesia: "Te desejo, de todo coração, que um dia um filho ou um neto teu façam também uma entrevista. E que você só tenha pra contar coisas melhores do que eu te contei".

Escreve Walter Benjamin sobre o narrador: "Seu dom é poder contar sua vida; sua dignidade é contá-la inteira. O narrador é o ho-

7. E. Bosi, *Memória e Sociedade: Lembranças de Velhos*, p. 415.

212 MEMÓRIAS DE VIDA, MEMÓRIAS DE GUERRA

mem que poderia deixar a luz tênue de sua narração consumir completamente a mecha de sua vida"[8].
Este esvair-se não se limita à história pessoal. Igualmente, se derrama sobre gerações diversas.
Cesia fala sobre seus avós: "Os pais dos meus pais eram mais
religiosos, eles já foram menos, eu sou menos e os meus netos são
menos. Acontece isso".
D. Elka esclarece:

Depois da gente não vai ter ídiche. Você vai falar ídiche? Filhos não falam. Com
minha filha eu posso falar ídiche. Ela entende. Não fala muito bem, mas entende. Posso
falar. Mas com meus netos, nenhuma palavra. O meu neto só sabe "szeina kop", só
isso. É "cabeça bonita".

Se há momentos em que a narrativa conformada flagra movimentos e tendências tidos como irreversíveis, outras vezes o narrador busca intervir sobre o mundo por meio de seus conselhos.
Mendel ensina: "Mais uma coisa de quando eu trabalhei, Fernando:
eu era barateiro. Eu vendia muito barato. Por que eu queria fazer movimento. Fernando, é mais vantagem".
Cada qual em seus domínios, Cesia observa: "Tem gente que, por
exemplo, faz economia na cozinha, que põe uma metade de frango na
água e quer fazer uns três litros de caldo. Eu faço com duas galinhas e
faço com pouca água".
Um conselho, para Walter Benjamin, não se reduz ao oferecimen-
to de respostas a supostas indagações trazidas pela vida. Outra sua
dimensão assume um caráter utilitário, à medida que o conselho pode
tomar forma em sugestões práticas, ensinamentos morais e normas de
vida. Participam todos da narração, atribuindo alguma continuação à
história que está sendo reconstruída e desenhando as tradições.

*

A narrativa confere ao memorialista a possibilidade de estranhar-
se a si próprio e de comunicar-se com a alteridade da experiência lembrada. Não é outro o motivo do espanto do narrador com aquilo que
lembra e com a maneira como toma para si o trabalho de contar sua
história.
"Hoje estou falando mais bonito do que ontem", afirma D. Rosa,
em meio aos episódios que vai encadeando.
Diz D. Elka: "Lembrar essa vida toda é bem interessante. O dia
que eu conto, sabe, conto e o dia passa. O dia passa. Quando vou para

8. W. Benjamin, "O Narrador: Considerações sobre a Obra de Nikolai Leskov",
em *Obras Escolhidas I*, p. 221.

MEMÓRIA E RESISTÊNCIA 213

a cama, eu fico pensando: me lembro o que eu contei e o que não contei; ainda mais detalhes e detalhes".

O rememorar transcende o momento da entrevista e penetra por outras portas.

Dias após aquele que teria sido nosso último encontro para recolher sua biografia, Mendel telefona, pedindo para contar episódios que recordou após nos separarmos.

Somente quando está arrematando sua história, ao cair da tarde de uma sexta-feira, D. Rosa repara: "*Ôi*, não acendi as velas hoje! Agora já está tarde".

O narrador não cabe no presente. Sua admiração para com a experiência que lhe é própria sugere a alteridade do passado narrado. Novas construções da identidade participam da experiência de contar sua história a um ouvinte. A vida é vivida quando contada.

O encontro e a convivência entre o narrador e o ouvinte aproximam-se daquilo que Aristóteles definia como a amizade[9]. Um diálogo entre amigos não necessita alcançar conclusões definitivas para que ofereça algum significado à experiência daqueles que dele participam. Nesse tipo de diálogo, o elemento central é o fato de que cada um dos amigos pode compreender a perspectiva do outro. Essa comunicação entre opiniões às quais são inerentes verdades que não se igualam faz com que o assunto assuma uma articulação específica e, no decorrer da vida, passe a constituir um mundo particular. Quando sobreviventes de guerra se reúnem a um descendente de vítimas da *Schoá* mobilizado pelo acontecimento do qual é herdeiro, a comunidade que se ergue é composta por pessoas às quais o mundo aparece de modos diversos, aberto a pontos de vista por isso desiguais. A essência política da amizade consiste justamente em um igualar-se que não pressupõe que os amigos sejam os mesmos, mas que possam experimentar morar na opinião de seus parceiros.

A narração toma parte na resistência política de um sobrevivente de guerra.

Recordando os últimos dias de guerra, Cesia evoca a conterrânea falecida no dia da libertação de Bergen-Belsen. A resistência psíquica e corporal empenhada, não sendo brindada com a sobrevivência, tampouco pôde sê-lo pelo direito ao testemunho. É como alguém que tivesse morrido duas vezes.

*

No uso ateniense, apenas aos heróis era permitido recolher as migalhas que caíam ao solo durante uma refeição. Sua interdição a outros

---

9. H. Arendt, "Filosofia Política", em *A Dignidade da Política*, pp. 98-101.

214 MEMÓRIAS DE VIDA, MEMÓRIAS DE GUERRA

homens assumia uma dimensão ética: poupava as migalhas que, desde então, conferiam proveito ao solo e às gerações vindouras[10]. Inversamente ao herói grego, é por meio do recolhimento dos fragmentos de sua vida que o narrador doa aos seus herdeiros sua experiência no mundo.

Condições em que os mais velhos podem parar, lembrar e narrar suas vidas para um ouvinte atento são promotoras de enraizamento. Contar sua autobiografia deveria ser um direito garantido a todos os homens.

10. W. Benjamin, "Rua de Mão Única", em *Obras eEscolhidas II*, p. 26.

Retorno

O neto retorna à casa dos avós.

Não mais encontra o avô, aqui vivo por meio de suas memórias de vida. Mendel veio a falecer meses após narrar sua vida.

Embora ele tenha contado sua história, cabe àqueles que ficam fechar as configurações deixadas abertas, incompletas. Engajando a história do avô nesta conversa sobre os males do desenraizamento de guerra, o neto quer ressignificar suas lutas, suas angústias e seus projetos; quer fazer com que permaneçam como apelos do passado ao presente.

Na semana seguinte à morte do avô, um conhecido, também judeu polonês sobrevivente da *Schoá*, proferiu o mal supostamente causado pela viagem à Polônia. O neto silenciou. Ainda não sabia que o retorno ao lugar de origem, acompanhado por descendentes, após sobreviver à violência da guerra, teria libertado o avô. Agora podia morrer.

*

A escuta da biografia dos avós sobreviventes da *Schoá* é, igualmente, uma situação paradoxal para o neto: a comunicação com sua ancestralidade o vincula, irreversivelmente, ao desastre como tradição. A *Schoá* subverte a existência do descendente, à medida em que seu enraizar-se implica um trauma secundário.

Martin Buber (1967) conta a história de um *rebe* de Kozienice (grafado como Kosnitz), cidade de Mendel:

216   MEMÓRIAS DE VIDA, MEMÓRIAS DE GUERRA

Quando o jovem Rabi Eleazar de Kosnitz, filho do Rabi Mosché, era hóspede em casa do Rabi Naftali de Ropschitz, olhou certa vez admirado para as janelas, cujas cortinas estavam cerradas. Respondendo à pergunta do seu anfitrião por que se admirava, disse: – Se a gente quer que as pessoas olhem para dentro, por que as cortinas? E se a gente não quer, para que as janelas? – E como explicas o caso? – perguntou o Rabi Naftali. Respondeu Eleazar: – Quando se deseja que alguém que se ame olhe para dentro, puxa-se a cortina[1].

O neto espera pelo dia em que se realize o desejo da avó: que possa, ele mesmo, abrir as cortinas àqueles que virão. Em sua morada irão residir as histórias de vida de seus ancestrais.

1. M. Buber, *Histórias do Rabi*, p. 499.

Anexo
Roteiro das Entrevistas

I. A Infância e os Tempos que Antecederam a Guerra

A casa

1. Até quando o sr. (a sra.) morou com seus pais?
2. Na Polônia, o sr. (a sra.) sempre morou na mesma casa? Conte um pouco sobre esta casa...

A família

3. Com quem o sr. (a sra.) morava? O que o sr. (a sra.) lembra deles?

A rua e os vizinhos

4. O sr. (a sra.) lembra da sua rua, dos seus vizinhos? Quem eram seus vizinhos? Eram todos judeus ou o sr. (a sra.) tinha vizinhos poloneses?

O trabalho

5. Até quando seus pais trabalharam?
6. Seus pais trabalhavam em casa? O sr. (a sra.) lembra dos seus pais trabalhando?
7. O sr. (a sra.) lembra se, na sua cidade, alguns trabalhos eram mais comuns entre os judeus do que entre os poloneses?

A religião judaica

8. Você lembra da primeira vez que foi a uma sinagoga?

218 MEMÓRIAS DE VIDA, MEMÓRIAS DE GUERRA

    9. Até quando o sr. (a sra.) freqüentou a sinagoga?

  10. Quais eram as datas que vocês celebravam em sua casa? O sr. (a sra.) poderia contar sobre uma dessas festas?

  11. O sr. (a sra.) considera ter sido uma criança religiosa?

O ídiche

  12. Como foi que o sr. (a sra.) aprendeu o ídiche? Em que lugares o sr. (a sra.) falava o ídiche?

A escola

  13. Até quando o sr. (a sra.) freqüentou a escola?

  14. O que o sr. (a sra.) lembra dos seus primeiros dias na escola?

  15. Como era a convivência entre crianças judias e polonesas na escola?

As casas da cidade

  16. O sr. (a sra.) lembra de diferenças entre as casas das famílias judias e não-judias?

O idioma polonês

  17. O sr. (a sra.) lembra como aprendeu o polonês? Onde o sr. (a sra.) falava o polonês?

Nacionalidade

  18. O sr. (a sra.) se sentia uma criança polonesa?

II. Tempos de Guerra

Início da guerra

  19. Para o sr. (a sra.), quando foi que a guerra começou?

Ocupação da cidade

  20. Antes dos alemães entrarem em sua cidade, havia sinais de que isso estava para acontecer?

  21. O sr. (a sra.) lembra do dia em que chegaram os alemães? Como foi?

  22. Como os alemães distinguiam os judeus dos não judeus?

O gueto

  23. O sr. (a sra.) lembra como foram os dias anteriores ao confinamento no gueto?

  24. Durante quanto tempo o sr. (a sra.) permaneceu no gueto?

  25. O sr. (a sra.) lembra dos primeiros dias no gueto? Como foram?

  26. Quem foram as pessoas com quem o sr. (a sra.) esteve no gueto?

  27. O sr. (a sra.) levou algum objeto para o gueto?

ANEXO 219

28. O sr. (a sra.) lembra de alguma tentativa de fuga do gueto?

Campos de concentração/campos de trabalho
(perguntas realizadas apenas quando os depoentes passaram por tais lugares)

29. Durante quanto tempo o sr. (a sra.) ficou em campos de concentração?
30. O sr. (a sra.) lembra dos primeiros dias em um campo?
31. Por quais campos o sr. (a sra.) passou durante a guerra?
32. O sr. (a sra.) trabalhou enquanto esteve nestes campos? Como eram estes trabalhos?
33. Quais foram as pessoas com quem o sr. (a sra.) conviveu nos campos?
34. O sr. (a sra.) lembra de alguma tentativa de fuga ou outro ato de resistência nos tempos em que passou nesses campos?
35. Para o sr. (a sra.), quando foi que a guerra terminou?

III. Tempos do Pós-Guerra

A vida do refugiado

36. Onde o sr. (a sra.) viveu quando acabou a guerra? Durante quanto tempo?
37. O sr. (a sra.) lembra desse lugar? Como era?
38. O sr. (a sra.) e sua esposa (seu marido) se conheceram após a guerra. O sr. (a sra.) lembra da primeira vez em que viu sua esposa (seu marido)?
39. Depois da guerra, o sr. (a sra.) teve contato com algum familiar? Onde ele estava? Como foi este contato?

Migração

40. Qual foi sua primeira casa após a guerra? Durante quanto tempo viveu nessa casa?
41. O que o sr. (a sra.) lembra dos dias em que viveu nessa casa?
42. Qual foi a cidade onde o sr. (a sra.) morou por mais tempo antes de vir para o Brasil? Quanto tempo o sr. (a sra.) viveu nessa cidade?
43. O sr. (a sra.) lembra da primeira vez que viu essa cidade?
44. O sr. (a sra.) poderia contar como era um dia nessa cidade?
45. O sr. (a sra.) lembra quem eram seus vizinhos? Eram judeus?

Imigração para o Brasil

46. O sr. (a sra.) poderia contar por que veio para o Brasil?
47. O sr. (a sra.) lembra da primeira vez que viu o Brasil?
48. O sr. (a sra.) lembra de sua primeira casa no Brasil? Onde ficava?
49. O sr. (a sra.) poderia contar como eram os dias no tempo em que viveu nessa cidade?
50. O sr. (a sra.) lembra quem eram seus vizinhos?

220 MEMÓRIAS DE VIDA, MEMÓRIAS DE GUERRA

Viagens ao exterior

51. Já vivendo no Brasil, o sr. (a sra.) fez viagens para reencontrar pessoas com quem viveu em outras épocas? O sr. (a sra.) poderia contar a
primeira destas viagens?

O judaísmo hoje

52. O sr. (a sra.) está ligado ao judaísmo? Como o sr. (a sra.) se sente
ligado ao judaísmo?

A experiência de narrar

53. O sr. (a sra.) poderia falar sobre esta experiência de contar sua história?

Referências Bibliográficas

ARENDT, Hannah.(1958) *A Condição Humana*. 8. ed. rev., Rio de Janeiro, Forense Universitária, 1997.

_____. (1954) "Filosofia e Política". In: *A Dignidade da Política*. 3. ed., Rio de Janeiro, Relume-Dumará, 2002, pp. 91-115.

_____. (1949) *Origens do Totalitarismo*. São Paulo, Companhia das Letras, 1997.

ASCH, Solomon. *Psicologia Social*. 2. ed., São Paulo, Cia. Ed. Nacional, 1966.

BENJAMIN, Walter. (1929) "A Imagem de Proust". In: *Obras Escolhidas*. 2. ed., São Paulo, Brasiliense, 1986, vol. 1, pp. 36-49.

_____. (1936) "O Narrador: Considerações sobre a Obra de Nikolai Leskov". In: *Obras Escolhidas*, 2. ed., São Paulo, Brasiliense, 1986, vol. 1, pp. 197-221.

_____. (s.d.) *Obras Escolhidas II*. 5. ed., São Paulo, Brasiliense, 2000.

BERGSON, Henri. (1939) *Matéria e Memória*. 7. ed., São Paulo, Martins Fontes, 1997.

BORGES, Jorge Luis. "Do Rigor na Ciência". In: *História Universal da Infâmia*. 2. ed., Porto Alegre, Globo, 1978, p. 71.

BOSI, Ecléa. "Cultura e Desenraizamento". In: BOSI, Alfredo (org.). *Cultura Brasileira: Temas e Situações*. São Paulo, Ática, 1987, cap. 2, pp. 16-41.

_____. *Memória e Sociedade: Lembranças de Velhos*. 4. ed., São Paulo, Companhia das Letras, 1995.

_____. *Tempo Vivo da Memória*. São Paulo, Ateliê Editorial, 2003.

BUBER, Martin. *Histórias do Rabi*. São Paulo, Perspectiva, 1967.

CHAUÍ, Marilena de Souza. "Os Trabalhos da Memória". In: BOSI, Ecléa. *Memória e Sociedade: Lembranças de Velhos*. 4. ed., São Paulo, Companhia das Letras, 1995.

222 MEMÓRIAS DE VIDA, MEMÓRIAS DE GUERRA

FELMAN, Shoshana. "Educação e Crise ou as Vicissitudes do Ensinar". In: NESTROVSKI, Arthur & SELIGMANN-SILVA, Márcio (orgs.). *Catástrofe e Representação*. São Paulo, Escuta, 2000.

_____. "The Return of the Voice: Claude Lanzmann's Shoah". In: FELMAN, Shoshana & LAUB, Dori (orgs.). *Testemony: Crises of Witnessing in Literature, Psychoanalysis and History*. Nova Iorque, Routledge, pp. 209-210.

FRANKL, Viktor. *Em Busca de Sentido: um Psicólogo no Campo de Concentração*. 4ª ed. rev., São Leopoldo, Sinoidal / Petrópolis, Vozes, 1994.

GAGNEBIN, Jeanne Marie. *Walter Benjamin*. São Paulo, Brasiliense, 1982. (Coleção Encanto Radical).

GONÇALVES FILHO, José Moura. "Humilhação Social: um Problema Político em Psicologia". *Psicologia USP*. São Paulo, vol. 9, n. 2, 1998, pp. 11-67.

_____. *Passagem para a Vila Joanisa: uma Introdução ao Problema da Humilhação Social*. São Paulo, Dissertação (Mestrado) – Instituto de Psicologia, Universidade de São Paulo, 1995.

_____. "Problemas de Método em Psicologia Social: Algumas Notas sobre a Humilhação Política e o Pesquisador Participante". In: BOCK, Ana Mercês Bahia (org.). *Psicologia e Compromisso Social*. São Paulo, Cortez, 2003.

GUINSBURG, J. "O 'Shtetl': Aspectos e Valores". *Revista USP*. São Paulo, n. 6, pp. 81-88, 1990.

HALBWACHS, Maurice. (1950) *A Memória Coletiva*. São Paulo, Ed. Revista dos Tribunais, 1990.

IGEL, Regina. "Canções dos Guetos: Resistência Espiritual". *Revista Shalom*, n. 299, pp. 71-79. Suplemento especial Shalom Documento.

KLEMPERER, Victor. *Os Diários de Victor Klemperer: Testemunho de um Judeu Clandestino na Alemanha Nazista*. São Paulo, Companhia das Letras, 1999.

KUTCHINSKY, Meyer. "Introdução". In: GUINSBURG, Jacó (org.). *O Conto Ídiche*. São Paulo, Perspectiva, 1966.

LANZMANN, Claude. *Shoah* [filme-vídeo], VHS, color. son., 1985.

LAUB, Dori. "Truth and Testimony: the Process and the Struggle". In: CARUTH, Cathy (org.). *Trauma: Explorations in Memory*. Baltimore, John Hopkins University Press, 1995, pp. 61-75.

_____. "Bearing Witness or the Vicissitudes of Listening". In: FELMAN, Shoshana & LAUB, Dori (orgs.). *Testimony: Crises of Witnessing in Literature, Psychoanalysis and History*. Nova Iorque, Routledge, 1992, pp. 57-74.

LE GOFF, Jacques. *História e Memória*. 4. ed., Campinas, Unicamp, 1996.

LEVI, Primo. *A Trégua*. São Paulo, Companhia das Letras, 1997.

_____. *É Isto um Homem?*. 3. ed., Rio de Janeiro, Rocco, 2000.

_____. *Os Afogados e os Sobreviventes*. Rio de Janeiro, Paz e Terra, 1990.

PROUST, Michel (1956). *O Tempo Redescoberto*. Porto Alegre, Globo, 1970.

SCLIAR, Moacyr. *A Condição Judaica: das Tábuas da Lei à Mesa da Cozinha*. Porto Alegre, L&PM, 1985 (Coleção Universidade Livre).

SELIGMANN-SILVA, Márcio. "A História como Trauma". In: NESTROVSKI, Arthur & SELIGMANN-SILVA, Márcio (orgs.). *Catástrofe e Representação*. São Paulo, Escuta, 2000.

REFERÊNCIAS BIBLIOGRÁFICAS

SMAGIER, Krzysztof *Judaika Polskie* [Filme-vídeo]. Centro de Informações Turísticas de Varsóvia/Sportfilm/Stadion Dziesieciolecia, s.d., 1 cassete VHS, 55min., color. son.

UNITED STATES HOLOCAUST MEMORIAL MUSEUM. *Historical Atlas of the Holocaust*. Nova York, Macmillan Publishing, 1996.

VELHO, Gilberto. "Observando o Familiar". In: *Individualismo e Cultura*. 4. ed., Rio de Janeiro, Jorge Zahar, 1997.

WEIL, Simone. *A Condição Operária e Outros Estudos sobre a Opressão*. Antologia Organizada por Ecléa Bosi, 2. ed. rev., Rio de Janeiro, Paz e Terra, 1979.

WIESEL, Elie. *A Noite*. Rio de Janeiro, Ediouro, 2001.

WORCMAN, Susane (dir.). *Heranças e Lembranças: Imigrantes Judeus no Rio de Janeiro*. Rio de Janeiro, Quase Catálogo 5 / Museu da Imagem e do Som, 1991.

Glossário

aram. = aramaico
íd. = ídiche
heb. = hebraico
pl. = polonês

Aschkenazi, aschkenazim (pl.) (heb.): Judeus oriundos de *aschkenaz*, termo utilizado para designar a Alemanha. Na região estabeleceu-se uma unidade de costumes, rituais e leis diferentes da tradição *sefaradim* (judeus da Espanha muçulmana). A designação se estende àqueles que seguem a tradição originária desta região e que se dispersaram para a Europa central e Oriental.

Bar-mitzvá (heb.): O jovem judeu, ao completar treze anos, se torna um *bar-mitzvá*. Atinge então a maioridade religiosa, tornando-se responsável por seus próprios atos e por todos os deveres religiosos de um judeu adulto. O termo *bar-mitzvá* também designa o evento em si, a cerimônia de recepção do novo membro na comunidade.

Bubale (íd.): Espécie de panqueca frita à base de batata.

Chale (íd.) ou *chalá* (heb.): Pão trançado, especialmente preparado para o *Schabat*.

Chalutz, chalutzim (pl.) (heb.): Pioneiros da imigração para Israel. Referente principalmente àqueles que foram para trabalhar na terra.

Cheider (íd.): Escola religiosa para crianças onde eram ensinadas as primeiras noções do judaísmo.

226 MEMÓRIAS DE VIDA, MEMÓRIAS DE GUERRA

Ferfele (íd.): Massinha de farinha de trigo e água, típica da Europa Oriental.

Goi, goim (pl) (heb.): O não-judeu.

Guefilte fish (íd.): Bolinho de peixe, geralmente servido como entrada nas refeições das festas, como *Pessakh*.

Hagadá (heb.) Narrativa. Livro usado na festa de *Pessakh*, onde está contida a narrativa da história do Êxodo, as instruções para a realização do *Seder* e as canções tradicionais.

Ieschivá (heb.): Escola tradicional judaica, dedicada principalmente ao estudo da *Torá*, do *Talmud* e da literatura rabínica.

Iom Haatsmaut (heb.): Independência do Estado de Israel.

Iom Kipur (heb.): Dia do Perdão, da Expiação dos Pecados. Durante o *Iom Kipur*, o judeu repensa seus atos através do jejum e do arrependimento. É o dia mais santificado do calendário judaico.

Izkór (heb.): Oração pelos mortos que se diz na sinagoga, após a leitura da *Torá* em quatro ocasiões: *Iom Kipur*, *Scheminai Atzeret* (oitavo dia de *Sucot*), último dia de *Pessakh* e segundo dia de *Sucot*.

Íon Téf (íd.) ou *Iom Tov* (heb.): Dia bom. Usado para designar dias festivos e dias santos, como *Rosch Haschaná, Iom Kipur, Pessakh, Schavuot* e *Sucot*.

Kasher (heb.) ou *Kosher, Kusher* (íd.): Comida preparada de acordo com os preceitos dietéticos da Lei judaica, que proíbe certos alimentos e a mistura de carne com leite.

Ketubá (heb.): Contrato de casamento, escrito em aramaico que, na forma tradicional, estipula as obrigações do marido junto à mulher.

Khupá (heb.): Dossel sob o qual é realizada a cerimônia religiosa do casamento judaico.

Kibutz (heb.): Cooperativa agrícola que combina o ideal sionista e o ideal comunitário de organização política e social.

Kidusch (heb.): Oração referente à santidade de um dia festivo, agradecendo a Deus por ter salvo o povo judeu da escravidão do Egito. Após a oração é feita a benção sobre o vinho.

Kol Nidrei (aram.): Reza que inicia o serviço religioso do *Iom Kipur*. Sua recitação deve começar enquanto ainda houver luz do dia. O *Kol Nidrei* é o relembrar de votos, juras e promessas invocadas e não cumpridas.

Kreplech (íd.): Bolinho de massa recheado de carne moída, geralmente comido com caldo de galinha.

Krupnik (íd.): Sopa à base de cevada e feijão branco.

Latke (íd.): Bolinho frito à base de batata ralada.

GLOSSÁRIO 227

Maguen David (heb.): Estrela de seis pontas que passou a figurar, no século XVII, como um símbolo religioso judaico.

Matzá (heb.) ou *mátse* (íd.): Pão ázimo, não fermentado, comido durante os sete dias de *Pessakh*.

Minian (heb.): Quorum de dez homens judeus maiores de treze anos, mínimo necessário para realização de um ofício religioso.

Peíes (íd.): Cachos de cabelo de um judeu religioso ortodoxo.

Pessakh (heb.): Festa comemorativa de libertação do cativeiro judeu no Egito. É uma festa familiar, celebrada com um jantar especial (*Seder*).

Pletzales (íd.): Pão temperado com cebola e papoula.

Purim (heb.): Festa que celebra o feito de Éster, que salvou os judeus da escravidão no reinado de Assuero, na Pérsia.

Rebe (íd.): Rabino. Líder espiritual e religioso de uma comunidade.

Rosch Haschaná (heb.): Ano novo judaico.

Seder (heb.): Jantar tradicional das duas primeiras noites de *Pessakh*.

Schabat (heb.): Sétimo dia da criação divina. Observado desde o pôr-do-sol nas sextas-feiras até o entardecer de sábado. O dia é marcado pelo descanso.

Schavuot (heb.): Festa religiosa que celebra a entrega da *Torá* no Monte Sinai. Tem também conotação agrícola, como festa da colheita dos primeiros frutos.

Schofar (heb.) Trombeta de chifre de carneiro que é tocada na sinagoga durante a solenidade do *Rosch Haschaná* e no encerramento de *Iom Kipur*.

Shokhet (íd.): Pessoa especializada responsável pelo abate de animais de acordo com o ritual judaico.

Schul (íd.): Literalmente, significa escola. Mas é usado para designar uma sinagoga.

Sucot (heb.): Festa dos Tabernáculos ligada à terra e às colheitas de outono. Lembra a travessia do deserto após a saída do Egito. Dura oito dias, quando é costume morar ou comer em cabanas.

Szikses ou *shikses* (pl.) (íd.): Moça não-judia.

Talmud (heb.): Trabalho enciclopédico versando sobre as leis, tradições, costumes, ritos e cerimônias judaicas. Contém opiniões, discussões e debates, aforismos moralísticos e exemplos biográficos de sábios rabínicos.

Talmud-Torá (heb.): Escola primária religiosa tradicional.

Tefilin (heb.): Filactérios. Duas caixas de couro contendo as declarações básicas da fé judaica. São usadas nas rezas matinais, uma amarrada à testa, outra ao braço esquerdo, em cumprimento aos preceitos que mandam colocar as leis de Deus entre os olhos e o coração.

Torá (heb.): Lei máxima do judaísmo. Compreende o período que vai do Gênesis até a morte de Moisés. Fundamenta toda a cultura judaica.

Treif (íd.): Comida que não obedece às leis dietéticas judaicas.

Tschalent (íd.): Prato tradicional de judeus *aschkenazim* composto por carne e cereais e preparado especialmente para o almoço do *Schabat*.

CIÊNCIAS SOCIAIS NA PERSPECTIVA

Raça e Ciência I
Juan Comas e Outros (D025)
A Multidão Solitária
David Riesman (D041)
Unissexo
Charles E. Winick (D045)
O Trabalho em Migalhas
Georges Friedmann (D053)
Raça e Ciência II
L. C. Dunn e outros (D056)
Rumos de uma Cultura Tecnológica
Abraham Moles (D058)
A Noite da Madrinha
Sérgio Miceli (D066)
A Caminho da Cidade
Eunice Ribeiro Durhan (D077)
Lazer e Cultura Popular
Joffre Dumazedier (D082)
As Religiões dos Oprimidos
Vittorio Lanternari (D095)

Crise Regional e Planejamento
Amélia Cohn (D117)
Desenvolvimento e Construção Nacional
S. N. Eisenstadt (D154)
Sociologia Empírica do Lazer
Joffre Dumazedier (D164)
Sociodinâmica da Cultura
Abraham Moles (E015)
Estudos Afro-Brasileiros
Roger Bastide (E018)
A Economia das Trocas Simbólicas
Pierre Bourdieu (E020)
O Legado de Violações dos Direitos Humanos no Cone Sul
Luis Roniger e Mario Sznajder (E208)
Memórias de Vida, Memórias de Guerra
Fernando Frochtengarten (E222)
A Ciência Social num Mundo em Crise
Scientific American (LSC)